共存学3

復興・地域の創生
リスク世界のゆくえ

國學院大學研究開発推進センター 編
古沢広祐 責任編集

目次

第二部　文化・民族・宗教と共存を求める世界

第三部　ゆれるグローバル世界——リスク社会のゆくえ——

共存学がめざすもの
——時代背景と本書の構成——

古沢広祐

ゆれ動く現代世界

あらためて「共存」が問われる時代を迎えている。二つの大戦を経て、平和と繁栄を謳歌する時代になるかにみえた世界に、再び靄《もや》が漂い始めている。二〇世紀前半の大量殺戮（数千万人の犠牲者）を生んだ戦争の時代を乗り越え、冷戦構造という後半世紀をくぐり抜けて、局地的内戦の惨事を抱えつつも経済的一体化（グローバル化）の道を歩んできた私たち。人口爆発ともいえるほど空前の繁栄の時代を歩んできた人類は、二一世紀をさらなる繁栄へと歩めるかどうか、地球環境問題や国際的緊張の再来など未知なるリスク世界の時代に差しかかろうとしている。

二〇世紀の繁栄を後押しした化学や物理学を土台とした発展に引き続いて、人類は情報科学、生命科学、宇宙科学などを梃子にグローバルに一体化する地球市民社会の到来というべき新たな段階に入りつつある。その反面では、地球環境問題の深刻化と巨大災害の脅威、経済格差の拡大、国際政治の多極化・不安定化など、リスク要因も潜在的に大きく膨らんでいる。今日、グローバリゼーション（全球化）の進展により、情報化や交流・交易による相互依存関係は、地域、国、世界が絡みあいながら空間的にかつてない速度で緊密化してきた。しかし、それは安定と不安定が、地域をはみ出て一気にグローバル化し、表裏一体的に連動しあう新時代をむかえたということでもある。

アジアの片隅に位置する日本は、明治以降の急速な近代化の道を駆け抜けて、光と影を伴いながら世界の中で特異的ともいえる経済発展をとげてきた。それは明暗をはらんだ急速な近代化の歩みであり、明の部分では戦後の復興と奇跡の成長と呼ばれた高度経済成長をへて経済大国へと大躍進し、豊かな社会を実現したのだった。しかし暗の部分では、戦争、ヒロシマ・ナガサキの原爆の悲劇、ミナマタにみる公害の悲惨さ、関東（大正期）・阪神淡路・東日本（平成期）の大震災、そして現在進行形のフクシマ原発震災事故といったような深い闇をかかえていることも忘れることはできない。こうした日本の経験は、一国内の出来事以上に近代化プロセスの世界史的な実験場という側面があり、広く世界と共有すべき内容を多く含んでいる。日本そして世界は緊密さを深めており、その意味でも日本をあらためて相対化する視点、日本と世界を立体的にとらえなおす視座が求められている。

未知なる可能性と不確定性を抱えた二一世紀に生きる私たちにとって、過去・現在・未来の姿を世界史的な視野を組み込んで再認識、再評価する試みが重要になっている。そのための糸口として、相互の連動性を意識してそのダイナミズムを究明するために「共存」というキーワードが有効だと思われる。共存の視点から、地域、国、世界を社会・文化的に多角的に考察する学の試みが意義をもつと考えるからである。

共存学のめざす射程

共存学は、敵対・対立を超えて相互理解（承認）と多様性を尊重する関係の在り方を究明しようとする試みである。世界は複雑で錯綜した諸関係、安定性を欠いた緊張状態を内在させている。そこに、協調的関係と秩序が形成される過程として、対立、敵対、諸矛盾の克服・調整をへつつ安定性や持続性に向から共存の関係の形成、そしてより安定した共生の関係が築かれてきた。それは一方向的で単純な動きではなく、複雑なダイナミズムを秘めた多義的・重層的な諸関係を内在させる奥深い領域として広がっている。そこには、「共生」にいたるまでの多義的な経過状態や展開があることから、そこに着目していわば原初的形態とも呼ぶべき「共存」をキーワードに諸問題を探る試みとして共存学は構想されたのである（図1）。

図1　共存の諸相と相互の関係

共存に関しては、ミクロの世界からマクロの世界まで、個人とその関係性の成長過程から共同体や社会組織形成のプロセス、さらには世界秩序の形成過程において歴史的な蓄積をさまざまに重ねてきた。その射程としては、空間的設定としてローカル、リージョナル、グローバルという領域、テーマ（問題）設定は対自然関係から人間社会関係まで、環境・開発、社会・文化・歴史、経済・政治に関する諸課題の追求をめざしている（図2）。

当然のことながら、個別化された学問体系を超える複眼的な思考を重視する学際領域を念頭においている。領域としては、國學院大学での研究蓄積が厚い歴史・文化や民俗学、神道をはじめとする宗教学、社会システムや国際関係に関わる経済学、政治学、地理学そして哲学や教育学などが大きく関係している。それ以上に広範な学問領域と社会的営みの結節点として、他大学の研究者との連携や地域社会・国際社会の現場とのつながりを重視する活動を続けてきた（研究会、フォーラム等の開催、既刊『共存学』、『共存学2』参照）。

共存学の研究プロジェクトが軌道に乗り始めた二〇一〇年には、国際環境条約の一つである生物多様性条約会議（ＣＯＰ10）が名古屋で開催された。それは人間世界と生物世界の

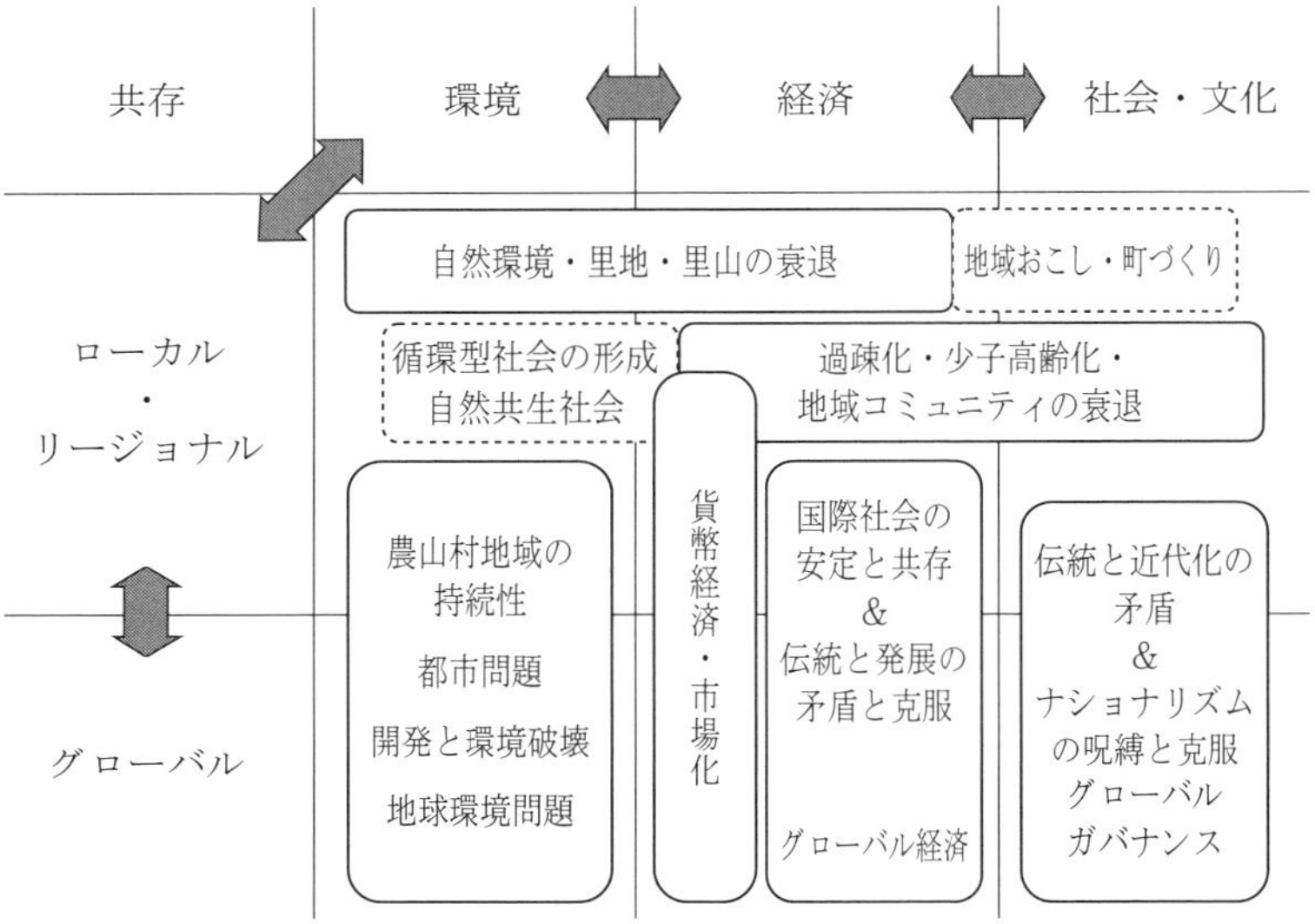

図2　3つの視点（テーマ領域と空間領域）

共存関係を再構築する動きであり、生物多様性のみならず先住民の知恵や歴史・風土など、文化・社会の多様性を再認識する流れ（森・川・海、里山、鎮守の杜の再評価など）を後押しするものであった。さらに二〇一一年、3・11東日本大震災に直面して日本社会は大きな転機をむかえるが、共存学の射程は当然ながらそこにも焦点を定めた。

3・11大震災は、津波災害のみならず原発災害という深刻な事態を生じさせた。あたかも自然を管理・支配して〝豊かさ〟を実現させてきたかにみえた近代文明、その脆弱さと歪んだ姿が白日の下にさらされたのだった。人知を超えた災害の驚異的な力、災害に向き合う人々の悲しみ、地域の暮らしと文化、生者と死者の共存を希求した先人たちの歴史の奥深さ、現代世界が見失い見落としてきたものに、私たちは気付かされたのだった。

現在、日本社会は少子高齢化、人口減少、過疎化とともに消滅自治体の危機、貧困・格差の拡大、巨額に膨れ上がった国家債務の不安といったように、閉塞的な時代状況に直面している。一方では、成長戦略やクールジャパン、ＴＰＰ（環太平洋経済連携協定）、東京オリンピックなどを梃子にした夢が語られる反面、他方では身近な暮らしに別の豊かさを求めるスローライフやシンプルライフが見直され、地域や農山村の可能性として里山資本主義、自給的な豊かさに目を向ける動きも進行している。

さらに世界に視野を拡げると、世紀末から二一世紀にかけて急速なグローバリゼーションの荒波をうけて現代の国際社会は大きくゆれ動いている。東西冷戦を終結させ、人類が一丸となって平和と豊かさを享受する地球市民社会の到来は、二一世紀にはいり道半ばで漂流し始めたかのようだ。二〇〇一年の同時多発テロ、二〇〇八年頃から顕在化した世界金融危機、中東やウクライナでの紛争激化、過激化するテロ事件……、共生、共存、敵対が渦巻くような時代をむかえている。さまざまな局面において、今あらためて過去・現在・未来を多面的にとらえる視点、とりわけ共存する世界や社会の在り方を問い直す試みが希求されているのである。

本書の構成とねらい

既刊の『共存学』、『共存学２』に続く第三冊目として、本書は三つの部から構成されている。

第一部では、震災復興の動向、とくに地域の風土のとらえ方と巨大防潮堤の問題、人々の生活と安全の確保、三陸地域に引き継がれる歴史文化の関わりをめぐる論考を掲載している。災害にみまわれた地域コミュニティの動向、地域・文化へのインパクトなどについての事例の比較、さらに渋谷を定点観測地として地域文化の変容に注目する論考などによって構成されている。

第二部では、文化、民族、宗教の観点から日本を見直す視点、さらに世界との関係性について問いかけている。人間という存在は、地域性とどう関わり、文化をどのように育んできたのか、日本に内在する独自性と普遍性について、その課題を問う。世界は多様で人々の認識の仕方はさまざまであるが、とくに生と死への向き合い方や人間存在を超えた在り方を求める姿は人類共通にみられる。人間社会の在り様について、地域性や文化・歴史・宗教など多角的視点から論じる論考によって組み立てている。

第三部では、共存をめぐる諸問題について、現代世界が抱える社会矛盾、政治的摩擦、環境的危機など諸リスクをどう乗り越えていくか、長期的かつ人類の共通課題への問題提起によって構成されている。敵対・対立から協調と共生へ移行する共存のプロセスは、現実には多くの困難を伴う。多様な立場や意見を反映させる仕組みの模索、他者を理解し立場の違いを超える結節点をどう見出すか、受け入れがたい事態との共存問題など、多くの課題が横たわっている。

共存学シリーズ第三弾の本書では、震災復興につながる地域文化の再考と再建の動き、地域や国境を越えた人々が直面する諸課題、グローバル化にゆれる世界の現状理解と問題提起をまとめている。全三冊をシリーズとしてとりあげてみても、震災関連の動向については時間軸で推移を追うことができる。またローカル、リージョナル、グローバルそして歴史的な視点から、立体的に分析、考察した論考が多彩に展開されている。ミクロからマクロまで、内面的世界から政治・経済・社会の制度的あり方まで、さまざまな角度から重層的に現代世界を論じる視点や手がかりについて、本書からのメッセージをくみ取っていただければ幸いである。いまだ途上にあって模索を続けている共存学研究ではあるが、全三冊を合わせてお読みいただけると、より幅広い世界像が共存をキーワードに浮かび出てくるのではなかろうか。本書籍の出版を通して、現代世界の動向に対して幾ばくかの光を当てることができれば幸いである。

第一部　震災・復興、地域文化の創生

瓦礫を活用した植樹（宮脇方式）の丘づくり
（宮城県岩沼市、2014 年 6 月）

自然と歴史と文化をふまえた震災復興

――飛驒古川における生態経済学的農村経営政策と巨大防潮堤批判――

廣瀬俊介

筆者は本稿を通して、『共存学2』に載る佐々木健氏講演「逆境に立ち向かう」の副題「震災からの復興に自然と歴史と文化を」に応えるべく論考を行う。自然と歴史と文化をふまえた地域経営、地域再興の実践に、筆者はこれまで環境デザイン技術者として携わってきた。その経験から、それは可能であるとはじめに述べておく。

本稿は、次のように構成する。「一　持続社会の基礎条件」では、経済学や資源利用にかかわる学術研究の成果を参照しながら、生態経済学の意義を確かめる。「二　飛驒古川における実践」では、飛驒市古川町において筆者が携わってきた生態経済学的な、すなわち自然と歴史と文化をふまえた農村経営政策を紹介する。「三　巨大防潮堤批判」では、東日本大震災津波による被災地である気仙沼市本吉町小泉地区で、自然と歴史と文化をふまえずに宮城県が進める巨大防潮堤建設のあらましと問題点、ならびに住民有志を中心として筆者ら研究者有志が協力する災害復旧代替案作成について説明したい。「四　自然と歴史と文化の社会的価値」では、これらの検討が人間の安全保障を持続するために必須であることを確認して結びとする。

一　持続社会の基礎条件

人間が暮らしている生活空間は「自然と一体」であり、「私たちも自然の一部です」と、佐々木健氏は前述の講演において発言している。生物の一種である人間が地球の表面を土地として用い、その生存から生活、生業などの経済活動にいたるまでを自然環境に依拠していることが、ここに端的に表されている。

このことをふまえて、経済学者エルンスト・フリードリッヒ・シューマッハーは「われわれを取り巻く生きた自然という資本を無駄遣いすると、危険に瀕するのは生命そのものである」と指摘した（『スモール・イズ・ビューティフル』二三頁）。「経済学の目的と目標は人間の研究から導き出されなければならないし、その方法論の主要部分は自然の研究から導き出すべきだと考えてよかろう」とも、彼は述べた（前掲書、六一頁）。経済学者パーサ・ダスグプタは、同じことについてさらにふみ込んだ指摘をしている。「自然環境が我々に提供するものの大部分は、多数の生態系サービスを生産するので、必需品である。そのサービスには、遺伝子のライブラリーの維持、土壌の保全と再生、窒素や炭素の固定、栄養分の循環、洪水の制御、汚染物質の濾過、廃棄物の同化、作物の花粉媒介、水循環の作用、大気のガス組成の維持などが含まれる。多くのサービスは地球規模の文脈へと浸透するが、ローカルなものも多い」（『サステイナビリティの経済学』一五一〜一五二頁）。

こうした考え方は、経済学分野においてEcological economics（生態経済学）等の理論として確立されてきている。そして、ある地域において物質循環の上に経済循環を成り立たせるための検討から、国際的な貧困と格差の問題解決をめざした検討までが行われてきている。また、国際連合環境計画（United Nations Environmental Unite Programme: ＵＮＥＰ）は二〇〇一年から二〇〇五年にかけて、Millennium Ecosystem Assessment（ミレニアムエコシステム評価）として、生態系が人間の福利に与える影響の評価と、生態系の保全とその持続利用によって人間の福利への生態系の貢献がより高められるためにわれわれがとるべき行動を科学的に示すための作業を実施した。その報告書には、「通常、生態系を持続的に管理することは、農耕や森林の皆伐、あるいは他の集約的利用によって生態系を改変することよりも、もっと高い総経済価値が得られる。異なる二つの利用形態で生態系の総経済価値（生態系サービスの市場的・非市場的価値の両方を含む）を比較した研究はわずかしかないが、生態系を持続的に利用することで生じる利益が、生態系を改変したときの利益より大きいことがわかっている」などの記述が載る（Millenium Ecosystem Assesment 編『国連ミレニアムエコシステム評価』九〜一五頁）。

このように生態系サービスを生産する自然環境は、人間の経済活動ひいては持続社会の基礎条件として理解されている。日本政府は、生物多様性を「人間の生存の基盤であり、豊かな生活、文化、精神の基礎である」と位置づけ、その保全と持続利用を目的とした行動計画、環境行政の基本指針とすべく「新・生物多様性国家戦略」を二〇〇二年に定めている。しかし、わが国では行政と民間経済活動の別を問わず、持続社会の基礎条件は依然として十分に重視されていないと筆者は見ている。実際に、「個々の省庁の取組みを列挙するだけでなく、経済界、行政、市民、そして生態学者などの科学者らの各セクターが、どのように連携し、貢献してゆくのかに関する具体的な取組みを提示する視点が必要」といった批判もある（浦野紘平、松田裕之編『生態環境リスクマネジメントの基礎』一一〜一六頁）。

二　飛驒古川における実践

筆者は、二〇〇〇年度に岐阜県飛驒地方の旧古川町役場より委託を受けて、同町域（面積九八・一一平方キロメートル、人口約一万六千人）の「風土」の成り立ちを読み解く質的調査を行った。その成果において「飛騨古川」の風土像を「朝霧たつ都」と表したが、同町役場はこれを第五次総合計画目標と定めて、その達成をめざした政策を実施した。同町が二〇〇四年から市町村合併により飛騨市（面積七九二・三一平方キロメートル、人口約二万五千人）に加わった後も産官の事業他における価値基準として扱い、生態経済学的に地域経営策（同市は「農村環境デザイン政策」と称している）を展開してきている。この動きの中で、筆者は風土調査成果が市民間で理解、共有されるための情報伝達媒体作成（廣瀬俊介『町を語る絵本　飛騨古川』）や、成果にもとづく生活環境保全林計画、林道余除地・沿道植林植生回復設計等に携わってきた。

風土の定義は、旧古川町、現飛騨市の各委託事業に臨む前提として、「ある地域の自然およびそれと密接に関係づけられつつ構えられてきた人間の居住環境、ならびにそこでの暮しの営みや文化などの総体」、言い換えれば「地域の自然と社会の総体」とした（廣瀬前掲書、四六～四八頁。廣瀬俊介『風景資本論』八〇頁）。調査は、自然科学（natural science）、社会科学（social science）、人文学（humanities）の応用をもって進めた。具体的には、当地を対象とした既往の研究成果を見つけること、新たに必要となった研究を地域内外の適当な研究者に依頼することに加えて、暮らし手が受け継いできた地域の自然と生きるための経験則と学術的知見との照合を図り、これらの作業の成果の統合の上に飛騨古川の自然と社会の成り立ちと相互の関係、すなわち風土の成り立ちを一度解き明かしてみることを、筆者は担った。

旧古川町役場がこうした調査を起案したのは、地方公共団体の行財政を地域経営と読み替え、さらにそれを地域に存する資本資産の適正な管理と充実として実行しようと考えたことにもとづく。風土の成り立ちを読み解く調査は、自然資源、人工資本（建物と機械、道具）、人的資本（技能や地縁関係）、知識（アイディア）といった地域の資本資産の内容確認を生態経済学的に行ったものといえる（ダスグプタ前掲書冒頭の「要約と手引き」にある記述

写真１　古川盆地全景（北西より南東を見る）

写真２　飛騨古川の中心市街（壱之町）

に筆者が「道具」「地縁関係」を加筆）。一九九九年、台風一六号に伴い飛騨地方で発生した「平成一一年九月一五日豪雨災害」に主に動機づけられて、この調査は実現された。旧古川町役場職員と町民が、豪雨による被害は植林の放置と相まって拡大されたとの認識を総じて持っていたことが、背景にあった。

風土の成り立ちを読み解く調査とは、地域の自然と社会それぞれの成因と相互の関係、あるいは関係史を理解してゆく営みのことである。それぞれの成因の理解は風土の分析に当たり、成因相互の関係史の理解は分析結果の統合に当たる。そして、ここでいう分析は諸学術領域において考案されてきた研究方法の施用や知見の援用などによって行えるが、統合は「われわれの中の誰かが、諸々の事実や理論を総合する仕事に思いきって手を着けるより他には道がない」と物理学者エルヴィン・シュレーディンガーが述べ（『生命とは何か』五〜六頁）、哲学者アルフレッド・ノース・ホワイトヘッドが「知的冒険」の必要を説いたように（『過程と実在（上）』二二頁他）、かねてより難しく、ことにわが国においてはその好例に乏しいと筆者はとらえている。そうした評価の根拠となる状況については、たとえばアレックス・カー『犬と鬼―知られざる日本の肖像―』や、松原隆一郎『失われた景観―戦後日本が築いたもの―』などに詳しい説明がある。

筆者が採る方法は、生態学的に妥当な土地利用計画を実施するために環境デザイナー（landscape architect）イアン・マクハーグが確立した、種々の環境条件図を収集、作成し、それらを重ね合わせて地域環境の質を評価する方法（『デザイン・ウィズ・ネイチャー』）にならい、地形・地質、気候と起源の古い地域環境の成因から順に把握をしてゆくものである。この流れを軸として、地域の踏査と観察、聞き取り、文献調査を行うのであるが、地域環境の成因と相互の関係を見つけるために、地域の姿、様態である風景を、スケッチ（写生）を通して観察することが有効であると考えるようになった。そして、風景を介して風土の成り立ちを考えることは、暮しや生業を通して地域風景形成に参加する暮し手にも向き、描き手の体験にもとづく実感の表出を伴う描写は、彼らへの聞

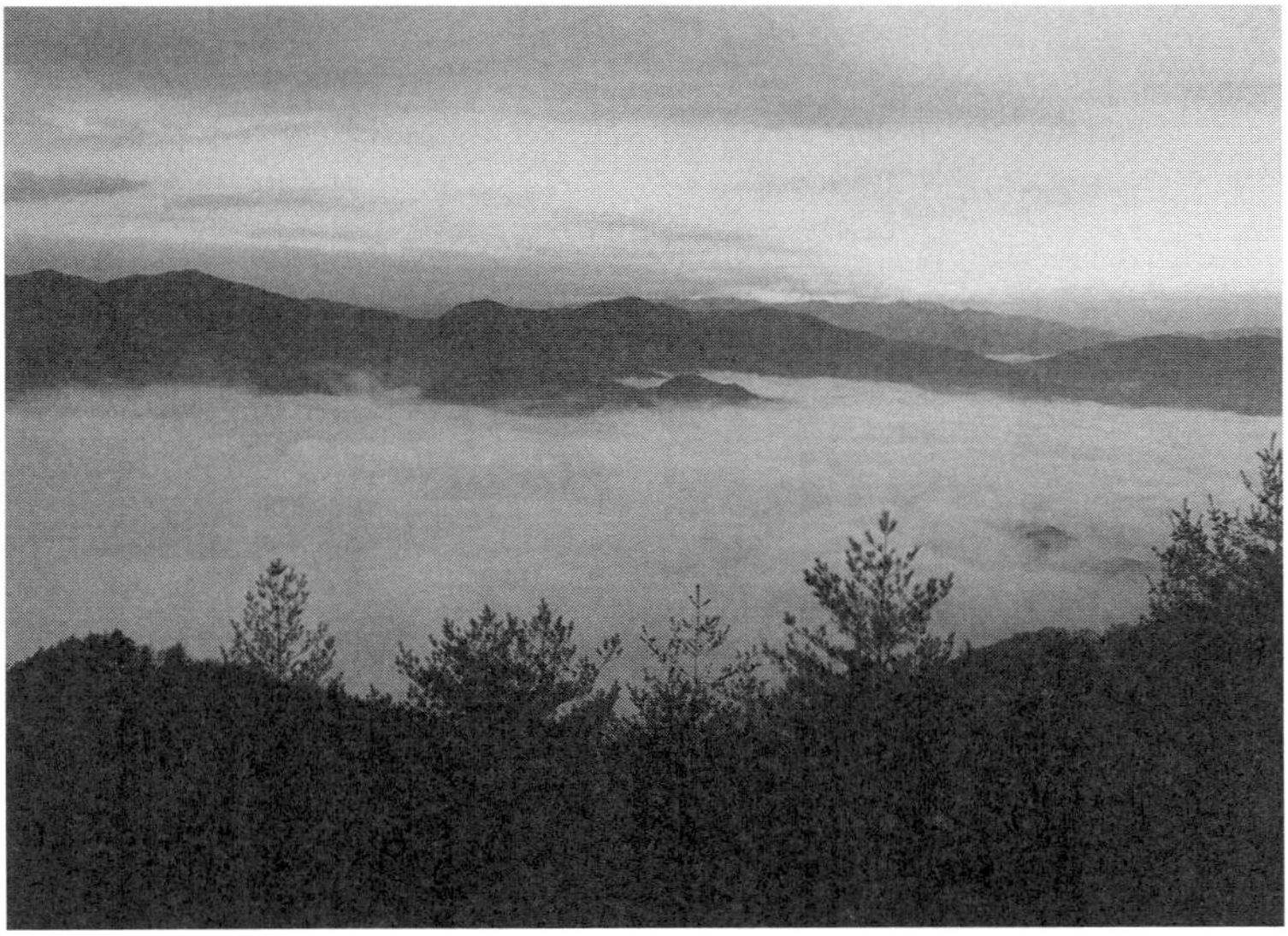

写真３　古川盆地の朝霧

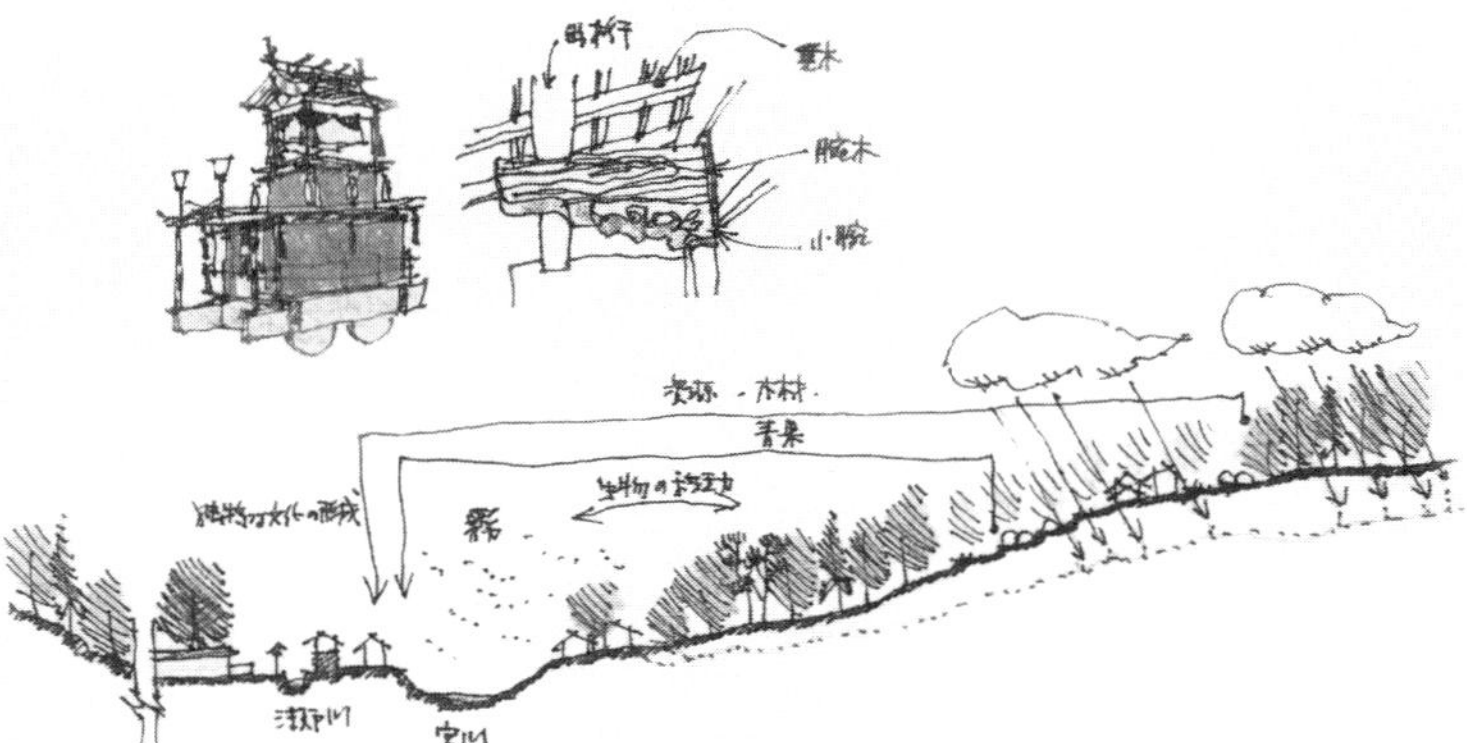

図１　古川町第五次総合計画目標「朝霧たつ都」概念図（廣瀬、2000）

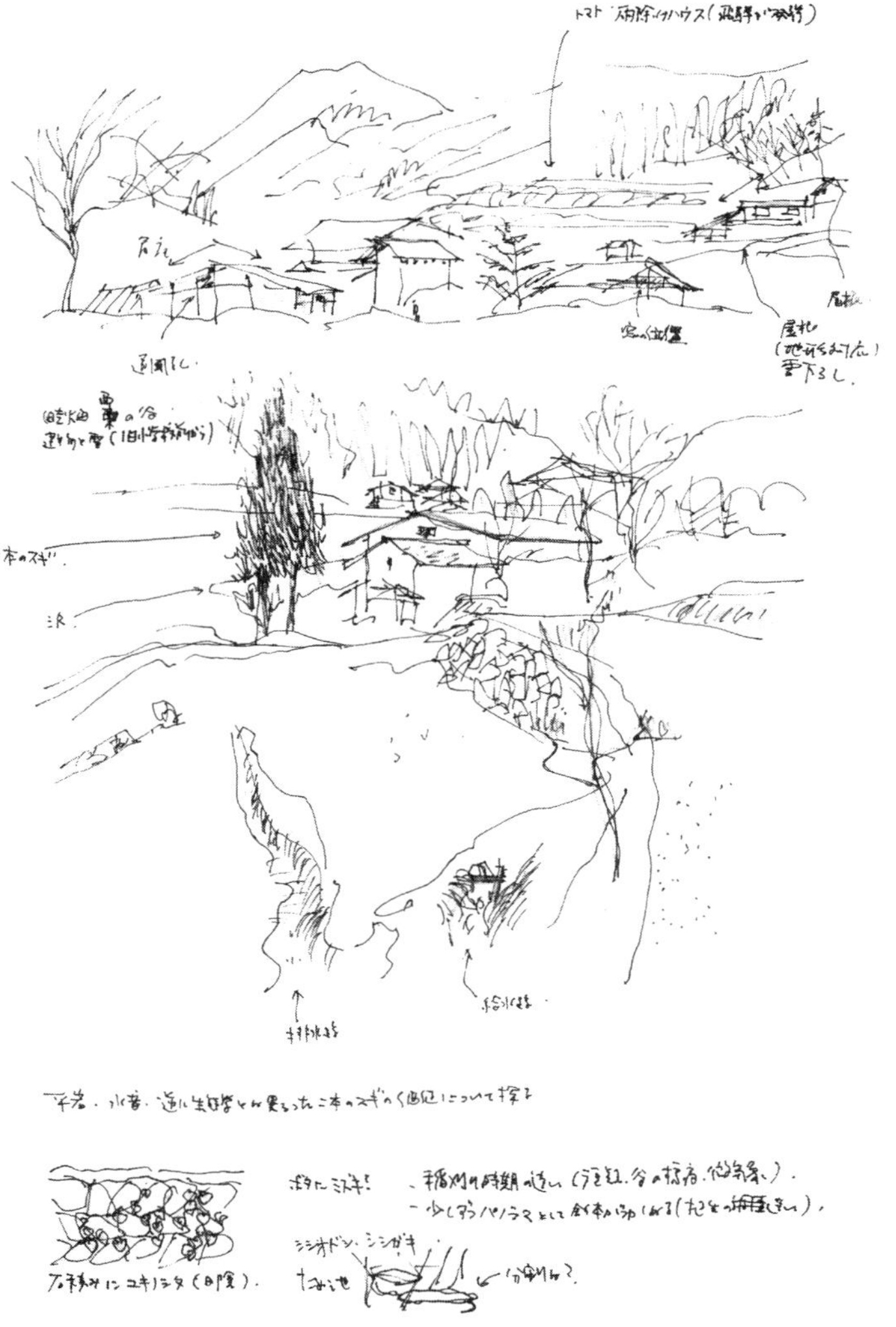

図２　古川町畦畑、平岩地区で描いた風景観察スケッチ
降雪とそれに対する家屋等の造りや配置、植樹といった
気候景観を、ここでは確かめている（廣瀬、2000）

き取りや情報伝達において親しみを生む効果があると、経験的に評価できた。これらの理由に基づき、風景観察スケッチを作成しつつ風土の成り立ちを暮らし手と考察する方法の地域的応用を、各地で試みてきている。前述の情報伝達媒体『町を語る絵本　飛騨古川』もまた、同様の効果への期待の上に風景観察スケッチ掲載を基本としながら飛騨市が発行した。付け加えておくと、風土の成り立ちを説明する材料の中心となる文章を然るべく書くには、自然科学、社会科学、人文学の知見にかかわる語彙を駆使して（事実を羅列するのでなく）文脈を編み、諸専門知識を複合的には持ち合わせないことの多い諸領域の研究者や技術者、および暮らし手にわかるように伝達表現ができる、相応の編集的思考技術の獲得が求められる。一般に、このことへの認識が足りないために、調査分析による成果の統合が成りにくく、異なる知的背景を持つ人々の間における情報の共有が成りにくい状況が解消できないのではないかと、筆者は考えている。

飛騨古川の風土の成り立ちは、当地の吉城高校で教諭、地学部顧問をつとめた地学研究者下畑五夫氏と、歴代地学部部員が蓄積してきた盆地霧研究の成果に示唆を与えられて、「朝霧たつ都」という風土像に集約、表現した。これは、飛騨の匠に代表される地域固有の雅びな文化生活が、盆地と山谷、大気や太陽からもたらされる自然の恵みに因り、朝霧はその中心と目せる水の巡りが目に見える姿、との解釈にもとづく。二〇〇一年に「朝霧たつ都」は旧古川町第五次総合計画目標と定められ、飛騨市合併後も「古川盆地とこれを囲む山々がつくる一つの水系地域、つまり旧古川町のなかで、自然と社会、経済、文化の調和を保つために（中略）ふさわしい」いとして継続して地域経営の価値基準とされ、ここから諸施策の起案において前提となる方針が導かれている（飛騨市、廣瀬俊介「飛騨古川朝霧プロジェクト」一頁）。

総合計画目標「朝霧たつ都」の達成をめざした地域経営政策を、飛騨市役所は「飛騨古川朝霧プロジェクト」と名づけた。そして、「朝霧発生の条件保持」をその指標と定めている。それがなければ理想の風土像「朝霧たつ都」は将来に継げず、自然資源の遺失を招き、これに立脚した地域固有の人工資本、人的資本、知識の遺失に結びつく。ひいては、それらの資本資産の運用から成り立ってきた居住環境、生業、文化、教育、医療、福祉などに影響が及ぼされて、人間生活と地域社会の良好な持続が危機にさらされる可能性がある。それゆえ、予め危機の回避に努めておくことが安全であるとの考えに基づく。

これらをふまえて、飛騨古川朝霧プロジェクトにおいては、自然災害への防備（治山治水）、水源涵養や生物多様性の回復（生物がその外界にある物質を摂取して自らの体をつくり、また繁殖をすること、すなわち「生物生産」が農林漁業の成因となる）を兼ねた森林管理の公益性を評価して所得補償を行うなど、「市民の共同の家計」たる行財政本来の意義に適った「市民の共同の事業」（神野直彦『地域再生の経済学』九〜一〇頁）として、生態環境再生型公共事業と呼べる新たな雇用増、地域内での富の循環を少しずつ生み出そうとする策が起案され、実行されてきた。その政策方針構成と施策群は以下の通りである。

「朝霧に学ぶ」（環境研究の継続、市民間における情報共有の促進）
環境の科学研究、地理情報の電算管理、町を語る情報媒体の制作、環境学習

「水をやしなう」（二次自然の維持と水源涵養、代替燃料生産）
環境保全的森林管理への公共投資、生態環境修復、水田環境交付金、水空間環境交付金

「食を守る」（地域営農と食料自給、そして地域振興へ）
地域営農、小さな食料自給、在来作物の栽培・保存、地域銘柄の開発

「土をつくる」（汚泥の非焼却処理と有機性資源の域内循環、土壌保全）
し尿処理汚泥資源化事業、生ゴミ資源化事業、生薬残渣資源化事業

「健やかに生きる」（薬草等の再生産可能な自然資源を利用した健康増進）
薬草資源活用事業、循環型社会の維持に結びつく地域経済振興を目的とした民業支援
「結を伝える」（人口減社会における人間関係のあり方を見すえて）
結と地縁の新しい解釈にもとづくグリーンツーリズム、情報伝達デザイン
（飛騨市、廣瀬前掲書、三〜一五頁）

なお、風土の成り立ちを読み解く質的調査に、地域の生物生産の既定要因となる日射量の把握や、食料自給率の資産（熱量を元に計算される日本の総合食料自給率三九％、旧古川町での試算値七四％。二〇〇三年当時。日本全体では最新値である二〇一〇年の値も三九％）といった量的調査を適宜組み合わせることもした。プロジェクト方針「朝霧に学ぶ」にある「環境の科学研究」は、これらの調査における自然科学、社会科学的検討からもたらされた成果の客観性、合理性が、事実の理解や市民間の情報共有に有効であったことの評価の上に、その継続が必要と確認されたものである。これに加えて、科学にもとづく客観的合理的評価が完全には当たらない面を残す文化等の地域成因の公益的価値評価においては、人文学的検討にもとづく解釈が求められた。筆者が考える地域の資本資産の内容確認と、それら資本資産の適正な管理、充実とは、おおむねこのようなものである。

三　巨大防潮堤批判

はじめに、防災・減災をめぐる国際的な動向を確認する。

持続可能な生態系管理や健全な環境管理への投資は、災害に対する地域社会の脆弱性を改善する費用対効果の高い方法である。住民は、劣化が進行していない森林や湿地、マングローブ林、珊瑚礁などの健全な生態系から薪やきれいな水、繊維、薬、食糧という多数の財のほか、洪水、土砂崩れ、沿岸浸食、雪崩といった危険事象に対する自然の緩衝材としての昨日などさまざまな生活上の便益を得られる。健全な生態系は、自然の緩衝材となって洪水の抑制、斜面の安定化、沿岸浸食防止などの役割を果たし、防災目的の構造物や措置を補完する。こうした自然の緩衝材は往々にして堤防や土手、コンクリート壁などの工学的構造物よりも設置・維持に係るコストが低く、高い効果を発揮する。二〇〇五年のカタリーナ台風上陸時には、ニューオリンズを守るために建てられた堤防が崩壊した。一部の工学的構造物による防災効果の限界はこのように広く実証されている。この被害を受けて、ニューオリンズ市は生態系を活用したＤＲＲ（筆者註 disaster risk reduction の略）を実現するために、ダムを壊してミシシッピ川沿いの湿地回復を進めている。生態系によってもたらされるサービスは、追加的な贅沢ではなく、むしろ減災に欠かせない基本的で多面的な恩恵である。本手引きは、減災計画の重点を被災後の対処行動から防災と持続可能な生態系管理に移行する一助となるであろう。

（Karen Sudmeier-Rieux、Neville Ash、Radhika Murti『減災（災害リスク軽減）のための環境の手引き』一頁）

ここには、本稿で既に参照したシューマッハーやダスグプタらの生態経済学的理論や、国際連合環境計画による生態系の総経済価値評価、日本政府の「新・生物多様性国家戦略」、シュレーディンガーやホワイトヘッドによる総合科学・哲学的思考、カーや松原による持続不可能的公共施設等建設事業批判、マクハーグが確立した総合的環境評価などに通底する、知的かつ実際的な「生態系を活用した災害リスク軽減（または生態系を基盤とした災害リスク軽減。Ecosystem-based disaster risk reduction：Ｅｃｏ‐ＤＲＲ）」の効用が説明されている。しかし、宮城県は津波被災地における災害復旧事業に際して、こうした国際的動向に反する「巨大防潮堤」の建設を進めている。本稿では、筆者が住民有志、研究者・技術者有志らと災害復旧代替案作成、提案に携わってきている気仙沼市本吉町小泉地区における事例を示したい。

気仙沼市発表の資料「主な地区の津波被害の状況について」（http://www.city.kesennuma.lg.jp/www/contents/1308917412557/files/hukko1shiryo6.pdf）には、当地区の被害状況は「津谷川を遡上して大規模な浸水被害」、「集落は全壊」、「気仙沼線の線路、陸橋、陸前小泉駅は流出」と記載がある。砂浜や松原のあった海岸線は一〇〇〜二〇〇メートル後退し、地盤は約六〇センチメートル沈下した。津波の遡上高は最大二〇・三メートルで、一一一八棟に上る家屋が全壊、八五棟の家屋が大規模半壊・半壊と、地区の家屋棟数に占める被害の割合は六九・三％に達した（森傑監修『大好きな小泉を子どもたちへ継ぐために』一〇〜一一頁）。

これに対して、当地区では国の防災集団移転促進事業による高台移転が進められている。一方、気仙沼市は「災害危険区域に関する条例」（気仙沼市条例第三一号）を二〇一二年六月二九日に交付・施行し、同年七月九日に指定区域を公示した。小泉地区と、同じ津谷川流域の上流側に当たる津谷地区においては、沿川および海岸の低地部で住宅、宿泊施設、病院、児童福祉施設等の建設が制限されることになった。このことをふまえて、小泉地区集団移転協議会によるワークショップの第一二回（二〇一二年二月二三日開催。全二四回）から、居住者のいない高台移転後の低地利用について折々に話し合われてきた。ただし、同ワークショップは主に新住宅地の充実を旨として機能するもので、低地利用の検討は参加者の声をもとに、環境デザイン技術者にとってはごく簡単なものに見える構想図が作成されるにとどまった。

一方、宮城県は、各市町が災害危険区域に指定した津波被災跡地に、「原形復旧・効用回復」を目的とする公共土木施設災害復旧事業費国庫負担法の適用を受けた災害復旧事業として「巨大防潮堤」を建設する計画を決めた。津谷・小泉地区では、小泉海岸に長さ八〇〇メートル、底部の幅九〇メートル、高さ海抜一四・七メートルの防潮堤を築き、津谷川に左右両岸を足して四七四二メートル、高さ海抜一四・七~七・一メートルの堤防を築く計画が立てられ、二〇一四年一一月に、二〇一九年三月二三日までを工期として工事が落札決定されている。

「原形復旧・効用回復」を目的とする災害復旧事業は、環境影響評価法および宮城県環境影響評価条例の適用除外となり、住民等の意見を聴取し適切な配意を行う合意形成のプロセスがふまれることなく防潮堤建設計画は進められた。これに対して、気仙沼市民有志は、「現在、進められている防潮堤計画について、正しい知識をもとに市民が納得して進められるよう、その根本となる法的根拠や行政の基本方針、根本的なルール、決定・建設のスケジュールなどの基本情報を整理し、また各地区における情報を交換することにより、それぞれの地区住民そして市民の多くが将来に向かって納得のいくまちづくりを実現するためのベースとなること」を目的とする「気仙沼市　防潮堤を勉強する会」(http://seawall.info/) を組織して、二〇一二年八月から二〇一三年四月までに一四回の勉強会を重ねてきた。小泉地区においても「小泉海岸及び津谷川の災害復旧事業を学び合う会」が二〇一三年一二月にもうけられ、勉強会が行われてきている。また、宮城県の当該工事入札公告を不服とする住民有志が、国土交通省海岸室へ防潮堤建設計画の見直しを求める陳情書を提出もしている。

住民有志に協力を求められた筆者ら研究者・技術者有志は、二〇一三年五月から「津谷・小泉地区災害復旧代替案」(廣瀬運営ウェブサイト http://shunsukehirose.blogspot.jp/2014/05/alternative-proposals-for-tsuya.html) を、災害時と平時のいずれにも生命を守り得る地区再生を目的として、共同で検討してきた。遠浅の砂浜海岸と河口から約四・五キロメートルの地点まで三度未満の緩勾配が続く地形や、アサリやカキの類が戻り、サケやアユやウナギの遡上のある水域の生物生産(食料確保から地域経済安定までに結びつく)に照らして、防潮堤は新設される三陸沿岸道

写真４　2013 年５月 12 日に撮影した小泉海岸と津波痕跡湿地

図３　県計画の防潮堤の規模を市民に伝えるために研究者が作成した透視図
（横山勝英　首都大学東京都市基盤環境コース准教授提供）

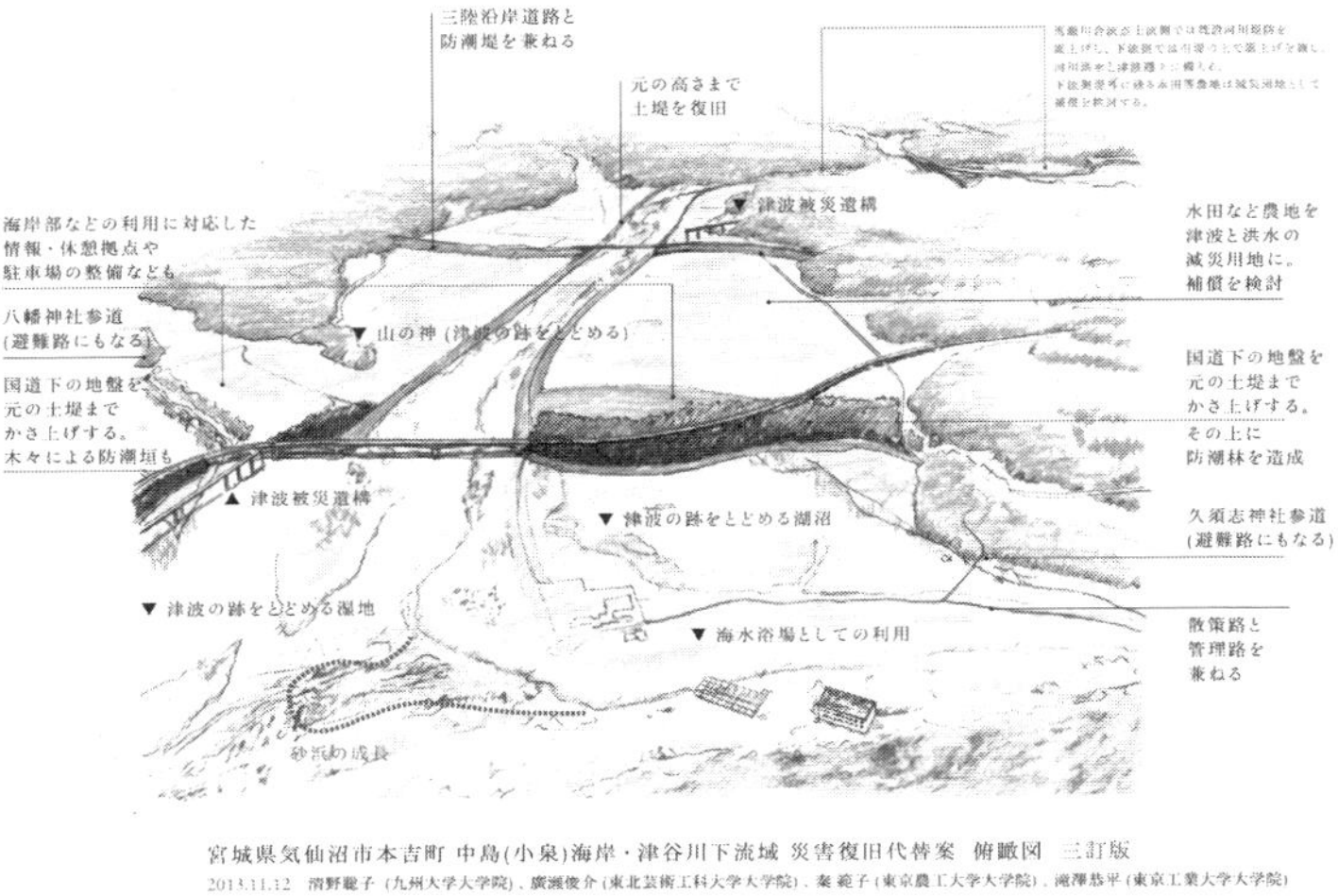

図４　津谷・小泉地区災害復旧代替案俯瞰図

図５　代替案にもとづく地域経営像を示した説明のスライドの一葉

路の盛土部と兼用とすることを、当案の骨子とした。これは、海岸と河口、および地震と津波の後に残された低湿地（津波痕跡湿地）を、平時は周辺を含めた人間生存の条件を成り立たせる生物生産の場とし、非常時は津波と河川洪水の減勢に効果を果たす緩衝帯、「前浜」として生かす考え方にもとづく。「本来、海岸堤防は波打ち際に設けるのではなく、堤防と汀線の間に緩衝帯としての前浜を用意するのが、堤防および守られる区域の安全のためには望ましい」（高橋裕『川と国土の危機』一二八頁）といった土木工学の基礎と生態経済学的検討の成果を考え合わせて、筆者らはこう提案した。

その実現のためには、低地の減災用地としての取得などが必要となる。しかし、当地区が津波痕跡地形、ならびに津波被災遺構（図5）を将来にわたり擁するならば、青森県八戸市から気仙沼市までにいたる北部北上帯を主とした三陸ジオパーク（二〇一三年九月二四日、日本ジオパークに認定）における「東日本大震災の経験を後世に伝え得る」特徴的な部分となると考えられる。多数の関係者の協力を得てそれが実現してゆけば、津波被災遺構と野生の自然との対比による個性的な風景が域外からの人々の来訪の動機づけになろうし、その環境は防災教育、持続可能な開発のための教育（Education for sustainable development: ＥＳＤ）にも向こう。こうした低地の土地利用は、津谷・小泉両地区ひいては旧本吉町域において、元より海水浴やサーフィン等を楽しみに人々が訪れていたことと親和する、新たな生業を立ててゆくことに結びつき得るとも、筆者らは考えている。

四　自然と歴史と文化の社会的価値

人間が暮らしている生活空間は「自然と一体」であり、「私たちも自然の一部です」との、佐々木健氏の発言に再び目を向けてみたい。前述の同氏講演の副題「震災からの復興に自然と歴史と文化を」にあった「自然」は、経済学でいう自然資源に当たり、これを源や媒介として生み出される人工資本、人的資本、知識といった残る資本資産の群が「文化」またはその産物と見なせる。「歴史」は、そうした自然と人間あるいは自然と社会の関係の履歴を参照可能な地域の書物のように解釈でき、価値づけられる。

そして、本稿での言い表し方からいえば、ある地域における自然と社会の関係調整から、人間の生活が健全に営めるために有効な地域固有の資本が適正に管理でき、充実できることになる。そのことが、当の資本を生かした災害リスク軽減から、種々の生業の振興ひいては域内での富の循環の安定までを可能にし得る。

このことは、経済学者アマルティア・センが提唱する概念「人間の安全保障」（『人間の安全保障』特に二二～三四頁）の基礎とも考えられる。自然の生産物を循環的に用いながら、防災と減災、保健、衛生等を充たし、生活や生業を成り立たせることで人間は社会を営み、支え合って生きることができるからである。

参考文献

セン、アマルティア『人間の安全保障―改革の時代―』東郷えりか訳、集英社、二〇〇六年

高橋裕『川と国土の危機』岩波書店、二〇一二年

ダスグプタ、パーサ『サステイナビリティの経済学―人間の福祉と自然環境―』植田和弘監訳、岩波書店、二〇〇七年

マクハーグ、イアン『デザイン・ウィズ・ネイチャー』下河辺淳、川瀬篤美監訳、集文社、一九九五年

飛騨市、廣瀬俊介「飛騨古川朝霧プロジェクト―盆地霧発生条件の保持を指標とした農村環境デザイン政策―」飛騨市、二〇〇六年

Karen Sudmeier-Rieux、Neville Ash、Radhika Murti『減災（災害リスク軽減）のための環境の手引き―人間の安全保障と気候変動適応のための健全な生態系』国際自然保護連合、二〇一三年

共存社会における警察活動の分析

――東日本大震災における救護と安全確保の活動――

横山　實

一　警察の機能

警察は、国家の行政機関である。戦前は、主権者である天皇のために警察活動を担っていた。しかし、現行憲法では、主権者は国民と規定されたので、警察は、国民のために活動することが要請されている。これを地域レベルでみると、警察は住民たちのために活動し、彼らが地域で共存社会を築くことに貢献するよう望まれている。

地域の既存の共存体制は、大震災に遭遇すると、崩壊することがある。そのような大震災に際して、警察はどうように既存の共存体制を守ろうとするのか、また、震災後に地域住民が共存体制を回復したり、新設したりするときに、警察はどのような役割を果たすのであろうか。このような視点から、東日本大震災における警察活動を分析しておきたい。

ところで、我が国では、重要な政策課題は、基本法の枠組みの中で実施されている。基本法が始めて制定されたのは、一九五五年の原子力基本法であり、その目的は、アメリカから平和目的のために原子力を導入する体制を築くことであった。その次に制定されたのが、一九六一年の災害対策基本法である。伊勢湾台風への対処が県や市町村の単位では十分でなかったので、国がリーダーシップをとって、地方自治体をはじめとして各種の公共機関や団体などを巻き込んで、防災の体制を整備するために、この基本法が制定されている。

我が国は、戦後の民主化の中で、国家警察が解体され、アメリカをモデルにした市町村警察体制が導入された。しかし、財政基盤が弱い市町村は、それを維持しきれず、また、冷戦が始まって民主化政策が後退したので、一九五四年の警察法で、警察庁と都道府県警察の現在の体制が実現した。災害対策基本法が制定されたのは、その後だったので、その基本法に基づく警察の防災体制は、警察庁のイニシアティブのもとに推進された。

警察は、治安維持のための警察活動や刑事警察とともに、最近では、国民の生活を守ることを重視するようになっている。生活安全部で行う防犯活動などの重要性が認識されるようになっているのである。防災体制の整備は、その流れの中に位置づけられる。

二　神戸淡路大震災での経験と防災体制の整備

日本の警察は、災害があるたびに、活動の問題点を点検して、その改善に取り組んできた。その最たるものが、一九九五年一月一七日に発生した兵庫県南部地震（M七・三）での体験である。この地震は、午前五時四六分に発生した。兵庫県警は、六時一〇分に各警察署に非常招集を出して、警察官に出勤を命じた。また、警察官の被災地への派遣を指示した。その五分後に、災害対策本部を設置して、そこから本格的に初動態勢の指示を出した。

六時四〇分になってはじめて、機動隊に出動命令が出され、被災地での救助活動が本格的に開始された。その日の午後には、応援の警察部隊約二五〇〇人が到着している。警察のみならず、自衛隊や海外からの救援隊の活動にもかかわらず、初動救助活動の遅れもあって、約六四〇〇人が犠牲になったのである。

当時の災害対策には、いくつかの問題点があった。第一に、神戸淡路大震災では、地震によって交通網が寸断されただけでなく、車両の渋滞により、緊急車両が現場に駆けつけることができなかった。そこで、一九九五年の災害対策基本法の改正で、災害時の交通規制が整備された（漆間巌「巨大災害の危機管理」警察政策学会資料第六七号、九九頁）。第二に、神戸淡路大震災では、県知事による自衛隊への出動要請が遅れるという問題点があった。そこで、市町村長も、出動要請ができることになった。また、自衛隊の災害出動が、任務として明記されることになり、地方自治体からの要請がなくても、自衛隊は出動できることになった。

当時、兵庫県本部災害対策課で勤務していた古塚清徳は、警察活動の反省点として五点、つまり、①情報伝達の遅延、②救助体制の整備、③緊急交通路の確保、④救急活動のための訓練、⑤装備資機材の整備を指摘していた（http://www.hyogo-c.ed.jp/~maiko-hs/memorial/2009/m2009_2_06.htm）。これらの項目を検討して、警察は、広域緊急援助隊を組織することになった。この部隊は、災害時に救急活動をする装備を持ち、また、隊員は、消防の救急隊員から、救護する技術を学ぶことになった。東日本大震災の際には、この反省点に基づく体制の整備が、被災者の救助活動や支援活動に大いに役立ったのである。

三　東日本大地震直後の警察の動き

東日本に大きな災害をもたらした地震は、二〇一一年三月一一日の午後一四時四六分に発生した。最大であった最初の地震は、M九・〇であり、専門家が想定していたよりも、はるかに大きなものであった。また、その約三〇分後に襲ってきた津波も、想定外の大きなものであった。この大震災に直面して、警察は、神戸・淡路大震災の時の反省を踏まえて、被災者のためにどのような活動をしたのであろうか。ここでは、福島県における原発事故への対処以外の活動について分析しておきたい。

災害対策基本法に基づく防災体制は、神戸・淡路大震災の経験を踏まえて整備されていた。そこで、勤務時間中の一四時四六分に地震が生じたということもあって、各組織の災害対策本部は、規則やマニュアルに従って、地震後に直ちに設置されている。警察庁では、地震直後には、警備局長を長とする災害警備本部を立ち上げている。都道府県の警察本部でも同様で、たとえば、宮城県警察本部では、地震直後の一四時四九分に非常体制の災害対策本部を設置して、竹内直人本部長は、大津波警報発令の報を聞きながら、総合対策室に入っている（竹内直人「東日本大震災における警察活動をふりかえって」二頁）。また、岩手県警察本部では、七階の警備部長室にいた佐藤喜男部長が、地震の揺れが始まるとすぐに六階に下りて、指揮室で災害対策本部を立ち上げている（岩手県警察本部監修『使命』一七七頁）。

国のレベルでは、一五時一四分に、首相官邸に緊急災害対策本部が設置された。そこで、それに応じて、同時刻に、警察庁では、長官が災害対策本部長になっている。さらに、地震、津波および福島原発事故の被災県だけでなく、全都道府県の警察においても、本部長が長となって災害警備本部などを設置している。また、警察署のレベルでも、対策本部が設置されている。震源地に近かった宮城県では、県下の二四署のすべてで対策本部が設置されている。岩手県では、警察本部長以下、一一三八人の体制で、災害対策本部が組織された。その本部では、沿岸警察署に対する津波の警戒の指示、避難誘導などの無線指示、応援部隊の派遣、被害情報の収集が直ちに始まっている。

宮城県の場合は、警察官と職員の総数は、四二〇〇名であったが、事前に作成してあった災害警備計画に基づき、地震直後には三九〇〇人の動員態勢を組み、大災害に対処することにした。しかし、竹内本部長は、その動員体制でも不十分と判断して、地震直後に、警察庁に対して、警備、交通および刑事の三部門をカバーする広域緊急援助隊の派遣を要請している。

幸いなことに、高速道路は、路面の亀裂や小規模の土砂崩れなどはあったが、簡単な補修で、徐行しながら走行することが可能であった。そこで、警察庁からの指令に基づいて、全国の都道府県警から救援隊が被災地に駆け付けた。宮城県には、第一陣として、警視庁、東北警察管区および中部警察管区の特別派遣部隊の約七〇〇人が、三日間自活できる物資を持参して、警察車両で駆けつけている。派遣された警察官は、被災県の警察の指揮下で、それぞれ任務を分担して、被災者のための活動を行ったのである。

なお、三月一一日の地震および津波により、被災県における警察施設は、大きな損害を被っていた。阪神淡路大震災の時は、兵庫県警の本部および三つの分庁舎、三八の警察署および二三七か所の交番・駐在所において建物や機器などに被害を被った（『平成二四年版　警察白書』二〇頁）。それに対して、東日本大震災では、二県の警察本部と一分庁舎、五八の警察署と四分庁舎および二四八か所の交番・駐在所において、建物や機器などに被害があった。神戸淡路大震災の場合には、市街地に交番が密集していたので、二三七か所もの交番・駐在所で被害を被っていたのである。

東日本大震災の時には、被災県の警察施設は、より大きな損害を受けていた。そのような状況の中で、また、食料、水、電気、ガスなどのライフラインが寸断されている中で、日本の全警察が、被災地で様々な支援活動を行ったのである。その詳細は、以下の通りである。

四　津波に襲われる前の避難の呼びかけと誘導

地震と津波の災害に何回も遭遇していた岩手県の沿岸警察署では、常日頃から、津波対策を怠らなかった。津波警報が発令された際の対応などについて、想定訓練を何回も実施しており、また、地震発生時の各関係機関との連携、沿岸地域での避難誘導、交番内での動きなどの訓練を日々実施していた（岩手県警察本部監修前掲書、一六頁）。そこで、東日本大震災の地震直後には、マニュアルに従い、訓練通りに活動を開始している（他方、宮城県や福島県などの平野部の沿岸警察署では、津波の被害経験がなかった。そのために、避難誘導活動などの対応が不十分であったかもしれない）。

我が国では、災害時には、警察や消防などの公務員のほかに、地元のボランティアが、消防団員や水防団員などとして様々な仕事を担っている（横山實「東日本大震災の大津波への対応は適切だったか」九九頁）。東日本大震災の地震の直後には、彼らは、マニュアルに従って仕事を始めている。たとえば、海岸沿いの地域の水防団や消防団の団員は、消防車や自分の自動車に乗って、直ちに海岸に駆けつけて、水門を閉鎖し、海の様子を観察した。また、海岸近くに住む人々に、高台への避難を呼びかけた。沿岸地域の警察署、交番および駐在所の警察官も、パトロールカーや徒歩で巡回して、住民に高台への避難を呼びかけた。また、地方自治体や集落などでも、防災無線を使って、避難を呼びかけた。しかし、その避難の呼びかけに応じなかった住民がたくさんいたのである。

その一つの原因は、気象庁による過小な大津波警報の発令であった。つまり、最初の大津波警報は、高さ三メートル以上の津波が岩手県と福島県に、六メートル以上の津波が宮城県に押し寄せるというものであった（横山前掲書、九七頁）。気象庁は、その後ですぐに、より高い津波の警報を出したが、最初の警報を信じた人々は、避難しそこなった。第二に、ハザード・マップを信じて、自分の家は、危険地域外だと信じていた人も、津波から逃げ遅れた。第三に、高い堤防に守られていると信じていた住民も、また、高い堤防で津波の前の引き波を見ることができなかった住民も、避難せずにいた。第四に、被災地には多くの高齢者と障がい者がいたけれども、彼らの中には、一人で避難できない者もいた。これらの避難しない住民あるいは避難できない住民を目撃して、警察官や消防団員などは、避難を呼びかけ、避難の誘導を行った。その活動をしているうちに逃げ遅れて、津波の飲み込まれるという惨事が起きたのである。

東日本大震災では、二五人の警察官が死亡し、五人の警察官が行方不明になっている。警察官が使っている警察無線は、自家発電で作動してたので、大地震直後から、様々な情報、たとえば、津波に関する情報も、的確に現場に流されていた。しかし、徒歩で巡回している警察官の多くは、警察無線の受信機を持っていなかったので、津波の到来を予知できず、犠牲になった者がいた。さらに、我が国の警察官の多くは、職務に熱心であるために、津波の到来を予知していても、岩手県高田幹部交番の所長のように、持ち場を離れず、任務を全うして殉職した者もいた（岩手県警察本部監修前掲書、一七頁）。

五　警察による情報の収集とその伝達

警察は、気象庁からの災害警報を受け取り、それを伝達することになっている。つまり、警察は、気象業務法で規定されている津波警報の法定伝達ルートの一つとなっている。それゆえに、東日本大震災においても、警察無線を通して、警察現場の隅々まで津波警報が届けられている。

警察は、独自に災害情報の収集にあたっている。東日本大震災では、報道機関のヘリコプターだけでなく、警察のヘリコプターも、災害に関する情報収集で活躍している。警察のヘリコプターから撮影された映像は、首相官邸、警察庁、被災県警察の災害対策本部および警察署、被災県の県庁などにライブで流された。岩手県の場合には、警察航空隊は、激しい地震の揺れの中で、隊員全員でヘリコプターを格納庫から出して、隊員数人がそれに飛び乗って緊急出動した。陸前高田市の上空に到着して、ヘリコプター・テレビ・システムで撮影し始めた数分後に、「海全体が大きく盛り上がり、真っ青な大波がみるみる真っ黒な瓦礫の塊に変わって押し寄せて来る」（岩手県警察本部監修前掲書、一三五頁）のを目撃した。しかし、残念なことに、その映像は、地震による停電で中継基地が機能停止していたために、県警本部の災害対策本部に生中継できなかった。それゆえに、「陸前高田市壊滅！」という航空隊員の絶叫は、岩手県警察本部などに伝わらなかった。

警察は、情報を収集して、被災状況を、たとえば、災害による死亡者の数を、人々に知らせる任務がある。しかし、東日本大震災は、巨大で広範囲にわたっていたので、被害に関する情報を完全に収集できず、被災状況を正確に伝達できなかった。通常の場合には、警察は、遺体を一体ずつ確認して、確認した遺体の総数で、被害の大きさをマスコミ機関などに伝達している。しかし、東日本大震災の場合には、遺体があまりにも多くて、それができなかった。そこで、宮城県警の竹内本部長は、陸の孤島となった南三陸町が壊滅したという情報を得ていたので、それから推測して、少なくとも一万人の犠牲者が出ていると、県庁における会議で発言した。「一万人」は新聞記事の大見出しとなり、人々に被害の大きさをイメージするのに寄与した。竹内の推測に基づく発言は、警察の内部規則に反することであったが、東日本大震災という非常時では、適切な発言であったといえる。

六　人々からの電話の殺到

東日本大地震の直後には、被災地の多くで通常の電話や携帯電話が不通になった。それにもかかわらず、警察は緊急の一一〇番通報を受け続けた。たとえば、一五時三二分には「気仙沼署の大谷駐在所が浸水」、一五時三五分には「南三陸町の役場が水没」というような緊急通報が、次々と寄せられたのである（竹内前掲論文、五頁）。宮城県警の場合には、通常は一日に約五〇〇件の一一〇番通報を受け取っているが、三月一一日には一七七二件、一二日には二三二三件と電話が殺到した。地震や津波の直後には、救助要請の緊急電話も入ったが、混乱している状況の中で、その要請に応じて直ちに警察官を現場に派遣することはできなかった。一二日を過ぎると、通報数は千件台になったが、その多くは、安否確認の電話であった。

被災三県の警察本部は、人々からの問い合わせの電話に対応する体制を、徐々に整えていった。岩手県の場合には、一二日早朝には電話の通信制限が解除され始めたので、人々からの問い合わせの電話が、特に県警本部県民課への警察安全相談電話が、鳴り続けた。そこで、翌日の早朝には、本部長命令で、行方不明者相談対応のフリー・ダイヤルの設置が決まり、直ちに、五回線の「岩手県警察行方不明者相談ダイヤル」が開設されている。それでも、問い合わせに十分対応できなかった。電話会社の調べによると、最も電話が殺到した一六日には、着信二一万三九〇一件のうちで、警察に接続できたのは、わずかに三一六件だけであった（岩手県警察本部監修前掲書、一四二頁）。問い合わせが多くて、警察による市民への相談サービスは、著しく低下していたのである。

七　警察の救助活動

神戸淡路大震災の場合には、自衛隊への出動要請が遅れ、救助活動が滞った。それに対して、東日本大震災の場合には、菅直人首相の要請で、自衛隊は迅速に被災地に派遣されている。三月一八日までには、一日に一〇万人を超える自衛隊員が、被災地に派遣されたのである（『平成二四年版　防衛白書』二〇八頁）。そこで、警察や消防などによる救助活動は、自衛隊の統率の下で行われた。警察の救助活動は、被災県の警察官のほかに、警察庁からの指令により派遣された広域緊急救助隊の警察官が担当した。陸上の交通網が遮断された被災地では、ヘリコプターによる救助活動も行われた。これは、特に病人や負傷者の救助に役立った。大量の瓦礫の中での救助活動は、困難を極めた。生存可能な七二時間が過ぎると、瓦礫の中から遺体を見つけることが主な任務となった。平成二三年五月末までに救護された人の数は、二万六七〇七人であったが、そのうちの七二・二％が自衛隊、一七・三％が消防庁、一四・〇％が警察、一・三％が海上保安庁となっていた（『平成二三年版　防災白書』一八頁）。

八　道路交通の統制

神戸淡路大震災の際には、高速道路の一部が崩壊したほか、倒壊した建造物が道路をふさいだので、神戸市内への道路交通は麻痺した。神戸市内への道は自動車が渋滞して、緊急車両も通行できない状況であった。その後、それを反省して、災害時における道路交通の統制は整備された。そこで、東日本大震災では、主要高速道路が内陸部にあったことも幸いして、警察による道路交通の統制は、うまく行われたのである。

警察庁は、三月一一日の大地震の直後に、国土交通省や東日本高速道路株式会社などに対して、被災地における道路の状況について問い合わせている。収集した情報に基づき、主要な高速道路は、簡単な補修で通行可能と判断したので、警察庁は、一二日になって、災害対策基本法に基づいて、被災県への主要高速道路を緊急交通路と指定した。指定道路では、人命救助や避難誘導、消火活動人員や物資の輸送、応急復旧などの災害対応策を行うため、それらの用務にかかわる車両が、優先的に走行できるのである。この道路交通の統制により、自衛隊や警察などの車両だけでなく、災害医療派遣チームの車両や生活必需品を運搬する車両も、交通渋滞に巻き込まれることなく、被災地に到着できたのである

岩手県では、警察庁からの指令を待たず、一一日の午後九時には、被災した沿岸に至る主要道路一二路線を、緊急交通路と指定している（岩手県警察本部監修前掲書、一三〇頁）。警察庁が指定しない一般主要道路を緊急交通路と迅速に指定したことは、救護活動を円滑に行うことに貢献した。

警察は、指定道路を利用する民間の車両に対して、緊急通行車両確認標章を交付した。また、指定道路への入り口には、検問所を設けた。そこで働いた警察官は、安否確認のために自動車で駆けつけた人に対しても通行を拒否するという、つらい経験をした。日時が経つと、標章を柔軟に交付し、また、検問所の警察官も、安否確認に駆けつけた人に柔軟に対処した。指定道路が全面解除となったのは、三月二四日であったが、この一二日間で、合計一六万三二〇八枚の標章が発行されたのである（『平成二四年版　警察白書』五頁）。

地震による倒壊や停電などのために、道路交通は、麻痺状態になった。信号機などの交通安全設備も、柱の損壊や機器の水没などにより、大きな損害を被った。被災三県では、六九二基の信号機が損壊し、そのうちの四四〇基では、信号が表示できなくなった（『平成二四年版　警察白書』六頁）。地震直後に信号機が機能停止になった盛岡駅前の交差点には、警察官が駆けつけて、手や停止棒によって、小雪が舞う中で交通整理を行ったのである

（岩手県警察本部監修前掲書、一〇三頁）。宮城県では、主要交差点における交通整理は、当初は、広域緊急援助隊の交通部隊が担っていた。しかし、それだけでは足りなくなり、県警本部の交通企画課の事務を担当している者まで動員し、特別の交通部隊を編成して、交通整理に対処した。

なお、東京やその周辺の大都市では、地下鉄や電車が運行停止になった。また、信号機が故障した個所もあったので、道路が大渋滞になった。夕方には、勤め人の多くが、バスに乗ったり、徒歩で帰宅し始めたので、警察官は、その整理に忙殺されることになった。東日本大震災の時には、帰宅難民といわれる人々は、家族の安否を心配せずに家に向かっていたが、もし直下型の大地震に見舞われたら、警察による帰宅難民への対処は、きわめて困難となるであろう。

ところで、警察は、道路交通行政として、運転免許証の交付の仕事を担っている。現在では、大都会に住む人以外は、自動車なしでは生活できなくなっている。多くの被災者は、自動車だけでなく、運転免許証も喪失していた。運転免許証は、身分証明書としても使われているので、それを喪失した人は、非常に不便となる。そこで、警察は、運転免許証の再交付の手続きを簡便化している。また、岩手県と宮城県の警察は、被害を受けた沿岸部において、運転免許証再交付のための臨時窓口を、小中学校や公民館などに設置している。

九　被留置者の安全の確保

我が国では、江戸時代から、火事や地震などの際には、牢獄に留置していた犯罪者を解き放していた。この解き放しは、関東大震災の時にも、横浜刑務所（収容者一一三一人）と市谷刑務所（収容者一〇二〇人）において行われている。横浜刑務所では、全員が解き放され、そのうち五六五人が約束の二四時間以内に戻り、残りの受刑者もほとんどが遅れて戻ってきた（小野義秀『日本行刑史散策』一四〇頁）。東日本大震災の時には、仙台には刑務所や少年院があったけれども、いずれも解き放しは行われていない。

東日本大震災の際には、警察の留置場所からの解き放しは行われなかったが、一二県の被留置者三五六人を、高台の公園などへ一時避難させる措置をとっている（『平成二四年版　警察白書』一一頁）。釜石警察署の場合には、防潮堤を津波が超えたという情報が入るとすぐに、被留置者も署員と一緒に屋上に避難し、難を逃れている（岩手県警察本部監修前掲書、一七八頁）。災害時において、警察は、被留置者に対しても、人道的な措置を採っていたので、東日本大震災では、被留置者で死傷した者はいなかった。

一〇　遺体の捜索と検視

自衛隊は、瓦礫の除去、遺体の捜索、被災者への慰問などの活動を、平成二三年八月末で終えている。警察は、自衛隊が撤退した以降も、活動を続けている。遺体の捜索活動については、宮城県では、一六〇人の警察官で、行方不明者捜索特別部隊を編成して、沿岸警察署の警察官とともに、行方不明者の遺体の捜索を行っている。平成二五年六月一一日の日本経済新聞によると、被災三県において、警察と海上保安庁などが、「一人で多く家族の元に返したい」と願って行方不明者の一斉捜索を実施している。日本人の遺族は、遺体を発見してもらうことを強く望んでいるので、警察は、このように長期間にわたって、その要望に応えるために活動しているのである。

発見された遺体は、公民館や学校などに安置された。東日本大震災では、遺体の数が多くて、その安置場所の確保が大変だった。警察は、地元自治体と交渉して、安置場所の確保を行ったのである。宮城県の場合には、最大で二四か所を確保している（竹内前掲論文、一五頁）。

被災三県の警察は、検視担当の特別部隊を編成した。その部隊の隊員は、遺体の検視にあたる検案医や歯科医に対応するほか、遺族への対応も担った。宮城県警災害対策本部の場合には、被災地治安対策部と行方不明者対策部の二つの部が設けられたけれども、後者の部には、捜査班、情報班、特命班、瓦礫処理班、検視班、身元資料班、遺族支援班、行方不明者班が置かれたのである（竹内前掲論文、一一頁）。

警察は、遺体の特徴などについて情報を公開して、行方不明者の安否確認をしている人が、遺体を見つけるのを手助けをした。遺族支援を担当した警察官は、個別の相談も行ったが、それは、遺族感情に気配りすることが求められるものであった。つまり、ケースワーカー的役割を果たすことが求められたのである。警察官がこのような役割を遂行しているのは、世界的にみてきわめて稀なことである。大卒が多いからこそ、また、警察学校や現場での教育が行き届いているからこそ、その役割遂行が可能なのである。

警察は、鑑識部門も持っているので、遺体の身元確認のために、ＤＮＡ鑑定などの最新技術も使っている。通常は、それらの鑑定結果などを検討して、身元確認を慎重に行っている。しかし、東日本大震災の際には、遺体があまりにも多く、また、遺族が早く遺体を引き取りたいと願っているので、宮城県警では、警察庁と掛け合って、その手続きを簡素化して対応した。

遺体の引き取り人が見つからない場合には、警察は、その遺体を地元自治体に引き取ってもらい、無縁仏としての埋葬手続きをしてもらった。被災地の自治体組織は、機能麻痺していたので、また、引き取り手のない遺体の処理に関する制度の理解が不十分だったので、その交渉が難航することもあった。

一一　被災者への警察の支援

地震で家屋が倒壊したり、津波に襲われたりした被災者は、難を逃れて、高台の学校や公民館などに避難した。被災からの数日間は、一時避難所で共同生活をした。当初は、水、食料、電気などの生活必需品を欠いたので、きわめて厳しい生活を送ることになった。しかし、救援体制が整い、生活物資も供給されるようになり、また、仮設住宅に移り住むようになると、生活に落ち着きが出てきた。一時避難所や仮設住宅では、ボランティアを含めて多くの人々が、被災者支援の活動を行ったけれども、警察もその一翼を担った。

警察は、避難生活に伴う問題を解消するために、特に被災者の安全と安心を確保するために、被災者からの相談に積極的に対応した。その対応をするために、防犯指導などを担当する部隊が編成されている。岩手県警では、一日当たり最大で一一五人の警察官が、避難所や仮設住宅などへの訪問活動に従事した。女性警察官による被災者サポート部隊（イーハトーフ部隊）も組織されている。彼女たちは、被災者に寄り添い、その話の聞き役となったりして、被災者を支援した（岩手県警察本部監修前掲書、一一三頁）。また、音楽隊は、警視庁音楽隊とともに、被災地の小学校などを訪問して、慰問の演奏をしている（岩手県警察本部監修前掲書、一二三頁）。大船渡署では、防犯寸劇「こちら大船渡警察署劇団よまわり」を立ち上げて、「防犯戦隊ケセンジャー」によって、高齢者対象の特殊詐欺被害防止の広報をしたり、未就学児童などを対象にして防犯教室を開催している。

警察官による訪問活動は、避難所が閉鎖されて、被災者が仮設住宅、自宅、アパートなどに移ったのちも続けられている。仮設住宅の団地では、抽選による入居で、見知らぬ人とともに暮らすことになったので、孤独に悩まされる住民、とくに老齢の住民がたくさんいる。彼らに、防犯意識を高めてもらうためだけでなく、孤独感を和らげてもらうためにも、警察官による定期的な訪問活動は、きわめて重要なのである。

一二 犯罪の捜査活動

警察庁は、震災に便乗する犯罪の取り締まりのために、特別機動捜査派遣部隊を被災三県に派遣している。これらの部隊は、一日当たり最大で九二人の警察官と二三台の捜査用車両で、地元の捜査員とともに被災地において活動した。その結果、平成二四年六月四日までの期間で、二三五件の二七八人を検挙している（『平成二四年版警察白書』一七頁）。おそらく、この件数は、他国から見ると、驚異的に少ない数字だったであろう。

東日本大震災の直後には、被災地以外でも犯罪が減少した。しかし、大震災に便乗した詐欺が現れている。警察は、それを予知していた。そこで、三月一六日には、埼玉県警が、詐欺への警告を発表している（朝日新聞、平成二三年三月一六日）。それ以降、全国の都道府県警察が、次々に警告を出している。朝日新聞によれば、早くも一四日の正午頃、津山市内に住む主婦の家に、市役所の職員を名乗る男から電話があり、「義援金を送る活動をしている。金額は気持ち次第で、振り込んでいただいている」と寄付の呼びかけがあったという（朝日新聞岡山全県版、平成二三年三月一七日）。今の時代は、悪徳商法や振り込め詐欺が横行しているのであるが、東日本大震災に便乗した詐欺も見られたのである。

神戸淡路大震災の時には、地元の山口組が、任侠集団として被災者に支援活動を行っている。東日本大震災の場合には、このような動きは表面化しなかった。東日本大震災では、大掛かりな復旧作業が行われるので、警察は、その作業に暴力団が食い込むのではないかと警戒している。

一三　福祉国家日本における警察の役割

警察活動の本来の目的は、犯罪者を捕まえることで、社会秩序を維持し、人々の安全と安心を確保することである。外国では、地震のような災害が起きると、被災地では、暴動や略奪が起こる。それらの国の警察は、暴動や略奪の対応で追われるのである。

他方、我が国では、大震災が生じても、人々は秩序正しく生活している。生活物資の買いだめをすることはあっても、店で略奪することはない。再開された店の前で長蛇の列を作って、辛抱強く買い物している被災者は、世界で称賛された。被災地には、金庫や家財道具などが放置されたけれども、それを盗むということは、極めて稀であった。被災三県の警察は、約六千個の金庫を拾得物として保管したのであるが、金庫内に保管されていた現金の九九・八％を所有者に返還している（『平成二三年版　警察白書』一八頁）。まさに、世界一安全な国であることを示すデータである。

被災地以外でも、便乗詐欺事件は見られたが、犯罪の発生は減少した。それゆえに、全国の警察が救援のためにたくさんの警察官を被災地に派遣しても、全国的な治安の悪化は見られなかった。犯罪の発生が少なかったからこそ、警察は、被災者へのサービス提供のために、多くの人員を投入できた。その支援は、福祉国家日本における警察を象徴するものである。

警察は、今、防犯活動に力を入れつつある。それは、住民も求めていることである。しかし、たとえば精神的なサポートは、本来は自治体や医療・福祉機関が担うものである。自治体などの本来の機能の補完として、警察は、防犯活動の延長線上で、どの範囲まで福祉的分野や子どもの健全育成活動にかかわるべきなのであろうか。

警察も共存社会の実現の担い手であるが、自己の役割の限界をふまえつつ、その実現に貢献してもらいたい。

参考文献

岩手県警察本部監修『使命　証言・岩手県警察の三・一一』岩手日報社、平成二五年
小野義秀『日本行刑史散策』矯正協会、平成一二年
警察庁編『平成二三年版　警察白書』佐伯印刷、平成二三年
警察政策学会「パネルディスカッション　これからの社会安全と警察—東日本大震災の教訓、地域の力で守る社会の安全—」『警察政策』第一五巻、立花書房、平成二五年
警察政策学会資料第六七号『大規模災害と警察の対応—東日本大震災を中心に—』警察政策学会管理運用研究部会、平成二四年
国家公安委員会・警察庁編『平成二四年版　警察白書』ぎょうせい、平成二四年
竹内直人「東日本大震災における警察活動をふりかえって」警察政策学会資料第六七号、平成二四年
内閣府編『平成二三年版　防災白書』佐伯印刷、平成二三年
防衛省編『平成二四年版　防衛白書』佐伯印刷、平成二四年
横山實「東日本大震災の大津波への対応は適切だったか」斉藤豊治編『大災害と犯罪』法律文化社、平成二五年

柳田國男の見た津波供養絵

――鵜住居（うのすまい）における死者と生者――

茂木　栄

一　大正九年の柳田の旅

貴族院書記官長であった柳田國男は大正八年末に、貴族院議長徳川家達との確執から二〇年間勤めた官界を去った。翌大正九年七月に東京朝日新聞社より入社の誘いがあり、「三年間は国の内外を旅行させて欲しい」との要望を提示し、旅することを条件に客員となった。そして約束通り、各地の見聞を紙上に綴りながら、翌春にかけて三度の大きな旅をした。

①東北東海岸の旅……八〜九月　（東京朝日新聞連載「豆手帖から」の旅）
②遠州・三河の旅……十〜十一月　（東京朝日新聞連載「秋風帖」の旅）
③沖縄の旅…暮の十二月十三日〜翌春　（東京朝日新聞連載「海南小記」の旅）

これらの三大旅行は、南北の比較・日本人のルーツを探求することを意図した重要な旅であった。大正九年という年は、柳田にとっても日本民俗学においても記念すべき年となった。これらの旅の連載は紀行文として『雪國の春』、『秋風帖』、『海南小記』と三部に分けてそれぞれ出版されている。

東京朝日新聞入社後、最初の長期旅行となったのが、大正九年八月二日から四〇日間、東北東海岸北上の長い旅であった。東京朝日新聞本社に連載し始めた「豆手帖から」の原稿を送りながら、遠野から南下して釜石に入った。そして八月二〇日、柳田は鵜住居村の寺に立ち寄った。そこで柳田は本堂に奉納されていた「津波供養絵」を見た。

二　旧鵜住居村の風土特性・低湿地帯

現在、鵜住居地区は釜石市の最北東部に位置し、上閉伊郡大槌町と境を接する。両地域とも大槌湾に面し、大槌湾の今次の津波痕跡高は一五メートルを超え、甚大な被害を被った。鵜住居川河口部に位置する旧鵜住居村は、大槌湾前面に南北に延びた砂嘴によって河口を塞がれた形になっており、砂嘴に沿って北に向きを変えた流れは、北側の尾根の張り出した崖によって東に向きを変えられ、大槌湾に流れ出していた。この砂嘴の張り出した根浜海岸は、キャンプ場、レストハウス、ホテル、民宿が備った風光明媚な海水浴場として賑わった。この砂嘴の内側は広大な湿地帯が形成されていたのである。鵜住居とは、この湿地帯で海鵜が群れ遊ぶところからの地名であったという。

この地域の行政上の整備は、明治二二年、地方自治制の実施により町村分合が行われた結果、両石、箱崎、片岸、鵜住居の自然村・四ヶ村が合併して鵜住居村を形成。そして昭和三〇年には釜石市、甲子村、鵜住居村、栗橋村、唐丹村の一市四ヶ村が合併して現在の釜石市となった。今日、一般に鵜住居地区と呼ばれる範囲は、明治二二年以前の鵜住居村の範囲を示す場合が多い。本地区は津波の常襲地帯であったが、旧鵜住居村（集落）は、こうした地形が幸いしてか、明治三陸地震津波では死者・行方不明者九名（九五二名中）、流失家屋七戸（一四三戸中）（菊池万雄『日本歴史災害―明治編』）の犠牲者にとどまった。

一方、明治二二年の合併によって大きくなった鵜住居村域における他の集落では、両石での犠牲者八二四名（九五八名中）、流失戸数一四一戸（一四四戸中）、箱崎での犠牲者一七四名（七四四名中）、流失戸数四七戸（一一二戸中）、片岸での犠牲者五四名（四九九名中）、流失戸数三二戸（七五戸中）（菊池前掲書）という壊滅的な被害を受けている。

合併後の鵜住居村域における犠牲者一〇六一名に較べ、旧鵜住居村（鵜住居集落）の死者・行方不明者九名というのは、不思議なほどに軽微であった。昭和八年の三陸津波においても旧鵜住居村の死者・行方不明者は〇名、明治三陸地震津波で甚大な被害を出した鵜住居村両石でも、八八戸の流失倒壊はあったものの死者・行方不明は三名に留まった（社団法人全国防災協会編『わが国の災害誌』）。

両石での昭和三陸津波の明治三陸地震津波に較べての犠牲者数の激減は、明治二九年の悲惨な経験が語り継がれていたからに違いない。また、旧鵜住居村は、明治の大津波にも昭和の大津波にも大きな被害を出さずに済んだのは、この低湿地帯が津波の緩衝地帯となったからだと伝えられてきた。しかし、村の発展と、昭和一四年九月一七日に国鉄山田線が全線開通し鵜住居駅ができたこと、さらに仙台から石巻、気仙沼、大船渡、釜石、宮古、八戸を経て太平洋沿岸を縦貫し青森市に至る国道四五号線の釜石・鵜住居間を短縮する鳥谷坂トンネルが昭和四四年二月に開通したことにより、国道四五号線と山田線との間、鵜住居駅周辺の低湿地域に宅地が造られるようになり、住宅が増えていった。昭和三五年のチリ地震津波後は高さ六、四メートルの防潮堤整備も進められた

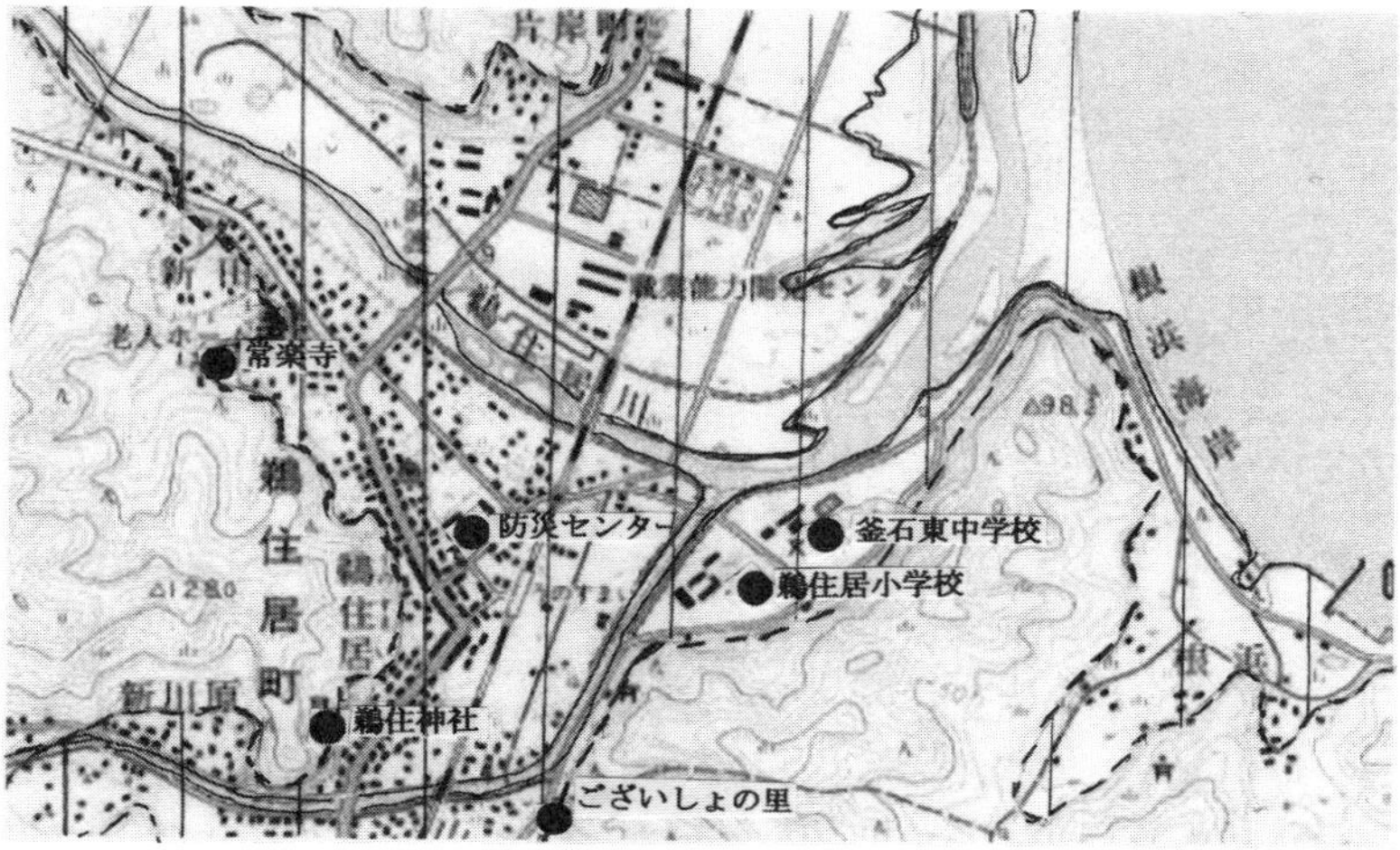

図1　鵜住居の津波到達線と海岸線の変化

実線は現在の海岸線、波線は津波到達線（群馬大学災害社会工学研究室ホームページを参照して表示）（『釜石市鵜住居地区防災センターにおける東日本大震災津波被災調査報告書』8頁地図を基に作成）

（岩手県編『岩手県東日本大震災津波の記録』、以後『大震災津波の記録』と記す）。この防潮堤は、根浜海岸の内側の湿地帯の縁に沿って建設され、防潮堤の内側は水田地帯へと整備された。駅周辺の新しい住宅地は土盛りをして駅前市街地を形成するに至った。そして今次の東日本大震災を迎えることとなった。

鵜住居を襲った大津波は、根浜海岸の砂嘴を消失させ、前記『大震災津波の記録』によれば防潮堤を五〇〇メートルにわたって破壊し、鵜住居川下流の低地に広がる市街地の奥深くまで押し寄せた。市全体の浸水面積の三分の一を超える二六六ヘクタールが浸水し、海岸線を後退させ、鵜住居川河口の景観・形状を一変させた（図1）。

釜石市全体の死者・行方不明者一〇四〇名、流失・倒壊戸数三六五五戸、その内の鵜住居地区の死者・行方不明者五八〇名、流失・倒壊戸数一六六八戸（前記『大震災津波の記録』による）という釜石市の人的・物的被害の半分以上を鵜住居地区が占める大被害をもたらした。

三　釜石（鵜住居）の奇跡

鵜住居川河口右岸の低湿地帯であった場所を防潮堤で囲み三メートルの土盛りをし造成された小学校と中学校があった。これまでの津波・高潮には耐えられるはずであった。今次の大津波において、海の極めて近くにありながら、児童生徒五七〇名全員が高台に逃げて全員無事だったことで、防災教育の勝利として、全国的に知られるようになった鵜住居小学校と隣接する釜石東中学校である。この小学校と中学校は津波防災教育の専門家群馬大学の片山敏孝教授の指導のもと行われていた教育と訓練の賜物として、後に「釜石の奇跡」と呼ばれることとなった。

『河北新報』二〇一一年五月一九日には「奇跡の避難　教え通りひた走る在校の子ら津波の犠牲ゼロ（岩手・釜石）」という見出で以下のように紹介している。

あと四分、五時間目の授業が終わるのはもうすぐだった。激震に見舞われた午後二時四六分。鵜住居小には一～六年生の児童約三六〇人がいた。「恐怖のあまり、泣いている子もいた」。当時六年生のクラスを受け持っていた（個人名略）教諭（二八）が振り返る。指示はすぐ飛んだ。三～六年生は最上階の三階へ集まり、一、二年生は校庭へ出た。（個人名略）副校長（四九）は「申し合わせ通りの動き」と話す。尋常ではない揺れ。外を見れば、隣接する釜石東中の生徒たちがバラバラになって南へ走っている。教師たちは即座に「逃げろ」と号令を掛けた。時計は午後三時を指す直前だった。停電で放送機器は使えない。約二〇人の教職員は声を張り上げ続けた。「走るんだ！」。目指したのは南へ約六〇〇メートル離れた民間の介護施設「ございしょの里」。泣きじゃくる一、二年生の手を上級生が引いた。釜石東中の生徒約二一〇人ら、介護施設に集まった両校の児童生徒は約五七〇人。そこは指定避難所でもあった。施設の入所者や職員、近所の住民も加えると七〇〇人はいた。

裏山が崩れそうだということで、そこからさらに奥の高台の介護福祉施設を目指すことになったという。

群馬大学片山敏孝教授主催の群馬大学災害社会工学研究室ホームページには、その経緯が「津波からの避難の詳細」と題して詳しく報告されている。

平成二三年三月一一日一四時四六分、大きな揺れが両校を襲った。地震発生時、釜石東中学校ではすでに授業終了時刻であったため、校庭で部活動を行う生徒、校内で課外活動を行う生徒など、学内の様々な場所に点在していた。一方、鵜住居小学校では放課直前であり、多くの児童は校舎内に滞在していた。

釜石東中学校では、(略)多くの生徒は地震の揺れの大きさから〝ただ事〟ではないことを察知し、各々で揺れから身を守るための最善の対応を行い、揺れがおさまった後に、自らの判断で校庭に集合し始めたのである。そして、ある教師が生徒に向かって、「逃げろ」と叫ぶと、運動部員を先頭に全生徒は予め決めておいた避難場所(ございしょの里)まで走り始めた。

一方の鵜住居小学校では、津波の襲来に備えて、全校児童を校舎の三階に移動させていた。しかし、中学生が避難していく様子を見て、すぐに校外への避難を決断する。釜石東中学校の生徒たちは、鵜住居小学校の児童にとって率先避難者となったのである。児童たちは中学生のあとを追って、ございしょの里まで走り始めた。ございしょの里まで走りきった小中学生はその場で点呼を取り、避難は無事に完了したかに見えた。

しかし、ございしょの里の職員や生徒数名が、建物の裏山の崖が崩れていることを発見する。「ここも危険だから、もっと高いところに避難しよう」と生徒は先生に進言する。釜石東中学校の教師は（略）確認に走る。避難可能の確認がとれ、小中学生はさらに高台までもう一度走り出す。このとき、すでに地震発生からかなりの時間が経過していた。一刻の猶予もない。中学生は訓練したとおりに、小学生の手を引き、避難を支援する。避難の道中、園児を抱えながら、たくさんの園児を乗せた散歩用の台車を押し、必死に避難する鵜住居保育園の保育士を生徒たちは確認する。ここでも生徒たちは教えられた通り、助ける人としての役割を果たすこととなる。保育士と一緒に園児を抱え、台車を押し、必死に避難する。先頭を行く中学生が介護福祉施設に到着し、点呼を取り始めたとき、消防団員や周辺にいた地域住民の「津波が堤防を越えた！」という叫び声が聞こえた。「逃げろ！」襲い来る津波の恐怖に、子どもたちは福祉施設よりもさらに高台にある国道四五号線沿いの石材店まで駆け上がる。中には敷地内の裏山まで駆け上がる生徒もいたほどだ。避難の列の最後尾の児童は、介護福祉施設にたどり着くまえに津波に追いつかれてしまう。とっさの判断で山を駆け上がり、間一髪のところで無事にみんなのところに合流することができた。石材店にまで避難してきた子どもたちは、彼らの学舎が、そして見慣れた街並みが轟音とともに津波にのまれ、押し流されていく残酷な光景を目撃することとなる。しばらくののち、避難している場所が屋外であったため、屋内で滞在可能な場所への避難を開始する。先日開通したばかりの釜石山田道路（縦貫道）を通って、旧釜石第一中学校体育館まで移動し、そこで一晩を過ごした。翌日、鵜住居小学校の児童は甲子小学校へ、釜石東中学校の生徒は甲子中学校へと移送してもらい、避難生活を送ることとなった。こうして、津波襲来時に学校管理下にあった鵜住居小学校、釜石東中学校の児童・生徒約五七〇人は無事に津波から生き残ったのである。（群馬大学災害社会工学研究室ホームページより引用）

鵜住居では子供たちが生き残った一方で、多くの大人たちが犠牲となった。

四　鵜住居の悲劇

本震の後、安全と信じて避難した施設、鵜住居地区防災センターには多くの住民が逃げ込んだ。そこを襲った津波によって一〇〇人以上が犠牲となった。防災センターは津波避難訓練の時、避難場所として使われていた。『河北新報』平成二五年四月二九日「第五部・備えの死角（二）避難所／施設の役割、誤認広がる」によれば、

鵜住居地区の「避難場所」は本来、山際の高台にある常楽寺裏山と鵜住神社だった。センターは津波が収まった後に身を寄せる「避難所」だと、市は説明する。『避難所』『避難場所』の区別が強調されたのは震災後だ」と指摘するのは、防災センター遺族連絡会の（個人名略）会長（六七）だ。「訓練が、センターなら大丈夫という誤った認識を多くの住民に植え付けた」連絡会と市の調査（平成二五年四月一日現在）では、センターでの生存者は三四人。死者、行方不明者は少なくとも一二八人。近隣住民ら避難した可能性が否定できない犠牲者を含めると二一〇人と推定される。

『河北新報』の右記記事によれば、平成一九年に釜石市民病院が廃止され、市北東部はずれにある鵜住居地区では危機感が広がっていたという。救急体制の充実を求める鵜住居地区の要望に応えて、市は老朽化した市出張所の建て替えと合わせて、釜石消防署鵜住居出張所を加えた複合施設「鵜住居地区防災センター」が完成した。二階ホールは「避難室」となった。そこには調理室、備蓄倉庫も置かれ、防災機能が備わっていた。行政窓口、公

民館機能も持ち、地域の生活の拠点となったという。『河北新報』の同記事を引用してみよう。

センターで九死に一生を得た（個人名略）女性（四三）は「センターには安心感があった」と言う。トイレもある。暖も取れる。人が集まってくれれば、落ち着く。「寒い屋外の常楽寺裏山に逃げるよりは良さそうだ、という気持ちが働いた。たまたま、近くに便利な施設ができたことが、変な期待を生んでしまった」

対照的に常楽寺裏山、鵜住神社は本来の避難場所としての存在感が薄らいだ。市や住民らによると、かつては町内会の避難訓練を開いても、参加者が少なかったという。地域にはお年寄りが多い。常楽寺裏山や鵜住神社への長い距離を移動するのは一苦労だった。町内会は参加者を増やそうと、防災センターを「仮の避難場所」として訓練することを市に申し出た。市は、津波の際は常楽寺裏山、鵜住神社に避難することを条件に認めたという。「仮の避難場所」の事情は住民に十分周知されていなかった。（略）

習慣に救われた住民もいる。常楽寺近くに自宅があった（個人名略）主婦（七五）は地震発生時、センターのパソコン教室に参加していた。揺れが収まると、（個人名略）避難してくる住民とは逆にセンターを出て、寺に向かった。鵜住居地区では当時、班ごとに避難場所を定めていた。（個人名略）所属していた班は防災センター開所後も常楽寺だった。寺には約六〇人が避難し、難を逃れた。（個人名略）は「私にとって避難場所は常楽寺という認識しかなかった」と話す。地震直後の緊迫した状況では考える余裕がない。だから、平時から安全な避難場所を意識することが大事。そう感じている。

住民たちの要望を受け、釜石市は「釜石市鵜住居地区防災センターにおける東日本大震災津波被災調査委員会」を設置し実態の解明と検証を行った。その報告が平成二六年三月に刊行された『釜石市鵜住居地区防災センターにおける東日本大震災津波被災調査報告書』（以下『防災センター調査報告書』と略す）である。
竣工後、防災センターは避難訓練に利用され、平成二二年八月八日の自主防災会防災訓練には一三〇名、平成二三年三月三日の釜石市津波避難訓練では一〇一名もの多数の住民が防災センターに避難した。この時一時避難場所になっていた鵜住神社境内七三名、常楽寺裏山には八三名が避難したという（岩手県編『岩手県東日本大震災津波の記録』）。東日本大震災当日も、ほぼこの割合で避難がなされたことは想像に難くない。『防災センター調査委員会報告』の検討結果によれば、防災センターの問題点として、

①避難訓練に利用され、多数の住民が防災センターでの避難訓練に参加していた。
②実際の地震発生の際、防災センターへ避難する者がいた。
③そのような事態を受け、庁内で生活応援センター所長から疑問が示されていた。

以上のことから、市は住民に対し、防災センターが一次避難場所ではないことを改めて周知すべきであった。

そして、過去の津波で防災センター付近が大きな被害を受けたとの伝聞がないことから、防災センター二階までは波は来ないであろうという思い込みがあったことを指摘している。多くの住民が、防災センターの二階避難室に避難し、犠牲となったのである。では、実際の一時避難場所であった鵜住居の神社は、集落が消滅した後もどのような存在であったのであろうか？

五　鵜住《うすまい》神社――郷土芸能・信仰習俗・無形民俗文化の力――

鵜住神社は旧山田線の鵜住居駅に近く、西側の山に向かって参道石段が登っており、岩手県釜石市鵜住居町第一三地割二八番地に鎮座。参道階段の数段残すところまで津波はきたが、神社は難を逃れた。（写真1）

鵜住神社境内に残された案内板には次のように記されていた。

鵜住神社（旧社格村社）

一、御祭神　品牟陀和気命、大山津見命

一、由緒　元禄三年二月一七日鵜住居村にて勧請、観音堂と共に近郷近在より多くの、老若男女尊崇をうけ明治三年二月一七日四面二間半の社殿を建立、明治五年神仏分離により観音堂は小山家に移る。昭和五五年十月社殿の老朽化のため町内・外各位より寄進受けまた小山氏の好意により山林を購入。境内地を拡張造成し、四面四間の社殿、翌年五六年社務所を建立、釜石市文化財に指定（昭和五四年三月）の樹齢三〇〇年以上のクロベ（桧の木科）の老木、当神社の尊厳を有す

一、例祭日　旧八月一七日

一、緒祈祷　家内安全、海上安全、交通安全、安産祈願、受験祈願、初宮詣、七五三詣　　以下略

今次の大津波では、神社下に広がるＪＲ山田線鵜住居駅周辺の市街地が消滅、神社を支えてきたコミュニティを失った。『神社新報』平成二三年五月一六日号によれば、「鵜住居町の鵜住神社では神輿庫流失（神輿大破）、鳥

写真１　鵜住神社全景

居三基流失、参道瓦礫で埋め尽くされる」と記録されている。また、鵜住神社宮司によれば、社務所・自宅は流失、当日は八〇名以上の氏子が神社に避難してきたという。神社には参道の石段を数段残すところまで、津波は上がってきたが、社殿は無事であった。流れてきた家が、瓦礫と共に参道石段に食い込んでいたので、その家の毛布や布団を借りて、皆で寒さをしのいだのだという。

また、『河北新報』平成二五年六月二四日「第八部・教え（中）津波てんでんこ／避難と救助 消えぬ迷い」には、三月三日の市主催の津波避難訓練に参加した老夫婦、避難場所の鵜住神社の石段を登る辛さを訴えていたおじいさんは、現実の津波襲来時には避難を拒否して行方不明になってしまった。おばあさんはおじいさんを家に残してきてしまったことを悔いている。「津波てんでんこ」という言葉を知ったのは最近になってからという話を掲載している。

この老夫婦は、大津波一週間前の三月三日の釜石市津波避難訓練で、正しい一時避難場所であった鵜住神社境内に避難した七三名の中にいたのであった。高齢者にとって、段差の大きい石段を素早く駆けあがることなど不可能なのであった。地震発生直後の時点で、行き易い近くの防災センターに誘導あるいは逃げ込むことが危険だと察知できようはずもなかったことは、容易に想像がつくことであった。

この神社には虎舞が伝承されている。津波襲来の約一年半後、平成二四年一一月二八日に鵜住居虎舞が文化財指定を受けることとなった。虎舞の釜石市文化財指定としては最も遅い指定となっている。これには、被災地の芸能としての鵜住居虎舞の全国的な活躍があったからに他ならない。例えば国立劇場で、平成二四年六月二三日に行われた「東日本大震災復興支援東北の芸能１［岩手］」に鵜住神社の虎舞が招待されている。（写真２）

　鵜住居虎舞は、旧暦八月一六日、中秋の名月の翌日を宵祭とし一七日を本祭りとする鵜住神社の例大祭に奉納される。虎の頭を被って舞う獅子舞ようの神事芸能である。祭では街中を神幸する神輿に付き従って行列の賑わいを演出し、時には行列を離れて予め依頼を受けていた家々を廻り、災厄を祓って廻る。子供数名の演じるササラ・槍・扇役の先導で複数の虎が舞う。虎舞は神幸に付き従う時の「通り囃子」を別にして四演目、手踊り、甚句から構成されている。神社境内・辻・宿で最初に舞うのは「矢車」。楽の太鼓のバチを鯉のぼりの矢車のようにクルクルと回すことからこの演目名になったという。続いて暴れ狂っている虎を和籐内が退治しようとする舞いが「跳ね虎」、荒れる虎が、笹に噛みついて、枝葉をむしり取ってしまうのが「笹喰み」である。そして虎舞の最後に和藤内が虎をしとめる「刺止め」の四種の演目（ここまでは子供たちがササラその他の採物をもって先導する）とその後に続く「手踊り」（大黒舞、うさぎ舞、杓子舞、嬉しき舞）最後は俵を担いで舞う豊年舞で終わる。祝いの舞なのである。しかし、祝いの舞は鎮魂の舞へと意味を変化させている。

写真２　国立劇場「東日本大震災復興支援　東北の芸能Ⅰ」平成 24 年 6 月 28 日ポスター

　虎舞は宮古、山田、大船渡、吉里吉里、大槌、鵜住居、釜石、気仙沼、女川までの三陸沿岸地方一帯に広く分布する。同じ地域の内陸部には鎮魂の鹿子踊《ししおどり》が分布し、芸能分布の海と山の対比を見せている。

　今日まで、震災後三年半以上を経過して、神社、祭、郷土芸能、信仰など心の拠りどころとなるものが大きな力を発揮してきたことは共通の認識となってきた。津波被災地全域を鳥瞰してみると、これまで次のような経緯を辿ってきたことがわかる。

祭を彩る郷土芸能は全国からの支援を受け道具類を修復、舞手も集まり、以前にも増して、祭以外にも郷土芸能奉納や公演の機会が増えている。郷土芸能は祭と違い時を選ばず、場所を選ばず要請に応じて披露できる。それが、被災地の沈みがちな人々の心に元気を与え、復興の活力となっている。かくして、もともと東北地方太平洋沿岸地域は郷土芸能の盛んな地域ではあったが、震災以降かえって隆盛を極める状況を呈するに至っている。

六　鵜住居の寺・常楽寺

大正九年八月二〇日に時間を戻そう。柳田國男は釜石の海岸に近い村の寺、「常楽寺」の本堂に掲げられていた板絵の供養絵を見た。それは、明治二九年の津波で亡くなった家族を供養するために、近親者が奉納したものであった。柳田は、死者を悼む当地の風習を心にとめ、「鵜住居の寺」と題して東京に原稿を送った。鵜住居本村に建立されていた常楽寺は明治三陸地震津波、昭和三陸津波の二度の被災を免れ、供養絵を伝えたのであった。そして柳田は、この板絵に大津波で亡くなった人たちを供養する切ない心を見たのであった。

柳田國男は東京朝日新聞連載「豆手帖から」に、「鵜住居の寺」の一文を記している

鵜（うの）住居（すまゐ）の淨（常の誤り・引用者註）樂寺は陰鬱なる口碑に富んだ寺ださうなが、自分は偶然其本堂の前に立つて、しをらしい此土地の風習を見た。村で玉瓔珞と呼んで居るモスリンを三角に縫つた棺の装飾、又は小兒の野邊送りに用ゐたらしい紅い洋傘（写真3）、其他色々の記念品にまじつて、新舊の

肖像畫の額が隙間も無く掲げてある。其中には戰死した青年や大黒帽の生徒などの、多勢で撮つた寫眞の中から、切放し引延ばしたものもあるが、他の大部分は江戸繪風の彩色畫であつた。不思議なことには近頃のもの迄、男は髷があり女房や娘は夜着のやうな衣物を着て居る。獨で茶を飲んで居る處もあり、三人五人と一家團欒の態を描いた畫も多い。後者は海嘯（明治二九年の大津波）で死んだ人たちだと謂つたが、さうで無くとも一度に溜めて置いて額にする例もあるといふ。立派にさへ描いてやれば、よく似て居ると謂つて悦ぶものださうである。斯うして寺に持つて來て、不幸なる人々は其記憶を、新たにもすれば又美しくもした。誠に人間らしい悲しみやうである。（柳田國男『雪国の春』所収）

写真３　遠野市喜清院の小児供養の吊るし物、柳田國男『遠野物語』97話参照

と書き綴っている。

明治二九年六月一五日（旧暦五月五日）夜半におきた大津波は、綾里湾での波高は三〇メートルもあり、釜石、鵜住居、唐丹の人口の過半数にのぼる六七二四人の命を奪った。前述のように鵜住居村の死者は一〇六一人で村内の両石集落は全滅した（『角川日本地名大辞典』三、岩手県より）。

鵜住居村両石の当時のことを山口弥一郎は次のように記している。

「明治二十九年には百四十四戸中被害を免れたものはたゞ二戸のみ、總人口の九割に近い殆どが死亡したのであるが、高地に移ろうと言い出した人もなく當局の方でも特に移動に就いて注意もされなかっ

写真4　被災直後の常楽寺本堂

たと言ふ。（中略）再び（昭和）八年の災害に遭った事になる。両石は旅人の集まりだと言はれる程、移入者によって再興された村であったが、八年にはたゞちに津波を警戒し、避難も適宜行はれた為、死者の少なかったのは幸ひであった。然し流失家屋は九二戸中八六戸（ママ）で、免れたのはたゞ四戸に過ぎない」（山口弥一郎「五　津浪と村」）。続いて旧鵜住居村の様子も記している「本村は海岸との距離も相當大で、且つ鵜住居川口が瀉湖状に擴げられてゐるので、津浪の緩衝の役割をも果たし、被害は左程激しいものではなかったらしい」（山口前掲論文）。

このことは先述もしたが、『日本の風土と災害』に詳述されている。「明治の津波において、地形の条件からみれば、湾口に近い集落が湾奥集落に比して被害率が高くなっていることがわかる。特に鵜住居（本村）は前記の条件に加え、海岸線と集落の間を蛇行して流れる鵜住居川が緩衝地帯となったこともあって被害率が非常に低くなってあらわれ、鵜住居村の大半を檀家としている鵜住居にある常楽寺境内に建立した弔祭碑には村全体の溺死者を追悼し、特にそのうち両石・大仮宿・三貫島・室浜の氏姓不明の一六人を弔う碑文になっている。」（菊池万雄編『日本の風土と災害』）。無縁となってしまった死者を特に弔うために石碑を建てたのであった。

常楽寺住職によれば、常楽寺は、江戸初期に創建された曹洞宗の古刹である。現在の檀家は約一四〇〇軒で、今回の大津波で約一〇〇〇軒の檀家が被災して四三〇人が亡くなられたという。震災当日は九州に出かけていて、住職が帰郷して目にした光景―湖底に沈んだかのようなムラ、鵜住居川に一列にギッシリ詰まった車、車中にはハンドルを握ったまま亡くなられた人がいた。この光景は忘れられないという。ご住職のご家族や近所の方は、高台に逃れたが、お寺には多数の民家等が流れてきて、本堂・庫裏は壊れ、十王堂は流されてしまった。裏山の墓地、本堂は、横向きになった庫裏がガレキを止め津波を防いで、奇跡的に流失せずに済んだという（写真4）。

ご住職は、檀家の方々の身元確認や半年間で五〇〇人もの方の葬儀をされた。「海岸は近い（約二キロメートル）のですが、堤防で海の様子が見えず、いったん逃げた人も戻り、第二波の津波にさらわれてしまった方もあり、津波を経験していない六〇～七〇代の方が多く亡くなられたそうです。不幸中の幸いは、鵜住居小学校・釜石東中学校に登校していた子どもたちは助かり（前述のように津波防災教育の成果として後に全国的に有名になった）、孤児になった子どもは村内にいなかった」ということであった。

七　死者と生者の共存する文化風土――供養絵に託された願い――

柳田が見た供養絵はもうない。今次の大津波は、鵜住居川を遡って浸水予想範囲を大きく超えて、明治以降、二つの巨大津波では無事だったこの常楽寺を押しつぶし、境内の「明治二九年三陸大津波犠牲者弔魂碑」や十王堂に保存されていた柳田國男が見た津波供養絵をも流失させてしまった。

柳田國男の見た津波供養絵は津波に流されてしまい、失われてしまったが、その供養絵の写真を撮影していた研究者がいた。岩手県立博物館学芸員のF・K氏が写真に残してくれていた。まさに柳田國男が見て、東京朝日新聞連載「豆手帖から」に記した供養板絵の写真であった（写真5）。

この板絵に描かれた戒名を見ると明治二九年よりはるか以前に亡くなった人が多い。この点について常楽寺住

写真５　常楽寺で柳田の見た津波供養絵（川向富貴子撮影）

職によれば、明治二九年の大津波以前に亡くなった人たちも集めて、新たにあの世での家族として編成し直したのだという。常楽寺に供養絵が奉納されたのには、この地方共通の習俗があったからである。

沿岸部は若くして亡くなった人や小児の供養とともに、津波により亡くなった人を含めた死者の供養のため、板絵が多く奉納された。内陸の地域は、飢饉による死者供養のため、戦死者などの供養のために寺々に奉納された。供養絵の具体的な内容は、あの世で幸せに暮らす家族だんらんの光景である。又は良き伴侶を得て、あの世での結婚式の様子を描いた絵馬である。非業の死を遂げた近親者のあの世での暮らしとこの世での生者たちの暮らしが交差している場が寺や堂であった。

岩手県の内陸部の遠野地方、山形県天童地方等には、死者を供養するために、お寺に奉納された絵馬がある。家族の死を悼み、近親者が鎮魂・供養の心から描かせた板絵を、供養絵馬として奉納した。鵜住居の津波供養絵馬とほとんど同じ形態である。この鎮魂・供養絵馬奉納の習俗は、かつては三陸の海辺から内陸部、山間部へとその分布が繋がっていたのである。

未婚でこの世を去った息子や娘を主役に、結婚式の様子を描いた供養絵は、あの世でも幸せに暮らしてほしいと願う親心から絵師に描かせて奉納した板絵である。また、かつての津波で無くなった家族への鎮魂・供養のために奉納された絵馬もある。大きさは、縦六〇～八〇センチメートル、横七〇～一〇〇センチメートルの横長の板絵である。今回の東日本大震災という未曾有の大災害は、一瞬のうちに家族を失った多くの人々をまた作り出してしまった。柳田國男が農政学を志す原点となった間引絵馬も、飢饉による貧しさから生まれた供養絵馬である。これらは、一昔前の人々が抱いた悲しい思いの詰まった肖像画である。

釜石市鵜住居に地域を限定し、鵜住居で惹起した奇跡と悲劇、死者供養の習俗、鎮魂の郷土芸能を記述してきた。すべてが死者と生者の物語である。

東日本大震災とそれに伴う大津波は、東日本の太平洋沿岸地域に多くの死者を生み出した。明治以降二つの大津波の後には津波記念碑や海嘯記念碑が建てられた。供養碑もあれば、警告・注意喚起の碑文もあった。これらはほとんど役に立たなかった。しかし、三陸沿岸地方に、死者供養の要素を持つ郷土芸能、例えば、鹿子踊、鹿舞、神楽、念仏剣舞、剣舞などの伝承団体が驚くほどの数の伝承分布を見せているのは、如何に死者の供養と鎮魂が生者にとって重要な課題であったかを示している。

今後の震災復興は、街並みの復活や市街地の復元という物理的な復興以上に、死者と生者の関係を、穏やか和やかな共存状態に作っていく仕方と方法、装置の創造があらためて重要な事柄となるに違いない。この地域の歴史と風土に受け継がれてきた先人たちの営みに思いを馳せ、伝え継いできた伝統に学ぶとすれば、供養絵の奉納、郷土芸能の復活と奉納、信仰習俗の復活と持続、記念碑に代わる防災歴史公園の設置などが考えられる。

今筆者が期待を抱いているのが三陸復興国立公園の創設の動向である。北は青森県種差海岸階上岳県立公園から三陸海岸国立公園を経て、宮城県南三陸金華山国定公園までの三〇〇キロにも及ぶ広大な山と海の公園である。この国立公園の目的は、自然を学習するばかりでなく、死者と生者の穏やかな共存構想を供養と鎮魂、歴史と文化の視点からの学びの場にもなるような展開を切に願うものである。

参考文献

岩手県編『岩手県東日本大震災津波の記録』岩手県、平成二五年
岩本由輝編『歴史としての東日本大震災』刀水書房、平成二五年
ＮＨＫ東日本大震災プロジェクト『証言記録東日本大震災』ＮＨＫ出版、平成二五年
釜石市鵜住居地区防災センターにおける東日本大震災津波被災調査委員会編『釜石市鵜住居地区防災センターにおける東日本大震災津波被災調査報告書』平成二六年
菊池万雄『日本歴史災害―明治編―』古今書院、昭和六一年
菊池万雄編『日本の風土と災害』古今書院、昭和五一年
高世仁、吉田和史、熊谷航著『神社は警告する』講談社、平成二四年
社団法人全国防災協会編『わが国の災害誌』全国防災協会、昭和四〇年
柳田國男『雪國の春』創元社、昭和一五年、『定本柳田國男集』第二巻、筑摩書房、昭和四三年再録
山口弥一郎「五　津浪と村」『山口弥一郎選集』第六巻、世界文庫、昭和四七年

自然災害と共存する祭礼
——東京都三宅島の初午祭を事例として——

筒井　裕

世界には一一〇〇もの火山が存在し、「火山大国」である日本にはその約一〇％が集中している。現在、桜島、木曽御嶽山、三宅島《みやけじま》をはじめとする日本の主要な火山は盛んに活動をしており、その山麓周辺の自然や人々の生活に多大なる影響を及ぼしている。一方で、これらの火山のいくつかは地球の内的営力により形成された火山地形と地質を観察できる自然公園（ジオパークなど）として整備がなされ、社会的な注目を集めつつある。しかし、このような観光開発は火山地形の観光資源化に比重を置く傾向にあるため、火山とその山麓の祭礼との関わりに注目し、これを観光資源として十分に活用するまでには至っていない（筒井裕「自然災害と地域振興」）。

祭礼は地域の風土・歴史・文化・産業—つまり、「土地の個性」—を凝縮したものである。したがって、火山地帯の祭礼の観光資源化を図ることは、日本各地の火山観光地の個性を浮き彫りにし、これらが競合関係に陥ることを回避させる有効な手段になるだろう。今後、火山地帯において火山と祭礼との関係性について調査・研究を進め、その成果をもとに観光開発を行うことは地域活性化の可能性を高めるため、非常に有意義ではなかろう

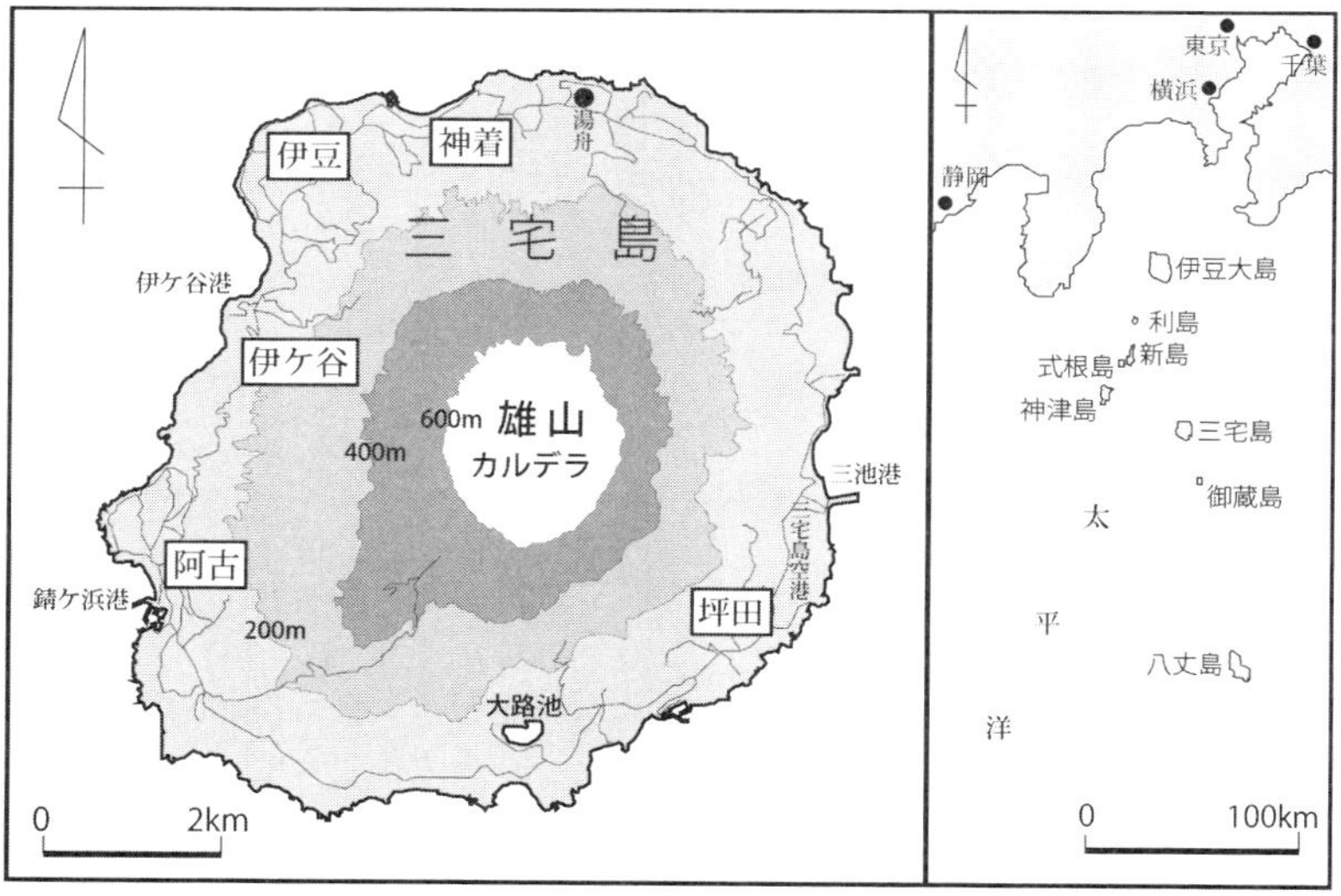

図1　研究対象地域の概要（2014年）（5万分の1地形図「三宅島」をもとに作成）

か。以上を受けて、本稿では日本有数の火山地帯である三宅島（東京都三宅村）に伝わる祭礼に注目し、火山と祭礼との関係性を把握するとともに、その観光資源化の方策について検討を試みる。

三宅島（人口二六八六名、二〇一四年）は東京都本土から約一八〇キロメートル南南西に位置する典型的な火山島で、その隔絶性から江戸期には流刑地のひとつとされた（図1）。全周およそ三八キロメートルの三宅島の中心部には雄山《おやま》（七七五メートル）が聳え、その周囲には約一〇〇か所もの爆裂火口が存在する（伊豆諸島東京移管百年史編さん委員会編『伊豆諸島東京移管百年史　下巻』）。このような自然条件下にあるがゆえに、三宅島の人々は、史料で確認し得るだけでも一〇八五（応徳二）～二〇〇〇（平成一二）年の約九〇〇年間に一七回もの噴火を経験してきた（前掲『伊豆諸島東京移管百年史　下巻』）。

二〇一四（平成二六）年現在、雄山の山麓には神着《かみつき》、伊豆、伊ケ谷《いがや》、阿古《あこ》、坪田の五つの地区があるが、島の南西部に位置する阿古地区は、これらの中でも昭和・平成期の間に噴火の被害を頻繁に受けてきた地域である。たとえば『昭和五十八年三宅島大噴火記録誌』によると、一九八三（昭和五八）年の噴火の折には同地区の約三四〇世帯（全世帯の六六・七％）の家屋が溶岩流の被害を受け、埋没・焼失した（図2。以下、この噴火を「昭和五八年の噴火」と呼ぶ）。そして二〇〇〇（平成一二）年には雄山から高濃度の火山ガスが噴出したため、阿古地区の人々は他地区の住民とともに約五年間にも及ぶ島外での避難生活を余儀なくされた（同様に「平成一二年の噴火」と呼ぶ。東京都編『三宅島噴火災害誌』、三宅島噴火災害記録誌編纂委員会編『平成一二年（二〇〇〇年）三宅島噴火災害の記録』）。

以上述べたように、阿古地区を含む三宅島の人々は大規模な噴火を幾度も経験したが、彼らはこれらの自然災害を克服し、様々な祭礼―富賀《とが》大祭、船祝い、初午《はつうま》行事など―を今日まで伝えてきた。二〇一三（平成二五）～二〇一四年の間に、筆者は阿古地区で祭礼に関する現地調査を行った。その結果、昭和五八年・平成一二年の噴火を契機として、同地区の祭礼「初午祭《はつうまさい》」が徐々に変容していったことが明らかになった。そこで本稿においては、現地調査の成果をふまえ、阿古地区の初午祭の概要と頻発する噴火が初午祭にどのような影響を及ぼしたかについて報告を行うとともに、この祭礼の観光資源化の方策に関し

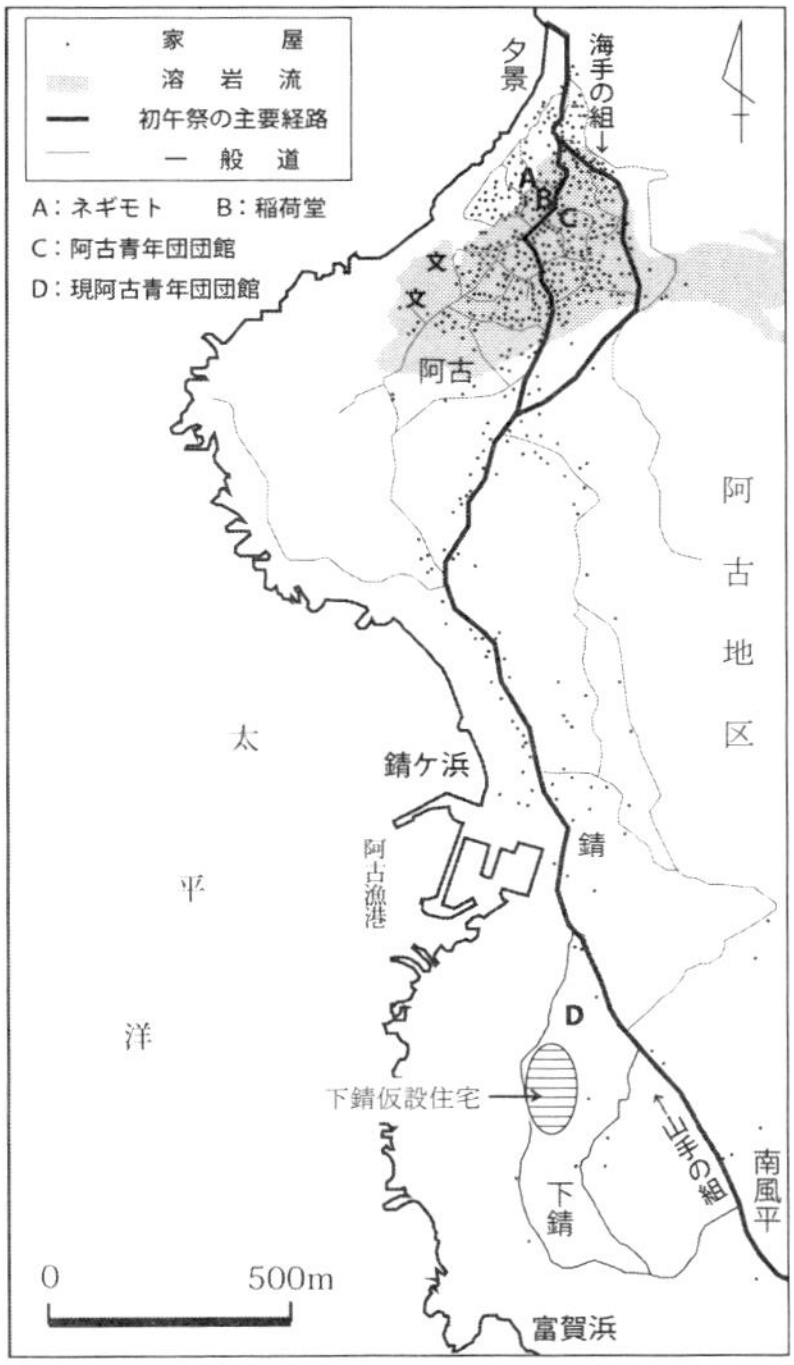

図2　阿古地区における昭和58年の噴火の被害地域と初午祭の経路（1983年）
（昭和56年国土基本図「三宅島」Ⅲ・Ⅴ、昭和58年修正火山基本図「三宅島」Ⅲ・Ⅴ、および現地調査をもとに作成）

て検討を試みる。

一　三宅島阿古地区の初午祭の概要

「初午」とは二月の最初の午の日に行われる稲荷信仰の行事のことで、日本の各地には「稲荷講と称し、仕事を休んで近隣が集まって稲荷の祠の前に油揚げなどを供え、飲食を共に」する風習が定着しているという（大塚民俗学会編『日本民俗事典』）。一体、三宅島の初午行事にはいかなる地域的特性がみられるのであろうか。ここで東京都の初午行事を概観し、その位置付けを明らかにしよう。関東地方各都県の民俗・風習の地域的差異を分布図で示した『関東地方の民俗地図』、そして東京都の民俗芸能の概要を網羅的に報告した『東京都の民俗芸能』から、東京都の初午行事には次の地域的差異がみられることがわかる。それはすなわち、①二三区では子供に菓子を配ったり、子供が門付けをしたりする、②多摩地方においては初午を「オヒマチ」と呼び、繭玉を作成する、③島嶼部では一般に初午行事は盛んではないが、三宅島では全地区において獅子舞が奉納されるの三点である。以上から、三宅島の初午行事には獅子舞を奉納するという、都内の他地域においてはみられない際立った地域的特性があると言える。それでは、本研究の調査対象とした阿古地区の初午行事「初午祭」とはどのような行事であるのか。本節では、その担い手と儀礼の概要について述べることとする。

1　初午祭の担い手「阿古青年団」

阿古地区は人口一〇二〇人の漁村である（二〇一〇年、三宅村「住民基本台帳」による）。毎年二月の初午の日に、同地区では青年たちが各世帯を訪問し、獅子舞の奉納などを通して住民宅の災厄を祓う「初午祭（悪魔祓い）」が行われてきた（後述）。前掲『伊豆諸島東京移管百年史　下巻』によると、その起源は江戸期に遡るとされる。阿古地区の初午祭の創始者は鹿島神宮の禰宜の家に生まれ、一八一三（文化一〇）年に養子先の家の者の身代わりとして三宅島に配流された若松熊次郎である。若松は一月六日に貧しい流刑者たちに獅子頭を貸与し、各戸で悪魔祓いを行わせ、住民からその謝礼として食糧を貰い受けるという仕組みを整えた。これが同地区の初午祭の起源になったと伝えられている（島内の他の四地区の初午行事も、これと類似した伝承をもつ）。

阿古地区の男性は高校を卒業すると「阿古青年団」に加入し、この団体が主催する様々な年中行事—初午祭や盆踊り大会—に参与してきた（阿古地区の五〇代の男性による）。二〇一四年現在、阿古青年団には約一〇名の男性が所属しており、彼らは団長と副団長によって統率される。ただし、初午祭においては、「頭衆《かしらしゅう》」と呼ばれる獅子舞の舞手（獅子頭・ひょっとこ頭、各一名）と太鼓の担当者（太鼓頭、一名）が悪魔祓いの神事を統括し、活躍をする。かつて、阿古地区の人々は地域伝来の獅子頭とこれを用いて奉納する獅子舞を極めて神聖なものとして認識していた。このような認識は平成一二年の噴火の頃まで根強くみられ、その時分まで、阿古青年団の団員（以下、「団員」と記す）の間では、獅子舞は「荘厳に奉納すべき神聖な踊り」であり、観光イベントなどの「世俗的な場」で披露すべき性質のものではないとされた。やむを得ない事情により「世俗的な場」で獅子舞を奉納する際には、初午祭で使用する獅子頭ではなく、特別に誂えたイベント専用の獅子頭を使用し、「聖」と「俗」とを厳しく区別するほどであった。阿古地区の青年にとって、神聖な獅子舞の統括役である頭衆になることは非常に名誉なこととされた。

昭和五〇年代に阿古青年団の幹部（団長・副団長）と頭衆を歴任したH氏（五〇代）によると、昭和五八年の噴火までは、阿古青年団の「先輩」—つまり「元頭衆」—数名が現役の団員に獅子舞の指導を行う伝統があった（稽古）。この稽古は、毎年一月頃から二月上旬の初午祭までの土・日曜日の夕刻に実施された。その場で現役の団員が誤った所作（＝下手な踊り）をすると、先輩から「そんな踊り、誰から教えられた！」と激しく叱咤され、戦慄を覚えたものだという。また稽古の場は、現役の「先輩」が新規入団者の人柄や能力を見極め、獅子舞における彼らの役割―舞手として育成をするのか、あるいは太鼓を担当させるのか―を決定する機会ともなった。現役の「先輩」の目にとまった人材は次世代の頭衆に指名され、初午祭の折に他の団員を統率する立場となる。二〇一四年現在、阿古青年団では「先輩」による獅子舞の指導は行われていないが（後述）、団員たちは「先輩後輩」という「上下関係」を依然として重視する傾向にある。

以上述べたように、阿古地区では地元出身の青年たちが初午祭を継承してきた。しかし、昭和五八年・平成一二年の噴火は同地区の人口流出・少子高齢化を促し、その担い手を減少させるという問題をもたらした（後述）。現在、このような状況下にある阿古青年団を支援しているのが、阿古地区の一〇～三〇代の女性（約一〇名）である。彼女たちは「自分たちはあくまでも裏方で、団員を支える立場にある」（阿古地区の女性）という意識を強くもつため、悪魔祓いの神事そのものには関与せず、祭礼の準備や食事づくり、そして悪魔祓いの時の荷物持ちなどの雑用のみを精力的にこなす。この事実から、阿古地区の人々は人手不足という厳しい状況下にあっても、初午祭は青年層の男性が主体となって実施すべき行事だと認識し、その伝統の維持を図っていることがわかる。

2　初午祭の儀礼構成と社会的意義

二〇一四年二月九～一六日の間に、阿古青年団は表1に示した日程で初午祭を実施した。二月九日と初午祭の前日にあたる同一五日に、団員と阿古地区の女性たちは、彼らの活動拠点となる「団館《だんかん》」（旧給食センター）において初午祭の準備―獅子舞で使用する太鼓のバチと御幣の作成、ならびに祭壇の設置―を行った。初午祭当日（二月一六日）の早朝、団員と女性たちは団館で「デッパツの儀」（表1参照）を執行し、その後、全員で「ネギモ

表1　三宅島阿古地区の初午祭の日程（昭和50年代、2014年）

月日	儀式	概　　要
2月9日	初午祭の準備	阿古青年団の団員たちで山に行き、そこでウシゴロシノキを採取した。そして、これを素材として太鼓のバチを作成した。 昭和50年代までは、1月中に太鼓のバチを作成した。また、ネギモトを訪問し、獅子頭（5基）を借用した。そして、青年団の拠点（稲荷堂）に獅子頭を安置し、自分たちで獅子頭を修復したり、踊りの練習をするなどして、「初午祭が始まるぞ」と心の準備をした。
初午祭の前日 2月15日	初午祭の準備	団員たちで踊りの際に使用する御幣を作成した。また、1丁の豆腐を15等分して皿に盛りつけたもの（この神饌に名称はない）や、三宅島近海で釣った鮮魚2匹（メジロ、キンメダイなど、年によって異なる）、鏡餅、赤飯などを団館の祭壇に供える。団員たちは団館で一晩中酒を飲んで過ごす。 初午祭の前日に、獅子頭をネギモトに返す。団員たちは稲荷堂の灯りを絶やさないように、花札やマージャンなどをして一晩を過ごした。翌日、全員でネギモトの自宅まで獅子頭を受け取りに行き、初午祭を開始した。
初午祭当日 2月16日	アライズナの採取	午前4時頃、2名の団員が錆ケ浜に行き、そこで「アライズナ」を採取した。アライズナとは黒い玉砂利のことである。彼らはこれを「神聖なもの」とみなしている。団館に戻り、祭壇にアライズナを供える。
	デッパツの儀 ネギモト	午前6時に団館で「デッパツの儀」を行う。この儀式では阿古青年団の団長が初午祭の開催を宣言し、幹部・頭衆が杯の交換を行う。また、頭衆が獅子舞を奉納する。その後、全団員でネギモトを訪問し、そこで「デッパツの儀」とほぼ同様の儀式を行う。
	初午祭	4～5組にわかれて、各世帯で祓いと踊りを行った。祓いを午前8時頃～正午、午後2時半頃～午後5時頃に、そして、踊りを午前7時、正午～午後2時半頃、午後5時～19時半頃に実施した。 昭和50年代までは、「海手」・「山手」の2組にわかれて悪魔祓いを行った。バイクに乗った団員が両組の間の連絡を取り持った。
	おさめの儀	午後8時頃に団員たちは団館に戻り、「おさめの儀」を行った。その儀礼構成は、午前中に執行した「デッパツの儀」とほぼ同じである。おさめの儀の直後に、団員と女性たちで直会を開く。団員は初午祭の当日中に獅子頭を返却するために、ネギモトを訪問する。

（現地調査、および阿古青年団関係者に対する聞き取り調査をもとに作成）
昭和50年代の初午祭の日程・概要については網掛けを施した。

ト」と呼ばれる世帯を訪問した。ネギモトは阿古地区の稲荷堂を代々まもり、獅子頭を管理してきた世帯である（昭和五八年の噴火の際に、稲荷堂とネギモトは溶岩流に埋没した。図2参照）。そこでデッパツの儀とほぼ同じ内容の儀式を行ってから、彼らは四〜五組（一組あたり四〜五名）に別れ、阿古地区の全域（約七〇〇世帯）において、悪魔祓いの神事をそれぞれ開始した。

これらの各組には獅子頭を携えた団員（一名）が含まれている。彼は他の団員と数名の女性を従えて各世帯を訪問し（写真1）、そこで家主に「祓い」と「踊り」のいずれの方法で悪魔祓いを行うのか、希望を尋ねる。「祓い」は家主が希望する場所―たとえば玄関、床の間、店舗など―で獅子頭の口を開閉させて厄祓いをすることを、そして「踊り」は獅子舞を奉納して厄除けを行うことを意味する。踊りの奉納には約一〇名の人員を要するため、阿古青年団がその依頼を受けると、全団員で依頼主のもとに赴くことになる。彼らが依頼先で踊りの準備をして

写真1　民家を訪問する阿古青年団（2014年）

写真2　阿古青年団による獅子舞の奉納（2013年）

いると、いつの間にか近隣の人々が見物のために集まってくる。

阿古地区の獅子舞は二人立ちで、獅子の幕の前方には御幣と扇を手にした獅子頭役が、後方にはひよっとこ役が入る。この両名は玄関から民家に上がりこみ、各部屋を駆け巡りながら四肢を大きく動かして雄壮に舞う。阿古地区の伝統的な民家は、玄関と土間のそばに四つの部屋を「田の字型」に配置した平屋の様式をもち（東京都教育庁生涯学習部文化課編『東京の民俗8』）、獅子舞の奉納にはこれらのうちの二～三間（一六～一八畳）程度の空間を利用する。獅子はしばし荒々しく舞うと、今度は疲労のために床に伏して眠入る仕草をする。すると、太鼓を強く打ち鳴らす音と「で～たもんがでんでけでん」という節を合図に、獅子の幕の内側からひよっとこ役が姿を現す。これに続き、玄関先で待機していた五名ほどのひよっとこ役も民家に上がりこむ。ひよっとこたちは、眠っている獅子をからかう所作をする、恐怖のために号泣する依頼主の子供をさらい、獅子にその頭を噛ませる、あるいは依頼主の家財道具を無断で借用して滑稽な仕草をするなどの様々な悪戯を繰り広げ、見る者を抱腹絶倒の境地へと誘う（写真2）。ひよっとこたちの悪戯が済むと、獅子が目覚める。悪戯に立腹した獅子は、舞の当初、獅子の幕に入っていたひよっとこ役に襲いかかる。襲われたひよっとこ役が獅子の幕の中に再度隠れ、獅子頭役が御幣と扇を神棚に飾り、依頼主とその家族の頭上で獅子頭の口を開閉させて祓いを行うと、踊りはすべて終了したことになる。二〇一四年の初午祭において、阿古青年団は踊りを一二か所で、祓いを二六一か所で実施した。

阿古青年団は地区内での悪魔祓いを終えると団館に戻る。団員たちはそこで儀式「おさめの儀」を執行し、来年も初午祭を実施することを誓い合う。そして、女性たちを含む関係者全員で直会《なおらい》（酒宴）を開く。その終了後、阿古青年団はネギモトを再度訪問することになっている。なぜならば、古くより、初午祭の当日中に獅子頭をネギモトに返却しなければならないというしきたりが存在するからである。団員はこれを済ませてから帰途につく。

阿古地区の住民によると、彼らは初午祭の折に「春の厄除け」、「五穀豊穣」、「大漁満足」を祈願しているという。悪魔祓いを済ませた世帯の人々は「これで安心して一年間を過ごすことができる」、「スッキリした」などと言って大いに喜び、精神的な充足感を得ていた。このことから、阿古地区の初午祭は、三宅島が抱える深刻な問題―自然災害からの復興、頻発する噴火に対する不安、少子高齢化、人口流出など―の中で、人々が前向きな気持ちで力強く生きていくために不可欠な行事になっていることがわかる。

二　三宅島の噴火と祭礼との関係

先節では、三宅島阿古地区の初午祭の概要について述べた。また、この祭礼が近世期の「流人文化」の要素を多分に含み、かつ、獅子舞の奉納を中心とした行事であるという点において、東京都内では他に類をみない特異な初午行事になっていることを指摘した。今日まで継承されてきた初午祭だが、この祭礼は昭和五八年・平成一二年の噴火の影響を受けて徐々に変貌を遂げていった。以下、本節では、これら二度の大規模な噴火が阿古地区の初午祭にいかなる影響を及ぼしたかに焦点をあてて報告を行うこととする。

1　昭和五八年の噴火が初午祭に与えた影響

昭和五〇年代に阿古青年団の幹部と頭衆を歴任したH氏によると、昭和五八年の噴火以前には、約四〇名の地元出身の男性が阿古青年団に所属しており、彼らは初午祭において「海手《うみて》」と「山手《やまて》」の二組に別れて悪魔祓いを行っていたという（図2参照）。一九八三年当時、五二〇世帯が阿古地区に存在していたが（三宅村「住民基本台帳」による）、その頃は毎年、四〇～五〇世帯が阿古青年団に獅子舞の奉納を依頼していた。このように多数の世帯が踊りを希望していたことから、団員たちが悪魔祓いをすべて終えるには毎年約一五時間（午前六時三〇分～午後九時頃）を要した。ある年には踊りの依頼が殺到したために、午前〇時三分前にネギモトに獅子頭を慌てて返却したこともあったという。

一九八三年一〇月に阿古地区の次男山付近が噴火し、地区内に長さ三キロメートルにも及ぶ地割れが発生した。さらに溶岩流は阿古地区の北部―民家が密集し、かつ、飲食店などの店舗が連なる最も賑やかな地域―を襲い、一晩のうちに約三四〇世帯を埋没・焼失させた。この噴火を経験した高齢の女性は、筆者に「本当にあっという間に自宅が溶岩にのみこまれた。一晩で何もかも失ってしまった」と当時の様子を語った。溶岩流によって自宅を失った人々は、島内二か所に設けられた仮設住宅―湯舟《ゆふね》仮設住宅（神着地区、五〇世帯）と下錆《しもさび》仮設住宅（阿古地区、二九〇世帯）―で避難生活を送ることとなった（国土庁・消防庁編『火山噴火災害対策に関する調査報告書　三宅島噴火災害調査』）。

H氏によると、阿古青年団は昭和五八年の噴火の直後―すなわち一九八四（昭和五九）年二月―に初午祭を実施することができなかったという。その背景には、①ネギモトが溶岩流に埋没したために、初午祭用の祭礼道具（獅子頭や太鼓など）をすべて失ってしまった（図2参照。現在、ネギモトは阿古地区南部に移転）、②噴火の影響で太鼓のバチの素材となる植物「ウシゴロシノキ」がほぼ全滅し、その作成が困難になった、そして③阿古地区の男性にとって地域の復旧作業と自身の生活の再建が最優先課題となったため、団員の多くが獅子舞を練習する時間的余裕を失ってしまったという事情があった。

阿古地区の初午祭が復活を遂げたのは、昭和六〇年頃のことであった。本土で起業した「先輩」が阿古青年団に獅子頭を寄贈したことがその契機になったという（H氏による）。先述のように、昭和五八年の噴火以降、阿古地区の人々は神着地区と阿古地区の仮設住宅に居住していた。これに加え、阿古地区の住民の中に、自集落の南側―噴火前には家屋がほとんど存在していなかった錆《さび》、下錆など―に自宅を建設する者が多数現れるようになった。その結果、昭和五八年の噴火以前は「塊状」であった阿古地区の集落は次第に「南北に細長い形状」を呈するようになった。初午祭復活の年、阿古青年団は自動車を利用して神着・阿古の両地区の各世帯を訪問したが、住民の分散と自集落の形状の変化のために「例年通り」に悪魔祓いを効率的に行うことができず、通常よりも多くの時間を要した。この年、阿古青年団がネギモトに獅子頭を返却できたのは祭礼の翌日の午前一時頃で、古くから伝わるしきたりを破ることになったという。

2　二度の噴火がもたらした初午祭の変容

昭和五八年の噴火は阿古青年団に初午祭の実施を困難にさせたが、このような状況においてもなお、団員たちは初午祭を継承し続けた。ところが、平成一二年の噴火は初午祭を数年間にわたって休止に追い込むとともに、「昭和五八年の噴火の影響」を増幅させ、この祭礼を大きく変えていった。

二〇〇〇年七月に雄山の火山活動が活発化し、その火口からは火山灰や火山ガスが噴出し続けた。堆積した火山灰は降雨によって泥流と化し、島内各地で道路網を寸断し、島民たちに日常生活を送ることすらままならなくさせた。これに加え、雄山から流れ出る高濃度の火山ガスは三宅島の植物を枯死させ、人体に健康被害をもたらすと予測された。同年九月、三宅村村長はこの状況を鑑み、「全島民島外避難指示」を発令した（全島避難）。これにともない、阿古地区の人々を含む三宅島の全住民は火山活動が沈静化するまでの約五年間、家族単位で日本各地（二六都道府県）に分散して避難生活を送ることとなった（以上、東京都編『三宅噴火災害誌』、三宅島噴火災害記録誌編纂委員会編『平成一二年（二〇〇〇年）三宅島噴火災害の記録』による）。島外へと避難する際に、団員たちは人命最優先で行動することが求められたため、彼らは祭礼道具を阿古地区に残した状態で三宅島を離れた。

二〇〇五（平成一七）年二月、三宅村は火山活動の沈静化を受けて「全島民島外避難指示」を解除し、島民の帰島事業を開始した。しかし、阿古地区ではこの段階で大部分の住民が未帰島であったため、阿古青年団はその年の初午祭の実施を見合わせた。翌年二月、多くの住民が地域に帰還したことから、阿古青年団は初午祭を復活させた。阿古青年団のM氏（四〇代）によると、高齢者の間から「今年は初午をやらないのか？」という声が自然に生じたことがその切っ掛けになったという。

このような経緯で阿古地区の初午祭は再度復活を果したが、全島帰島以降、阿古青年団は深刻な「人手不足」という厳しい現実に直面することとなる。「人手不足」の問題は平成期に突如発生した訳ではなく、その兆候は昭和五八年の噴火直後から徐々に現れ始めていた。既に第一項で述べたように、昭和五〇年代には約四〇名の男性が阿古青年団に所属していた。だが、昭和五八年の噴火の直後から、彼らの一部―一〇名程度―が「噴火のない安全な島外」へと徐々に移住をするようになり、団員数は減少していった（H氏による）。この流れに拍車をかけたのが、平成一二年の噴火である。図3は、一九八三年～二〇一〇年の阿古地区における人口の推移を示したものである。この図より、一九八三～二〇〇〇年の一八年間で、同地区において約一〇〇名の人口が減少しているのに対し、二〇〇〇～二〇一〇年の一一年間ではその数が二〇〇名以上に及んでいることがわかる。阿古地区のこの人口の推移を反映するかのように、二〇一四年現在の阿古青年団の団員数は、昭和五〇年代の団員数の約四分の一にまで激減してしまっている。青年層を含む阿古地区の人々が島外に流出した理由として、彼らが「昭和・平成期と〝頻繁〟に噴火した島」での生活に強い不安感を抱くようになったことや、全島避難中に本土での生活を経験し、その利便性―医療機関や商業施設へのアクセスの良さ、教育・就業の機会の多さ―を目の当たりにしたことなどが挙げられる。

二〇一四年現在、阿古青年団は、就業目的で阿古地区に一時的／長期的に居住している島外出身者（宿泊施設のアルバイター）や本土在住の阿古地区出身の男性（学生）、そして地域の女性たちと連携することで、初午祭の

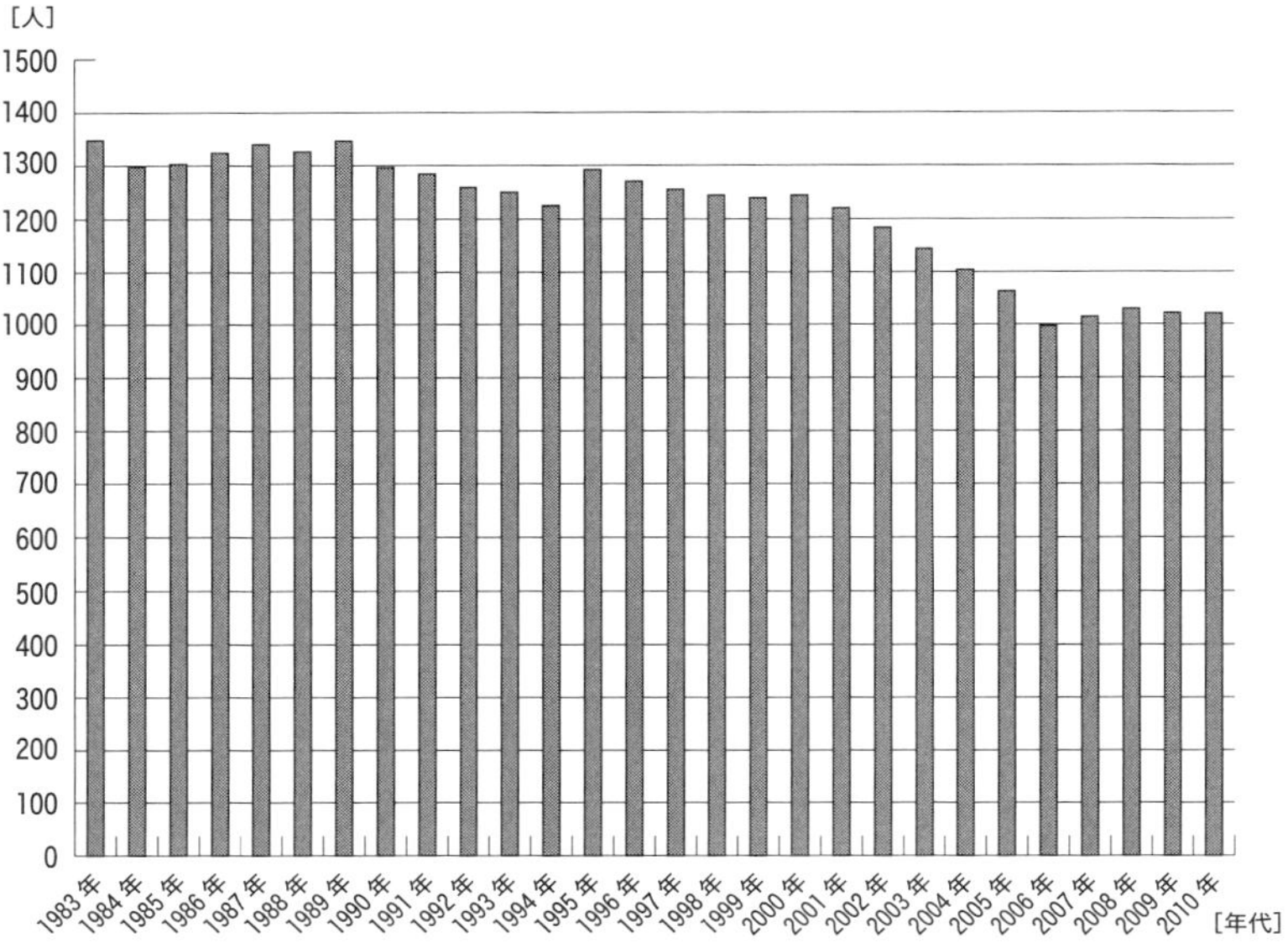

図3　東京都三宅島阿古地区の人口の推移（1983〜2010年）
（三宅村役場「住民基本台帳」をもとに作成）
注）本図においては、毎年4月1日現在の人口を示した。

実施に必要な人手を辛うじて確保できている。しかし、阿古青年団はこの「人手不足」をより深刻化させる「ある不安要素」を抱えている。それは、初午祭前日に関東地方一帯の天候が悪化すると、三宅島と本土とを結ぶ定期客船・飛行機が欠航になるため、島外在住者が帰省できなくなるという問題である。このことから、阿古地区の人々が初午祭を継承していくには、しばしば発生する大規模な噴火のみならず、悪天候という厳しいふたつの自然条件を克服していかなければならないことがわかる。

昭和五八年・平成一二年の二度の噴火は、阿古地区の初午祭に「人手不足」という問題をもたらしただけではなかった。筆者は現地調査において、H氏を含む同地区の住民たちから、昭和五八年の噴火以降、獅子舞の性質が徐々に変化していったと指摘する声を聞くことができた。H氏によると、昭和五八年の噴火以前の獅子舞におけるひよつとこたちの悪戯は、獅子をからかう仕草をする、あるいは、子供をさらって獅子にその頭を噛ませる程度の非常に単純で画一的なものであった。また、この当時、現役の団員が「先輩」の自宅で踊りを奉納する際に、「下手な舞」を披露したり、「ふざけた真似」をしたりすると、踊りの後に「先輩」からそれを厳しく叱責されたという。以上の聞き取り調査の結果から、昭和五八年の噴火以前の獅子舞は「張り詰めた緊張感の中で荘厳に奉納される神聖な踊り」であり、エンターテイメント性を欠いたものであったと考えることができる。これに対し、今日の獅子舞に登場するひよつとこたちは上記の悪戯に加え、依頼主の家財道具を無断で借用して「笑いをとる行動」―たとえば、掃除機や三輪車にまたがって室内を走り回る、ゴルフクラブを振ってゴルフに興じる仕草をする、仏具を打ち鳴らすなど―を積極的に行うようになった。阿古青年団のM氏によると、二〇一四年現在、ひよつとこたちは「踊りの間は、家を壊さなければ何をしてもいい」といわれているという。このように阿古地区の獅子舞が人々の笑いを誘う「高いエンターテイメント性」を具えるようになったのはなぜか。その理由として、昭和五八年・平成一二年の噴火の被害から復興を図る中で、阿古青年団の「先輩」―すなわち各世帯の戸主層―が個々の生活の再建に注力せざるを得ず、獅子舞の指導を行うための精神的・時間的余裕を喪失した結果、現役の団員が「自由裁量」で踊りの練習・奉納を行うようになったことが考えられる。

昭和五八年・平成一二年の噴火は初午祭の獅子舞の性質とともに、その奉納の場も変えた。先述のように、昭和五〇年代の初午祭においては、阿古地区の全世帯の約一〇%が阿古青年団に踊りの奉納を依頼していた。ところが、現在、その依頼主の大多数が「広い空間」をもつ飲食店や宿泊施設（民宿、ホテル）で占められるようになり、一般世帯での奉納はほとんどなされなくなった。ちなみに二〇一四年の初午祭の場合、一般世帯での踊りの奉納はわずか一か所で行われたに過ぎない（ネギモトを除く）。このような状況が生じた要因として、昭和五八年・平成一二年の噴火の影響で、踊りの奉納が可能な「伝統的な様式をもつ大規模な民家」が減少したことを指摘できる。昭和五八年の噴火の際に、同地区の家屋の六〇％以上が溶岩流に埋没したか、あるいはその熱のために焼失してしまった。また、平成一二年の噴火の折には、火山ガスの作用で住宅の木材・金属部分が激しく腐食し、ほぼすべての家屋が居住に耐えないものとなった。こうして同地区の住民は噴火のたびに自宅の再建を迫られることとなり、彼らは次第に「伝統的な民家」ではなく、「今風（洋風）」の建売住宅に住むようになった（阿古地区の住民による）。阿古地区の高齢者たちは「踊りの奉納は、昔ながらの大きな家でなければ難しい。今ではそのような家は少なくなった」と口々に話し、民家での奉納が盛んだった「噴火前の時代」を懐古する。このことから、同地区の人々が初午祭の「古式」を継承するには、「伝統的な民家」の存続も不可欠な要素のひとつになっていることが理解できるであろう。

三　火山地帯における祭礼の観光資源化のために

以上、本稿では三宅島阿古地区の伝統的な祭礼「初午祭」を事例として、火山活動と祭礼との関わりについて解明を試みた。その結果、①昭和五八年・平成一二年の噴火の影響で初午祭の担い手が不足するようになり、阿古青年団はこれを克服すべく、同地区に地縁・職縁をもつ様々な属性の人物と連携を図るようになったこと、②伝統的に、初午祭で奉納される獅子舞は「荘厳な神事」としての性質が極めて強いものであったが、昭和五八年・平成一二年の噴火を経る中で、これが見る者の笑いを誘う「高いエンターテイメント性」を具えるようになったこと、そして③昭和五八年・平成一二年の噴火により、それまで獅子舞の奉納の場であった「伝統的な民家」の大部分が失われ、獅子舞が「広い空間」をもつ飲食店や宿泊施設を中心に奉納されるようになったことが明確になった。これらの事実から、阿古地区の初午祭は頻発する噴火のためにその担い手の属性や獅子舞の性質と奉納の場を変容させながらも、今日まで力強く継承されてきた祭礼だと結論できる。

現在、三宅島では三宅村と三宅島観光協会が中心となり、日本ジオパークへの登録を視野に入れながら、島内の火山地形と被災現場（通称「ジオスポット」）を巡る見学ツアーを目玉とした「火山観光」を積極的に展開している（筒井裕「自然災害と地域振興」）。筆者は、多数の火山観光地が存在する日本国内において、三宅島が他の火山観光地との識別化を図る方策のひとつとして、阿古地区の初午祭の獅子舞とその奉納の場である「伝統的な民家」の観光資源化を掲げたい。三宅島が、島内のジオスポットと上記の祭礼に係る観光資源の両者を複合的に巡る観光ツアーを開発し、これを消費者に提供すれば、三宅島に特異な祭礼「初午祭」が存在することのみならず、この祭礼が本土から遠く離れた火山島で成立し、また、頻発する噴火によって変容しながらも力強く存続してきたこと―すなわち「祭礼が火山と共存してきたこと」―を社会に強くアピールできるのではなかろうか。

しかし、上記の観光開発を展開するうえで解決すべき課題も残されている。それは、第二節で述べたように初午祭の担い手が不足しているという深刻な問題である。今後、三宅島が初午祭を観光資源として活用していくには、その担い手を十分に確保することが前提条件となる。だが、三宅島と島外とを結ぶ交通機関は天候の制約を強く受けるため、たとえば、博多祇園山笠（田村華ほか「博多祇園山笠における町組織の持続と変質」）、岸和田だんじり祭り（吉田竜司「伝統的祭礼の維持問題」）、神田大祭（松平誠『現代ニッポン祭り考』、清水純「神田祭」）、宇和島地方の牛鬼行事（筒井裕「「祭礼文化圏」の継承に関する一試論」）などの本土の比較的規模の大きい祭礼のように、その実施に必要な人手―神輿渡御やダシの巡行のための人員―を他地域から多数招聘することは困難である。よって、三宅島が阿古地区の初午祭の観光資源化を図るには、阿古地区とほぼ同様の初午行事を伝承している島内の他の四地区の住民と連携し、彼らの協力を得ること―つまり、地区間で祭礼のための人員派遣を相互に行う「島内循環型社会」を構築すること―が最も現実的で、有効な手段になるのではないかと筆者は考える。

参考文献

天野武監修、千葉県教育委員会・東京都教育委員会・神奈川県教育委員会編『日本の民俗分布地図集成　第四巻　関東地方の民俗地図』東洋書林、平成一一年
伊豆諸島東京移管百年史編さん委員会編『伊豆諸島東京移管百年史　下巻』東京都島嶼町村会、昭和五六年
大塚民俗学会編『日本民俗事典』弘文堂、昭和四七年
国土庁・消防庁編『火山噴火災害対策に関する調査報告書　三宅島噴火災害調査』国土庁、昭和五九年
清水純「神田祭─担ぎ手の動員をめぐる町会と神輿同好会─」『日本民俗学』二七一、一～三二頁、平成二四年
田村華・上田祥史・菊地成朋「博多祇園山笠における町組織の持続と変質」『日本建築学会大会学術講演梗概集』E─二、三九九～四〇〇頁、平成一六年
筒井裕「「祭礼文化圏」の継承に関する一試論」『國學院大學研究開発推進センター研究紀要』七、一三九─一五七、平成二五年
筒井裕「自然災害と地域振興─三宅島観光の現況と課題─」古沢広祐編『共存学2─災害後の人と文化・ゆらぐ世界─』、弘文堂、一二三～一四二頁、平成二六年
寺本達『昭和五十八年三宅島大噴火記録誌』三宅村教育委員会、昭和六〇年
東京都教育庁生涯学習部文化課編『東京の民俗8』東京都教育庁生涯学習部文化課編、平成四年
東京都教育庁地域教育支援部管理課編『東京都の民俗芸能─東京都民俗芸能調査報告書─』東京都、平成二四年
東京都編『三宅噴火災害誌』東京都、平成一九年
松平誠『現代ニッポン祭り考』小学館、平成六年
三宅島噴火災害記録誌編纂委員会編『平成一二年（二〇〇〇年）三宅島噴火災害の記録』東京都三宅村、平成二〇年
吉田竜司「伝統的祭礼の維持問題─岸和田だんじり祭における曳き手の周流と祭礼文化圏─」『龍谷大学社会学部紀要』三七号、平成二二年

渋谷・道玄坂の祭礼からみえる「共存」への課題

秋野淳一

一　「人口減少社会」における視座

平成二六年（二〇一四）は、「人口減少社会」をキーワードとして、現代日本の人口減少問題が大きな脚光を浴びる年となった。同年五月八日付で、岩手県知事と総務大臣を歴任した増田寛也が座長を務める日本創生会議・人口減少問題検討分科会がまとめた「消滅可能性都市８９６のリスト」（『成長を続ける21世紀のために「ストップ少子化・地方元気戦略」』）は衝撃的な内容であった。地方から大都市部への人口流出がこのまま続くと、若年女性（二九〜四〇歳）の人口が二〇四〇年には五割以上減少する市町村が八九六と全体の四九・八％に達するという試算である。若年女性が高い割合で流出し急激に減少するような地域が多く存在し、いくら出生率が上がっても、将来的には消滅する危険性を指摘した。また、ＮＨＫの『クローズアップ現代』では、「極点社会〜新たな人口減少クライシス〜」と題した番組を同年五月一日に放映した。同番組によると、ＮＨＫの独自調査に基づき、全国の五分の一に及ぶ自治体で、すでに高齢者が減少し、介護産業の経営が地方で成り立たなくなる危惧から東京などの大都市部への移転を進めている。そして、そこで働く若年女性も地方から東京へ移動しているという。

増田寛也は、こうした大都市圏という限られた地域に人々が凝集し、高密度の中で生活している社会を「極点社会」と名付けている（『地方消滅』三二頁）。人口減少問題が「極点社会」という新たなステージに移りつつあるという現実を踏まえ、日本の地域社会を取り巻く人々の「共存」をどのように考えるのかというのが本稿の出発点である。つまり、人口流出によって住む人がほとんどいなくなった地域社会をどのような人たちによって支えていくのか。そうした問題を都市化・高層化が著しく進み居住者がほとんどいなくなった現代都市・渋谷の中心部において、地域社会の変容と祭りの担い手の変化の実態から考えていこうというのが趣旨である。

ここでいう「共存」とは、古沢広祐が「共存への旅立ち―本書のねらいと背景―」（『共存学：文化・社会の多様性』）において指摘した「共存」への考え方を念頭に置いている。古沢によると、「共存」とは「いわば共生に至る以前の原基的な形態であり、複雑かつ錯綜する諸関係の多義的展開について考察することを可能とする概念」で、「理想型としての「共生」を想定するのではなく、その前段階としての存在様式（共存の諸相）に光をあて、より多様な関係性や可能性を浮かび上がらせたいという意図」を持つとしている。そして、こうした「共存」の考え方を根底に置いたうえで、國學院大學研究開発推進センター「共存学プロジェクト」では、「ローカルな視点」、「リージョナルな視点」、「グローバルな視点」の三つの課題を設定している。このプロジェクトは、平成二三年度から「渋谷学プロジェクト」との連携を強め、「地域・渋谷から発信する共存社会の構築」として再編・強化され、現在に至っている。筆者が本稿で与えられた役割は、渋谷を対象とした研究から「共存」について考察することにある。共存学プロジェクトの三つの課題では「ローカルな視点」に対応する。ただし、本稿は「共存の諸相」を明らかにするというよりは、それよりも手前の、渋谷の祭りからみえる地域社会を取り巻く人々の実態から、人口減少社会における「共存」への課題を浮き彫りにすることを目的とする。

二　都市祭礼を取り巻く状況

近年、大都市部の都市祭礼が多く人々を動員して盛んに行われているのが目を引く。日本三大祭りに数えられる京都の祇園祭、大阪の天神祭、東京の神田祭も多くの観客を集めて実施されている。東京・浅草の三社《さんじゃ》祭も同様である。これまで、戦後の都市祭礼あるいは都市祝祭を対象とした研究は、宗教社会学、人類学、社会学、民俗学、建築学など複数の研究領域において多くの蓄積がなされてきた。これらの先行研究では、都市化に伴う地域社会の変容と祭りの担い手の変化と、祭りの場における「見る／見られる」あるいは「見る／見せる」の関係性が指摘されてきた。前者では、祭りの担い手が「地縁」から「社縁」（会社縁）、「選択縁」へ移行していることが明らかにされている。具体的には、地域社会の構成員から会社員や神輿同好会の参加者に変化し、性別でみても女性の参加が進んできたことが指摘されている。後者では、柳田國男の「見物人という群の発生」が「祭」から「祭礼」へ変化した契機であるとする指摘（『日本の祭』）を踏まえながら、社会学の松平誠は、かつては観客として祭りを「ミる」側であった地域社会の外部から訪れる人たちが祭りを「スる」側に変化し、本来、祭りを担ってきた地域社会の人たちが祭りを「スる」側から支える側に変化する「ミル人とスル人の逆転」を指摘している（『現代ニッポン祭り考』）。

松平は、こうした現代の都市祝祭を、日本の都市の主要な祝祭類型として、「近世の伝統の上に開花しながら、産業化のなかでその基本的な性格を体現してきた」とする「伝統型」（伝統的都市祝祭）と、「伝統とは無縁で、不特定多数の個人が自分たちの意思で選択した、さまざまな縁につながって一時的に結びつき、個人が「合」して「衆」

をなし、あるいは「党」、「連」、「講」などを形成してつくりだす祝祭」の「合衆型」に分類している（『都市祝祭の社会学』）。松平は、「伝統型」の代表的なものとして、「神田明神の付祭《つけまつり》や深川八幡の付祭のように、地縁のカミを祭る都市地域共同の特定の閉鎖的な集団の運営する祭礼を祖形とするもの」を挙げ、「祝祭そのものの性格が、基本的に伝統の基盤のうえにたち、核になる組織が明確なものは、すべてのこの伝統的都市祝祭に入れる」（一六頁）としている。一方、「合衆型」の代表として東京高円寺阿波踊りを挙げている。

筆者が調査研究の対象とする現代の神田祭は、松平の「伝統型」に分類されるといえる。しかしながら、平成二五年の神田祭の調査から、神田神社の氏子町会の一つである須田町中部町会の「元祖女みこし」（町会の神輿を単独で女性だけの担ぎ手で担ぎ、連合渡御《とぎょ》や神田神社への宮入《みやいり》を果たし「元祖」を名乗る女みこし）の参加者に注目し、平成二年の松平誠の調査（「現代神田祭仄聞」）と比較すると、参加者数が増加し、金融機関（銀行）の会社員の割合が減少している。「元祖女みこし」の参加者を管理する「女みこし担ぎ手募集係」の友人・知人と、町内に全く縁を持たない「一般」の参加者の割合が増加したのである。いわば「社縁」（会社縁）から「選択縁」への移行がみられる（「『元祖女みこし』の変遷にみる地域社会の変容と神田祭」）。そして、拡大した「選択縁」の実態について、インターネットを通じた担ぎ手の募集を行う「女みこし担ぎ手募集係」の友人・知人と、町会に全く縁のない「一般」の参加者五六名のうち、インタビューができた一五名についてみると、「元祖女みこし」に初めて参加した人が約九割を占めている。それも、趣味やスポーツ、生涯学習などのつながりによって参加してきた人たちであることが明らかになった。このことは、松平が「伝統型」とする都市の神社祭礼の中に、不特定多数の個人が自分たちの意思で選択した、さまざまな縁につながって一時的に結びつく「合衆型」の要素を併せ持っていることがわかる。

地域社会学の竹元秀樹は、宮崎県都城市の「おかげ祭り」を分析した結果、「おかげ祭り」は新しい祭りであるが、日本の伝統ある祭りを手本にして、厳格な秩序の中で本物の祭りを創造することを目指すものであることから「伝統型」の類型に入るが、運営母体が一般市民で構成されていることから祝祭の形態は「伝統型」でも「合衆型」の性格を持つものであると指摘している（『祭りと地方都市』二四八頁）。「伝統型」の中に「合衆型」の性格を併せ持つ都市祝祭の事例が実態としてはこのほかにも存在する可能性が示唆される。いずれにしても、「地縁」に基づく祭りの担い手に代わって、地域社会の外からさまざまなつながりによって参加した祭りの担い手が増加し、「伝統型」とみられる大都市部の神社祭礼においても地域社会の外から訪れる参加者の存在が無視できない存在になりつつある。そして、祭りに際して地域社会の外側から、特定の町会に何年も通う人たちが存在している。社会学の清水純は、現代の神田祭に参加する神輿同好会の調査から、「大抵二十〜三十年、時には四十年もの付き合いの続く神輿同好会が特定の町会に毎回担ぎに来る関係が成立していた」（『神田祭』二六頁）ことを明らかにしている。また、飲食店街が広がる渋谷中央街では、平成二四年の祭りに、「飛雄連《ひゆうれん》」、「浅草志龍《しりゅう》」、「江戸祭道《さいどう》」の三つの神輿同好会が参加し、主要な担ぎ手を占めている（「祭りからみえてくる『渋谷』」）。この三つの神輿同好会は、二〇年近く渋谷中央街の神輿巡幸に参加しているという。祭りに際して、こうした地域社会に通う人たちの存在が窺えるのである。

三　地域社会に通う人たちの存在

地域社会に通う人たちは、祭りに際して特定の町会の神輿を担ぐ人たちだけにとどまらない。松平誠は、神田祭で「元祖女みこし」を担ぐ須田町中部町会を調査し、地域の大変動の中でこれまでとは異なった町内の構成メンバーが誕生したとして、「住まいこそ別だが、町内で働いている昔からの町内の人という町内会員」を「通いの住民」と名付けている（「現代神田祭仄聞」八五頁）。具体例として、住居を千代田区内の他の場所に移したが住民登録はそのまま元の位置で商売を続けている有力者で町内会でも総務部長を務める人や、すでに住民登録は移転しているが、町の中に仕事を持ち、町内会で顧問を務める人の存在を挙げている。しかも、これらの「通いの住民」が通いで働いている店主個人だけでなく、その家族も町内の一員として認知されている点も大切な点であり、居住当時だけでなく、現在まで町内と強い生活の結びつきを持っているからこそ、家族のひとりひとりまで町内に認知されるのであると松平は指摘している。この須田町中部町会の「通いの住民」は、平成二年の神田祭で町内会の祭礼寄付に応じた町内の居住者四八件に対して、「通いの住民」の寄付は一二一件で、「新しい地縁」の割合は決して少なくないことを指摘している。

翻って、渋谷においてこの「通いの住民」についてみてみると、地域社会に関わる人たちの間でも非常に割合が高い。先に挙げた渋谷中央街では、関係者の話によれば、平成二四年現在、渋谷中央街に居住している人は三軒だけで、いずれもビルを持っているが住んでいるのは老夫婦だけで常連客が中心の店を細々と営んでいるという（「祭りからみえてくる『渋谷』」）。中央街の理事長をはじめ、商店街・町会に関わる多くの人が世田谷や松涛《しょうとう》などに住み、渋谷中央街に通う人たちで構成されている。こうした地域社会に通う人たちによって渋谷の祭りも実施されている。渋谷の現状をみるとき、松平がいう「通いの住民」という地域社会に通う人たちの存在が無視できないことになる。

一方で、こうした地域社会に通う人たちの存在を無視できないのは大都市部の事例だけにとどまらず、過疎地域にも拡大している。民俗芸能学の星野紘は、平成二四年七月～九月の期間に、成城大学大学院内「民俗芸能伝承危機実態調査」実行委員会で実施した「民俗芸能伝承危機緊急実態調査（アンケート）」の集計結果から分析を行っている。民俗芸能を伝承する団体の全体の七五％が集落内で後継者をまかなっていると回答しているものの、集落の戸数が三〇〇戸以下の規模の小さな集落へ行くほど、後継者を徐々に集落内ではまかなえなくなってきている。件数は今のところ少ないものの、地域外の当該集落の親類縁者等の関係者を頼っている団体が四件、全く縁のない地域外の人を頼っている団体が四件あることを明らかにしている（『村の伝統芸能が危ない』三九〜四〇頁）。花祭の伝承地の一つである愛知県東栄町《とうえいちょう》下粟代《しもあわしろ》では、平成二一年一月一一日〜一二日に行われた花祭において、演者数四六人中、集落内居住者が担当したのは二九人のみで、あとは親類縁者などの地縁者である集落外の人、会計係やまかない方などの祭りの運営組織は、住民の高齢化のため、大学の研究グループや和太鼓集団など、地縁のない第三者に助っ人を頼んでいる。こういった協力が今後何年続けてもらえるのかは未知数であるという（『村の伝統芸能が危ない』二一六頁）。祭りを「スル」側ではなく、祭りを支える側も松平の類型でいう「合衆型」の要素を持っていく可能性が将来的には考えられるのかもしれない。

以上のように、祭りに際して地域社会の外から通い続ける人や「通いの住民」といった地域社会に通う人たちの存在が、都市祭礼のみならず過疎地の芸能や祭りにも類似した様相を呈してきたことがわかる。つまり、人口減少社会において、地域社会に通う人たちの存在に注目し、その実態を明らかにする意義があると考える。

四　渋谷・道玄坂の祭り

毎年九月になると渋谷は祭りの季節を迎える。渋谷駅周辺では、氷川神社（渋谷区東二丁目）、金王《こんのう》八幡宮（渋谷区渋谷三丁目）、北谷《きたや》稲荷神社（渋谷区神南一丁目）、宮益御嶽《みやますみたけ》神社（渋谷区渋谷一丁目）の例祭《れいさい》が行われる。このうち、金王八幡宮の例祭における神賑《しんしん》行事は、九月の敬老の日に近い日曜日に行われ、渋谷の氏子一三町会の神輿がSHIBUYA109前に集合する。SHIBUYA109前に神輿が集合することによって、渋谷の町会や商店街などの地域社会に関わる人たちと渋谷の外から訪れる若者たちが交差する貴重な機会となっている（「祭りからみえてくる『渋谷』」）。SHIBUYA109やスクランブル交差点、渋谷駅前ハチ公広場は、私たちが「渋谷」をイメージするときに浮かんでくる場所である。これらのエリアは、町会でいうと道玄坂町会、柳通《やなぎどお》り町会、道玄坂二丁目商励《しょうれい》会のエリアに当たる。この三つの町会組織が連合し、そこに道玄坂商店街振興組合が共催する形で、道玄坂町会の神輿を担ぎ、道玄坂の祭りを行っている。

平成二六年は、九月五日（金）に、金王八幡宮の神輿庫から道玄坂町会の神輿を出して、ＴＯＨＯシネマズ渋

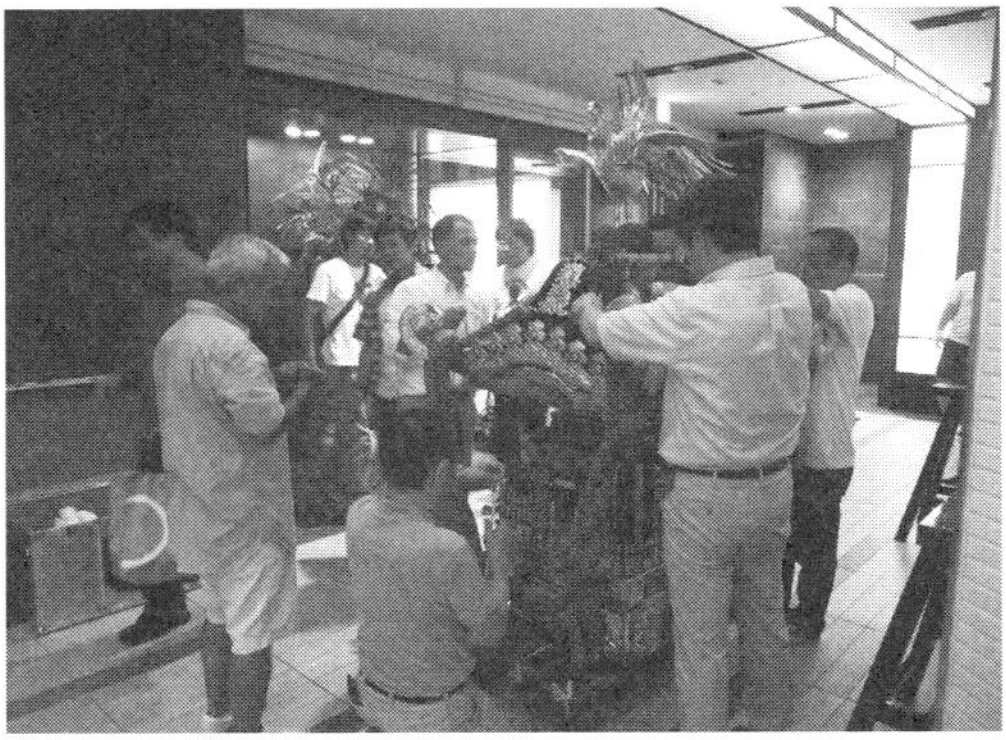
写真１　神輿の展示（TOHO シネマズ渋谷）

写真２　SHIBUYA109 前の神輿巡幸

表1　道玄坂町会の担ぎ手（半纏）数の推移

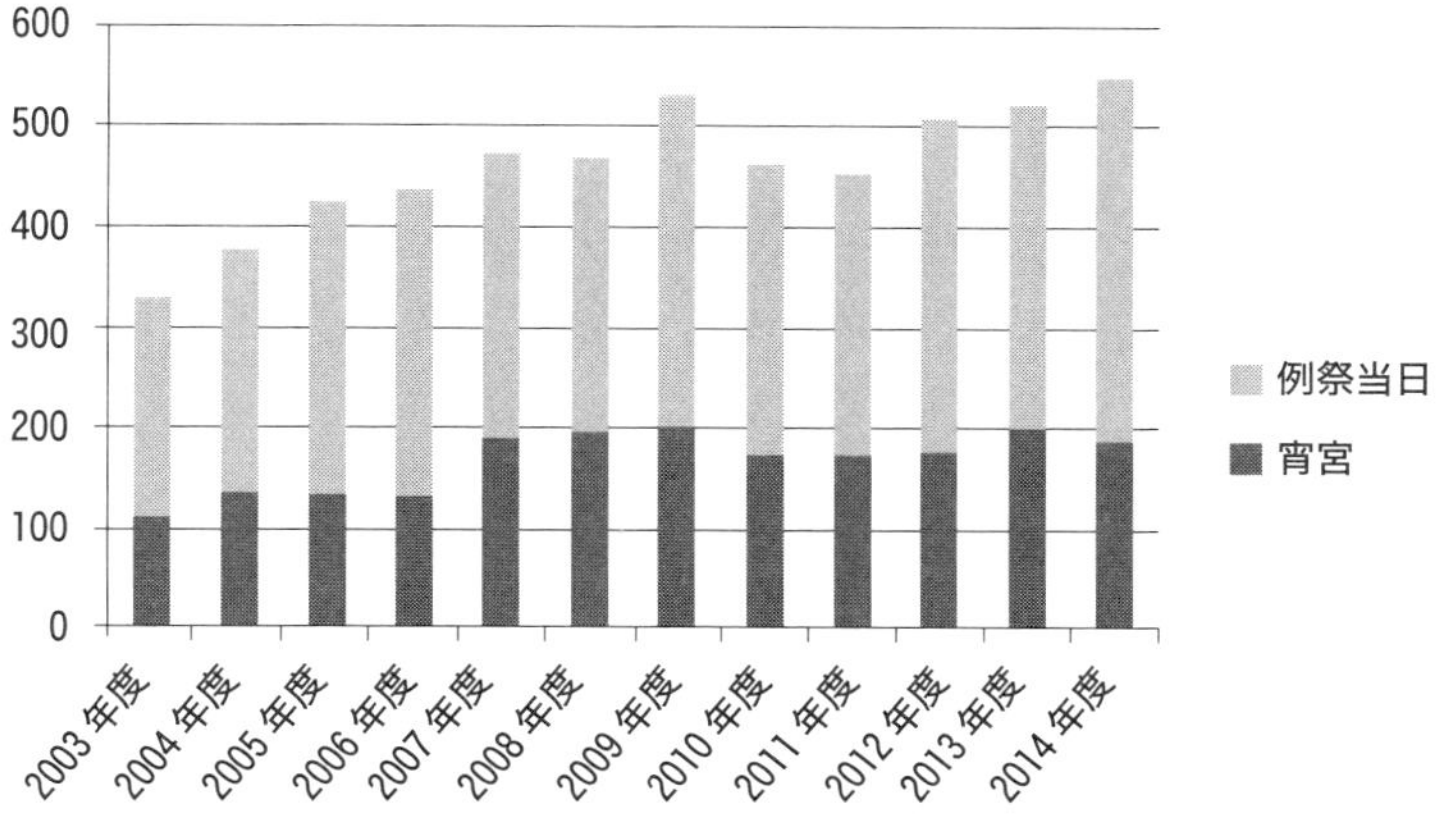

谷（旧・渋谷シネタワー）の一階に展示、一二日（金）に神酒所《みきしょ》設営と神輿の移動、一七時から神酒所にて御霊入《みたまい》れを実施、一三日（土）に宵宮《よいみや》の神輿巡幸、一四日（日）に町内渡御《とぎょ》と道玄坂連合渡御（SHIBUYA109前への神輿集合）という日程で行われた。道玄坂町会の半纏《はんてん》数は、平成二六年度は三六一枚であった。あくまで担ぎ手に貸出しをする半纏の数であり、実際の参加者数とは誤差があるが、関係者の話によると一四日の神輿巡幸の出発前時点で担ぎ手が三五〇人に上った。半纏数でみると、平成一五年度は三二九枚（宵宮：一一二枚、当日：二一七枚）であったものが、平成二六年度は五四九枚（宵宮：一八八枚、当日：三六一枚）に増加し、参加者数は増加していることが窺える。

　道玄坂町会への奉納金は「平成二六年度　道玄坂町会　金王八幡宮祭り　奉納金」と書かれた芳名板の掲示（平成二六年九月一四日午前一〇時現在）によると、一〇万円が三本、八万円が一本、七万円が一本、五万円が一五本、三万円が二三本、二万円が一八本、一万五千円が一本、一万円が五八本、七千五百円が一本、五千円が二〇本、三千円が五本で、総額は三〇一万七千五百円に上った。一〇万円の三本は、それぞれ道玄坂町会々長、柳通り町々会長、道玄坂二丁目商励会々長、八万円はT百貨店が奉納したものであ

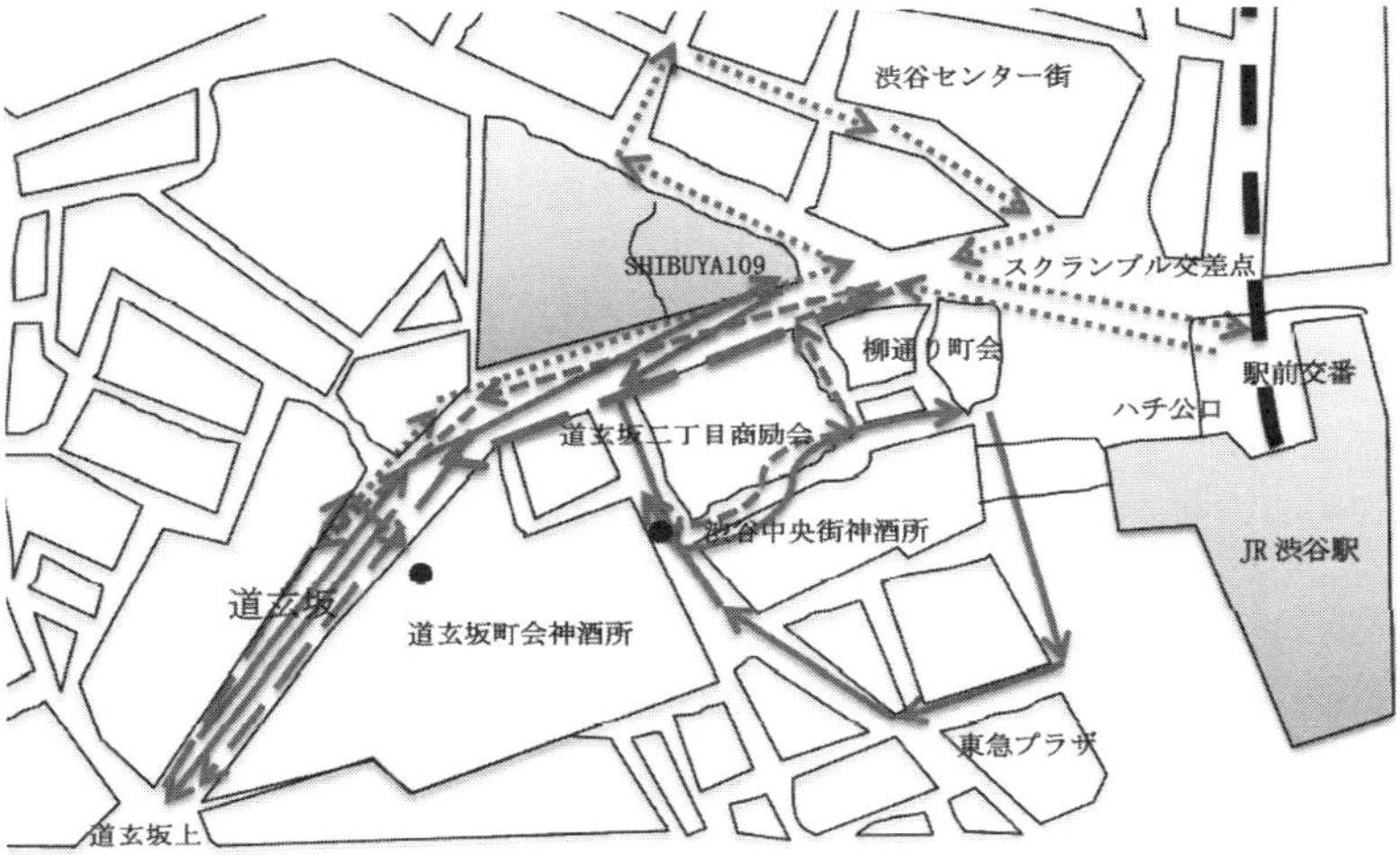

図１　道玄坂町会神輿巡幸図［平成 26 年 9 月 14 日（日）］

る。町会関係者の話によれば、「町会で奉納金としてだいたい三〇〇万円集まる」という。例年通りの奉納金があったことがわかる。祭りの費用はこの奉納金で賄い、足りない分は町会費から充当するという。

奉納品は渋谷三丁目町会、円山町会、神山町会、渋谷中央街、富士見町会、道玄坂親栄会、栄和町会、道玄坂上町会、神泉円山親栄会、南平台町会、鶯谷町会、松涛町会、千代田稲荷神社（渋谷百軒店《ひゃっけんだな》町会）の道玄坂神輿連合渡御に参加する近隣の一三町会から御神酒が二本ずつ奉納された。奉納品からも近隣町会とのつながりが窺える。また、担ぎ手として参加する神輿同好会の一つからはビール券が奉納されていた。

九月一四日（日）の神輿巡幸は、一一時〇〇分発・道玄坂町会神酒所→（道玄坂上り）→道玄坂上【交番前でUターン】→（道玄坂下り）→道玄坂町会神酒所前【通過】→一一時五五分着・SHIBUYA109【休憩】・一二時〇八分発→イワキメガネの角【左折】→渋谷中央街神酒所【休憩】→道玄坂二丁目商励会【休憩】→エスパス日和前（柳通り町会）【休憩】→一三時五五分着・SHIBUYA109前（道玄坂神輿連合渡御・式典）・一四時三五分発→（道玄坂神輿連合渡御・道玄坂上り）→道玄坂町会神酒所前【Uターン】→（道玄坂下り）→プライム→道玄坂小路→渋谷センター街→西村フルーツパーラー【休憩】→スクランブル交差点【通過】→渋谷駅前交番→スクランブル交差点【通過】→道玄坂二丁目商励会【休憩】→（道玄坂上り）→道玄坂町会神酒所前【通過】→道玄坂坂上【交番前でUターン】→一七時四八分着・道玄坂町会神酒所【還御】の順で行われた。

以上から、道玄坂町会の神輿は、私たちが一般にイメージする「渋谷」の中心的な場所を巡っていることがわかる。このことは、道玄坂町会の神輿は、若者の街・渋谷のSHIBUYA109前やスクランブル交差点、センター街の路上で、ギャラリーがたくさんいる中で神輿を担げることがひとつの売りにつながっているようである。特に、

写真3　SHIBUYA109での神輿休憩

写真4　渋谷中央街神酒所への渡御

写真5　道玄坂二丁目商励会への渡御

担ぎ手にとっては、渋谷駅のハチ公口にある駅前交番前に神輿が渡御することを楽しみにしている。そこが大きな見せ場であり、盛り上がるポイントである。しかしながら、祭りに参加し、神輿を担いでいる人の大多数が渋谷・道玄坂に住む人ではないという特徴がある。道玄坂町会に住んでいる家は一～二軒といい、道玄坂町会の会員が約五〇～六〇であるという。道玄坂町会の会員であっても、道玄坂で商売を営んでいて、道玄坂に通う人が多いのが実態である。

道玄坂のお祭りは道玄坂青年会が中心となって支えている。この青年会のメンバーは四〇～五〇名程度で、神輿を組むところから参加し、祭りを手伝う人はこのうちの二〇～三〇名という。青年会は年齢層でみると、五〇

写真６　渋谷センター街の神輿巡幸

写真７　スクランブル交差点へ向かう道玄坂の神輿

写真８　渋谷駅前交番への渡御

代が中心で、若手でも三〇代中頃が多く、貸しビル業を営む人が多い。渋谷区以外に住む人も多く、九五〜九六％は道玄坂に通っている。青年会で祭りを支える人たちは「実際に僕たちのような立場の人間はあんまり楽しむという感じはないですね。なにしろ、事故がないように。見ているお客さんも怪我がないように。そういうふうに目がいってしまって。（青年会に）入った頃、お神輿を担いで楽しいなっていう感じでしたが、最近は終わってほっとして、やっと一息ついたときに、『今年もよかったな』という達成感みたいなものがあります」という。

神輿を担いで楽しんでいるのは、渋谷の外から祭りに際して道玄坂へ来る人たちである。松平誠の言葉を借りれば、本来、地域社会にいて祭りを「スル」側が支える側に変化し、この支える側にも渋谷・道玄坂に住んでいない人が多数を占めるといった変化があることがわかる。平成二六年現在、道玄坂町会の神輿には、神輿会・神輿同好会が六〜七団体参加するほか、Hエレベーター（宵宮のみ、二〇〜三〇名）、T建設（二〇名）の会社員、インターネットを通じて募集された個人の参加者などで構成されている。ただし、神輿同好会の参加者もあくまで個人参加ということで、団体扱いはしていない。それは、今から一五〜一六年前、道玄坂の神輿の担ぎ手が少なくなり、一つの大きな団体に任せたことがあったという。しかし、その団体と町会の間でトラブルが生じた。それ以降、団体での募集はやめて、あくまで個人の一般からの募集へシフトしたという。この一般募集へのシフトによって、Facebookなどのインターネットを通じた参加者も増えつつあり、不特定多数の個人が参加できる門戸が開かれたのである。中には道玄坂の祭りを見ていて、ぜひ参加させてほしいということで芳名帳に名前を記入し、道玄坂町会の半纏を着て神輿を担いだ若者もいたという。神田祭の「元祖女みこし」と同様に、「伝統型」の中に「合衆型」の要素を併せ持つことによって参加者は増加しつつあるのではなかろうか。

五　道玄坂町会に住む人と「通いの住民」

ここでは、道玄坂青年会に関わる道玄坂町会に住む人と「通いの住民」についてみておきたい。

道玄坂で商店を営むT・T氏は、昭和三一年に道玄坂で生まれた。現在でも道玄坂に住む、数少ない住民である。結婚を機に六年だけ同じ渋谷の南平台に住んでいた時期があったが、T・T氏の母が道玄坂の家に住んでここを終の棲家にしたいという意向を持っていて、一人で住まわせるわけにはいかないので同居したことと、住んだら面白いのではないかという考えもあって道玄坂に住み続けたという。南平台は同じ渋谷にあり、買物に行くのにも生活圏が変わらなかったので、南平台から道玄坂に戻るのも違和感がなかったという。渋谷の街の夜は騒音が絶えないが慣れてしまい、二四時間稼働する街は、街が明るく駅から街灯がつながっていて、コンビニも二四時間営業で、安全で泥棒に入られるという感覚はないという。道玄坂のT氏の家は、祖父母が浅草から移ってきて住んだ当時は平屋であったが、その後、木造二階に立て替えて昭和三一年の四月に焼失した。その後、鉄筋の三階に立て替えて今に至っている。鉄筋にするとき、高層化しようという考えもあったが費用などの問題もあり、高層化はなされなかった。バブルの時期にお店を道玄坂で経営していた同級生もお店を廃業して移転していった。商売をしているのはT・T氏と、鰻屋さんのS・A氏、洋服屋さんぐらいで、道玄坂の青年会に入っているのは、T・T氏とS・A氏だけであるという。S・A氏は現在、道玄坂に住んでいない。多くの人は商売をやめてビルオーナーになったという。T・T氏は、誰か一人でも道玄坂に住んでいて「灯台」のように灯りを灯していないと、地域社会の外に出た人が道玄坂に戻ってきにくいのではないかと話していた。祭りの時に道玄坂に戻ってくる人は多いという。そんなT・T氏は、TOHOシネマズ渋谷の一階に道玄坂の神輿を展示する際、飾り付けをして神輿を組んでいく作業を上手にこなしていた。道玄坂青年会に入ってから、神輿を組む仕事を任されたという。それ以来の変わらない姿を祭りに際して披露し続けている。

道玄坂で鰻屋を営み、道玄坂青年会でT・T氏とともに祭りの運営に携わってきたS・A氏は昭和三五年に渋谷の円山町に生まれた。「商売をやっている人間は歩いていける距離に住まなきゃいけない」という祖父母の意向があり、道玄坂のお店に近い円山町に住んでいた。昭和二二〜二三年に木造二階建てを建てた。その当時は一、二階が店舗、二階のお座敷に従業員が寝泊まりし、祖父母は一階に住んでいた。当時の従業員は一〇名であった。S・A氏が小学生の頃は、すごく賑やかで円山町は料亭が建ち並び、三味線の音が聞こえ、芸者さんもたくさんいたという。昭和四〇年代の前半くらいから、新大宗ビルの一号館を皮切りに道玄坂にビルが建ち始めていき、やがて道玄坂のお店をビル化した。高層化したのは、周辺がビル化したのと、固定資産税が高くなったのも一因であるという。大学までは円山町に住んでいたが、結婚を機に世田谷へ移転した。世田谷から道玄坂の店舗に通う「通いの住民」として現在に至っている。S・A氏にとっての祭りは、「本当に町会で生まれて、町会で皆さんに育ててもらったというか、街に育ててもらったっていう気持ちがある。金王八幡宮さん自体も九〇〇年以上続いているので、そういう歴史というか文化はこれから先にもやっぱり守っていきたい。渋谷駅もどんどん新しくなって変わっていきますが、変わらないお神輿で、皆さんと仲良くできる町会とか文化として本当に守っていきたい。渋谷はすべてが変わっていきますので」と話す。変わらない祭りに道玄坂の未来を託しているといえるかもしれない。祭りに道玄坂に戻ってきた人たちは、神酒所でニコニコと笑顔が絶えないという。一方で、もし仮に祭りがなかったら一年の変化がないような気がするとも話す。S・A氏にとって、祭りは非日常的な場であることが窺える。

以上のように、道玄坂に住む人と通う人は祭りを通じて結びついていることがわかる。しかしながら、両者の防災に関する意識が異なっているという現実がある。大災害があると、道玄坂に通う人たちは、自分の住んでいる所に帰ってしまう。その場合、道玄坂に残る町会の人はT・T氏だけになってしまう。そのため、住む人と通う人では問題意識にズレが生じているのである。

六　祭りに際して道玄坂町会に通う人たち

ここでは平成二六年の道玄坂の祭りに参加した地域社会の外部から祭りに通う人たちについて、道玄坂の祭りに参加する神輿会（睦会）・神輿同好会・他町会の参加者のうち、判明した集団を紹介しておきたい。

東京都足立区を拠点とする「神明睦《しんめいむつみ》」の一二名と、神明睦が依頼した四つの団体のメンバー三〇～四〇名が参加した。神明睦は道玄坂の中で一番古くから来ているグループであるという。メンバーの一人は道玄坂の祭りに参加して三四年と話していた。渋谷で神輿を担ぐのは、「集まるとなると目立つところ賑やかなところ。というと、こういうところ（渋谷）になる」という。地元であるとギャラリー（観客）が少ないが、渋谷のようにギャラリーが多いと盛り上がるという。元々は、神明睦の関係者と道玄坂町会の関係者が知り合いで「遊びに来ないか」と誘ったのを契機として、相互の行き来が始まった。神明睦の関係者によれば、道玄坂の祭りは「どちらかというと助っ人マンで来てるというイメージ。基本はこの町内（道玄坂）が主体でこちらが助ける」という。反対に、道玄坂の人たちが足立の方のお祭りに来て「担ぎ返す」ということ行っているという。また、神明睦が呼ぶ形で参加した団体の一つに日本橋二丁目貳通《にどおり》町会の日本橋貳通睦がある。この会は、東京・赤坂の日枝《ひえ》神社の氏子で山王祭に参加している。そして、神田祭では須田町二丁目町会の神輿に参加しているという。

東京都世田谷区の千歳船橋を拠点とする「船橋睦」は一四～一五名（このうち女性が四～五名）が参加した。会の結成から二五〜三〇年経過し、道玄坂の祭りに一〇年以上参加しているという。船橋睦は千歳船橋の神明神社の宮睦《みやむつみ》で、九月最終土日の神明神社のお祭りで神輿を担ぐ。女性の参加者によれば、「ここはメインイベントが109の前に神輿が入っていくこと。それから午後になると駅前交番にみんなで『突っ込め!突っ込め!』と神輿ごと。ここの町会だけなんですよ、交番の前まで行くの。一年に一回、あの有名なスクランブル交差点のど真ん中で地べたに座ってお酒飲めるんですから。109前の、あのギャルでいっぱいいるところに座ってお昼休憩します。それがみんなに自慢で。うちの会は今日三か所行くところがあるんですが、私は絶対渋谷」と話していた。

東京都千代田区神田須田町を拠点とする神田輿雄連《きゆうれん》は一〇名が参加した。道玄坂の祭りに参加するようになって八年が経つという。会長のK・Y氏によれば、渋谷の祭りに参加するようになったのは、「区民まつりかなにかがあったときに、ここの町会の写真をみて、それで『こういうところで担ぎたいね』っていっていたら、知人に紹介してもらって担ぐようになった。ここの町会の写真は上から取ったもので、ちょうど109辺りで、集結した神輿を写したものであった」という。K・Y氏は約一八年前に神輿会を作りたくて立ち上げた。住むのは江戸川区であるが会社が神田にある関係で神田を拠点とした。神田祭では地元・須田町南部町会の神輿を担ぐ。

品川の東親会（荏原神社氏子町会）から参加する人によれば、道玄坂町会の役員が品川の町会の役員を兼務していて、その関係で道玄坂の祭りに参加するようになったという。そして、品川の自分たちの祭りのときは「あっちこっち走り回っていて、自分のところの神輿ですらほとんど肩を入れられない。渋谷の時は楽しませてもらっている」という。渋谷の道玄坂町会と品川の東親会との祭りを通じた行き来がなされていることがわかる。

以上のように、祭りに際して地域社会に行き来する人たちの存在が浮き彫りになった。先に紹介した神明睦のある関係者は、「祭りは地域のバロメーターだから。どんなちっちゃい街でも行き来をしないとお祭りができない。行き来がなくなるとお祭りはなくなる。だから行き来は町の潤滑油というか血みたいなもの。血が循環しなくなったら死んでしまう。死んだ町と生きた町の違いは祭りがあるかないか」と話していた。ここで注意すべきは、他の地域の祭りとの行き来があってこそ祭りは維持され、町は生きるのであるという視点である。ただ単に祭りを守らなければ地域社会が守れないというのではなく、祭りを通じたネットワークを維持してこそ、祭りを守り地域社会が守れるという論理である。言い換えれば、「通いの住民」や祭りに際して地域社会の外から地域社会に通い続ける地域社会に通う人たちの存在は地域社会を維持していく上でも重要なのではなかろうか。

七　地域社会に住む人と通う人たちの並存

増田寛也は、『地方消滅』の中で、東京への一極集中を避け「極点社会」になることを回避するための一つの方法として地方の中核拠点都市への「選択と集中」を主張している。地方の拠点都市の圏域を単位として有望な産業や雇用の芽を見出し、若い人たちの雇用の場の開拓に財政を集約して用い、中山間地や離島から若者が東京圏に流出することを防ぎ、圏域内に留まらせることを提言している。つまり、地方の拠点都市が東京圏への人口流出の「ダム」としての機能を果し、親世帯の住居からせめて一時間くらいの距離に若者が留まれる必要性を指摘している。宮城県女川町長の須田善明は、増田の拠点都市の提言を受けて、女川町は拠点都市にはなれないが女川の復興まちづくりにおいて町民に使い勝手のいいコンパクトシティの形成と「石巻圏域のなかでのわが町」をどうデザインしていくかを基本的視点に置いているという。

こうした圏域内のさまざまなネットワークを構築、あるいは見直しをしていく上で、本稿でみてきたように、比較的近いエリアを単位として祭りを通じた相互に行き来するネットワークや「通いの住民」の存在が一つの具体的なヒントになるのではなかろうか。なぜなら、「若者の街」と呼ばれ、最も変動の激しい渋谷の中心部の地域社会においても、「通いの住民」や伝統的な祭りを通じた地域社会へ相互に行き来するネットワークを持っているからである。圏域内のギャラリー（観客）が多くいる祭りとギャラリーがほとんどいない祭りを相互に行き来しながら、お互いの地域社会の維持につなげていける可能性がある。しかしながら、地域社会に住む人と通う人たちでは、利害関係が大きく異なり、防災の問題を一つとっても地域社会に住む人と「通いの住民」の間には意識の違いが生じている。ここには「共存」への大きな課題が存在している。ただし、これらの人たちを媒介するものがあれば、少なくとも接点が生じて並存することは可能なのではなかろうか。この接点の一つが祭りなのではなかろうか。祭りは、地域社会に住む人と通う人たちを結び付けるだけでなく、地域社会そのものの存在を確認する場になっていると考える。渋谷の伝統的な祭りとSHIBUYA109に象徴されるような「若者の街・渋谷」の並存は、人口減少社会の「共存」を考える上で大きな課題を突き付けると同時に、地域社会に住む人と通う人たちとの「共存」を考える上での一つのヒントを与えてくれるのではなかろうか。

参考文献

秋野淳一「祭りからみえてくる『渋谷』―SHIBUYA109前に集う神輿　金王八幡宮の祭り―」石井研士編『渋谷の神々』渋谷学叢書第三巻、雄山閣、平成二五年

秋野淳一「『元祖女みこし』の変遷にみる地域社会の変容と神田祭」『國學院大學大学院紀要―文学研究科―』第四五輯、國學院大學大学院、平成二六年

清水純「神田祭―担ぎ手の動員をめぐる町会と神輿同好会の関係―」『日本民俗学』第二七一号、日本民俗学会、平成二四年

竹元秀樹『祭りと地方都市―都市コミュニティ論の再興―』新曜社、平成二六年

古沢広祐「共存への旅立ち―本書のねらいと背景―」國學院大學研究開発推進センター編『共存学：文化・社会の多

様性』弘文堂、平成二四年
星野紘『村の伝統芸能が危ない』岩田書院、平成二一年
増田寛也編『地方消滅』中公新書、中央公論新社、平成二六年
松平誠『都市祝祭の社会学』有斐閣、平成二年
松平誠「現代神田祭仄聞」『国立歴史民俗博物館研究報告』第三三集、国立歴史民俗博物館、平成三年
松平誠『現代ニッポン祭り考—都市祭りの伝統を創る人びと—』小学館、平成六年
柳田國男「日本の祭」『定本柳田國男集』第一〇巻、筑摩書房、昭和四四年

第二部　文化・民族・宗教と共存を求める世界

大波に耐えて残った「故郷」の神社
（福島県いわき市久之浜、2014 年 5 月）

生きとし生ける米

――現在と過去の共存による再生の未来のために――

濱田　陽

一　米との現在

1　田毎の米を忘却した私たち

私たちは米を食べている。田んぼを見ている。稲を時折ながめる。それでも、米を知らない。一番身近な米が未知のものになっている。米、稲、田んぼは日本人の多くから遠ざけられ、傷ついている。そして、その傷に気づかない私たちも傷を負っている。

米は生きものだ。けれども、当然のこととして、そう思っているだろうか。生きているものを食べている。そう実感できているだろうか。じっさいは、米は私たちとともに生きてきたし、今も生きている。

もし、私たちが、米が育つ土を知り、土に流れる水を知り、水源の森を思い浮かべることができるなら。そして、私たちのせめて骨なりと、その森のどこかで土に水に還っていくなら。今日も私たちの筋肉・血液の約一五％が米のタンパク質からつくられ、私たちが動くエネルギーが米の炭水化物から得られることを認識するなら。もし、米の白い部分（白米　胚乳と呼ばれる）が稲の赤ちゃん、つまり根と葉になる胚が発芽し成長するための食べものであり、私たちが食べるように稲の赤ちゃんもこれを食べると理解するなら。また、稲藁《いなわら》がたくさんの栄養分を含み、以前は田で働く牛の食べものであったし、土に戻ることによって落ち葉が土壌を豊かにするように田を豊かにするものと知るなら。

　私たちと米とは、お互いに生きとし生けるもののなかで共存してきた。しかし、めぐりめぐっていた何かが忘れられ、失われていった。そして、それが失われたことすら私たちは自覚できていない。

　それなら、たんに昔を思い出せばいいのだろうか。それでは、失った経験を回顧するばかりで、現在との裂け目が広がり、なすすべなく立ち止まるだけだろう。今日は現在と過去とが引き裂かれてある。

　田毎《たごと》の月という言葉がある。棚田《たなだ》に月がかかると形の異なる水田一枚一枚に姿が映って、えも言われぬ美しい景色が出現する。その無数の月を映す個性豊かな田毎の米が、生きている米本来の姿である。

　不耕起《ふこうき》移植・冬期湛水《たんすい》・無肥料・無農薬による稲作の先駆者、岩澤信夫《いわさわのぶお》は、もともと米は田毎に味がちがうものだという。化学が明らかにしたチッソ、リン酸、カリウムの三大栄養素だけでなく、土壌のミネラル成分が田毎に微妙に異なるためだ。水も土も、米も野菜も果物も、本来そういうものだ。しかし、真摯に自然を見つめる農従事者以外、私たちの多くは、品種、産地、ブランドに慣れすぎ、田毎の米を実感して食べる生活からはるかに遠ざかってしまった。

　農業経済学者の神門善久《ごうどよしひさ》は、耕作技能の低下が日本農業最大の根本問題だと警鐘を鳴らしている。一九六〇年代、高度成長期に、私たちは多くの有形、無形の農業遺産を見失い、捨て去ってきてしまった。現在と過去の間に亀裂をつくり、両者を共存させることに力を注いでこなかった。

私たちのなかには、現在と過去を分裂させたまま放置する狭い自我がひそんでいる。しかし、いつまで分裂にしがみつき、一方で古き日本を憧憬しながら、他方で現状日本を営みつづけるのだろう。狭い自我は、古き良き日本の記憶に満足しつつ、現状の、便利でありながらどこか平板な生活を送り続ける。今日の米の姿は、そのような私たちの姿を映し出している。

2 生きとし生ける米のフィロソフィー

私たちは、分裂しているけれども、哲学（フィロソフィー）をもてば、この分裂をどう修復していけば良いか方向性が見えてくるのではないだろうか。現在と過去がいずれも新たに生まれ変わることで、引き裂かれた自己が未来に向けて再生する道を探すことができるのではないか。

米をつくっていても、いなくても、いずれの立場からも可能な哲学。それは、米が生きものとして、現に私たちと共存している事実に目を開く。単なる食品と見なそうが無関心でいようが米は米としてそこにあり、私たちの現状を映しだしている。矛盾に満ちていても、その矛盾のままそこにある。どれほど私たちが都合よく考えようとも、米が、私たちを含む生きとし生けるものと関係する生きものであることは否定できない。

今日、私たちは、自分の食べるものが、どのような過程《プロセス》をへて私たちの元に届いたのか、その本来の来歴に関心をもたなければいけない状況に来ている。そしてまた、私たちの身体が、自分の生涯ののち、どのようにこの世界のなかに帰っていくのか、考えてみなければいけない時代にさしかかっている。近代以降、私たちは、食べものの来歴からも私たちの身体の行方からも見えない壁で隔てられる運命が増大した。土から来た米を食べ、私たちも土に還るはずが、土から遊離してしまった。どうにかして、この状況を変えていかなければならない。そのために重要なのは、米も私たちもともにこの日本に生きており、その共存の状態をより魅力的なものに変えていく、という考え方ではないだろうか。

私たちには「生きとし生ける米のフィロソフィー」が必要なのだ。

今日の日本の米は、ほとんどが農薬、化学肥料を投入して生産されている。有機農法の米の生産量は〇・一%であり、有機JAS規格（有機農産物の日本農林規格）認証を受ける上でも、三〇種類の農薬使用と六五種類の食品添加物使用が許されているなどの問題がある。有機肥料のもととなる家畜も多くが遺伝子組換えされた穀物等の輸入飼料で育てられており有機肥料を用いることでかえって土壌がチッソ過多になるなど、環境被害が生じることも指摘されている。人間にたとえれば、薬を多用し、栄養剤を過剰供給されているのと同じである。農薬・肥料（化学肥料および有機肥料）を用いない自然農法の米の耕作面積は〇・〇〇二%にすぎない。しかし、私たちは、米を食べるとき、そのようなことを考えないようにしている。知らないようにしている。

だが、最後の晩餐に、じっさいにはどんな米を食べているかを知らず、人生を終えてよいだろうか。私たちの身体が還っていくべき国土が、農薬、肥料によってどれほどダメージを受けていようと何も感じないだろうか。

米と私たちがどちらも生きものであり、人間が近代以降つくりだしてきた人工物である農薬、化学肥料の影響を受け、米も私たちも国土も痛みつづけていると自覚してみること。普通に手に入る米を食べるときに、「お前も、過剰な人工交配、農薬、化学肥料によって無理を加えられながら、なんとか育ったのだな」と、その運命を想起してみること。今の状況では、特別な努力をしなければ無農薬、無肥料の米が育つことも、私たちがそれを食べることもできないけれども、米も私たちもなんとか生きようとしているのだと自覚してみること。そこから始めたい。

二　米との過去

1　米の由来

米を実らせる稲は、もとはユーラシア大陸南東部に自生する熱帯性の多年生植物であるとされている。今日も、野生の稲がこの地域に自生している。それが一万二千年前までに長江中流域で栽培化されるようになった（玉蟾《ぎょくせん》岩《がん》遺跡）。栽培化の発端には様々な説が唱えられているが、もともと食べるためでなく首飾りなどの装飾用に育てられたとする興味深い学説もある。芋などを育てるそばで自生していた、今日なら雑草のような植物だったとも考えられている。七千年前には長江河口域でも育てられ（河姆渡《かぼと》遺跡）、六千年前の最古の水田跡が長江下流域で見つかっている（草鞋山《そうあいさん》遺跡）。

それが、中国南部から南西諸島をへて、または長江流域から直接、もしくは中国東北部・朝鮮半島をへて、あるいはこの三ルートの複数によって、二千五百～六百年前の縄文時代晩期後半までに日本列島九州に伝えられた（佐賀県唐津《からつ》市の菜畑《なばたけ》遺跡）。韓国には、二千五百～八百年前と推定される遺跡があり（慶尚南道蔚山《ウルサン》市の無去洞玉峴《ムゴドンオクキョン》遺跡）、福岡にも縄文時代晩期から弥生時代後期の遺跡がある（福岡市の板付《いたづけ》遺跡）。

もとは熱帯植物で多年生の稲を温帯で毎年栽培するのであるから、温かい夏に一つひとつ人間が手をかけて育てなければならない制約を受けた。だが、小麦、トウモロコシなどの畑作と異なり、幸いにも水田稲作は、毎年、土の栄養分がやせ細っていく連作障害がなかった。川や水路から引かれる水が山からの栄養分を運んできてくれ、日本の水田は一見平坦に見える沖積平野でも必ず多少の段差があり、ほとんどが傾斜地で、当然のように重力による灌漑排水が成立している。山と海の距離が近い日本の複雑な傾斜地形は、成長に必要な養分をもたらし不必要なものは流し去ってくれる。

今日の考古学の知見を総合すれば、ユーラシア大陸南東部に自生していた生きものである稲が、一万二千年前までに人の手が加えられた環境で育つようになり、二千数百年前までに人によって亜熱帯と温帯の日本列島にもたらされ、以降、東へ北上しながら、人と生きとし生けるものと密接な関係を構築するようになったといえる。こうして日本列島は、葦原《あしはら》の国から、徐々に、瑞穂《みずほ》の国になっていった。

しかし、このようなまとめで抜け落ちるのは、今日の米は、以上の環境適応の歴史をもちながらも、近代以降の品種改良、農薬、化学肥料によって、以前とは大きく異なる状況で育っているという事実だ。私たちは、長い環境適応の結果としての生命力あふれる米の味をダイレクトに感じることができなくなっているのだ。

稲のルーツに関する考古学的知識をいくら増やしても、それだけでは米、稲と人間の日本列島における共存方法を考えることはできない。それでも、米、稲が生きものであり、人の手によって、この列島に伝わってきたことをふりかえってみることは必要である。

2　日本の生物文化多様性と宗教文化多様性

日本列島では、ユーラシア大陸の同緯度の多くの地域が乾燥し、あるいは砂漠化しているのに比べて、六月に偏西風がヒマラヤ山脈にぶつかって南東に向きを変えてくれるおかげでインド洋、太平洋の上を通過し、大量の水蒸気を取り込むことで梅雨が発生する。これが豊かな雨をもたらし、類を見ないほど多様な広葉樹が育つことができた。また、四つのプレートがぶつかりあうことで急峻で多様な山岳地形が形成され、平野部が多くを占めるヨーロッパに比べ、氷河期にも広葉樹が生き残った。この豊かな植物相が多様な動物たちを養い、経済先進国としては突出して多い固有種が生き延びることを可能にした。日本列島にはおよそ三万年前から人類が渡ってきているが、ユーラシア大陸では途絶えてしまった遺伝子型が多く残っていることが分子生物学により明らかになっている。

つまり、稲が人の手によってもたらされた日本列島は、すでに長きにわたって植物、動物、人間が多様に共存する地であった。こうして植物、動物、人間、米の多様性が育まれ、保持されていったのである。

このような見取り図を描くには考古学、地質学、遺伝学をはじめとする多くの学術研究の達成を、パズルのピースのようにつなぎ合わせなければならない。一つの専門分野で、すべてを解明することは不可能であり、それぞれの学術研究が現在進行形であるため、全体像は常に揺れ動くことになる。

こうした人間の営みもふくむ生物と文化の多様な有り様は、今日、生物文化多様性ということばで表現されるようになってきている。生態学者、生物学者が生物多様性を、文化学者が文化多様性を専ら研究してきた。しかし、じっさいには両者は深く関係している。米、稲、水田の問題も生物文化多様性から考えるのが適切だろう。

そして、この生物文化多様性には「宗教文化多様性」が結びついている。稲が生きものであり、列島の生きとし生けるものと人と共存してきたがゆえにそうなったのだ。民俗学、日本神話、大嘗祭《だいじょうさい》などの祭礼研究もこの観点から再考し、今日的意義を発見していかなければならないだろう。

たとえば、米、稲、水田に関する文化学と生態学的、生物学的知見とを照らし合わせることに、どのような意義があるだろうか。そうした異なる学問の知見の照応は、たんなる学際的知識にとどまるのだろうか。そうではない。文化学は米、稲、水田とともに生きてきた人間の長きにわたる経験を明らかにしている。また、生態学、生物学は生きものとしての米、稲の秘密を解き明かしている。私たちが近代化において捨て去り、忘れてしまった米、稲、水田にまつわる伝統文化の真意を新たな生態学、生物学が明らかにするかもしれない。

このような幸福な出会いが積み重ねられていけば、民俗学は資料館を、神話学はテキストを、祭礼は社殿を飛び出し、生物文化多様性のなかで生きてきた先人の経験が現代人の経験と共存するようになる。自然科学は文化学を承認し、文化学は自然科学に人間らしい意味づけを与えることができるだろう。

3　稲の生命力

私たちが、農薬と化学肥料を用いて米をつくる平均的な農家であったとしよう。そして、あるとき、民俗学が明らかにしたような稲と人との関わりが近代化以前にどのようなものであったか気づいたとしよう。

おそらく、従来の近代農学と民俗学のままでは、現状の米づくりと古《いにしえ》の米づくりは互いに分裂したままであるほかない。現状と古をそのまま肯定するだけでは、現状を受け入れつつ、古の美しい思い出に時折ひたるという道しかない。しかし、現在と過去を共存させる道はそうではない。現在も過去も変化を受け入れなければならない。過去がそのまま現在に取って代わることはできないし、ただ現在をそのまま続けるというわけにもいかない。現在を変容させることによって、過去も変容させ、その両者が共存する新しい状況をつくりだしていくことが真に前進し、未来をつくる道である。

もし、私たちが農薬と肥料（化学肥料・有機肥料）を用いて米をつくる田を打ち捨てて、民俗学の世界を夢見るのみなら、そこは耕作放棄地になってしまう。しかし、現に私たちは米を育てている。そして、私たちは、私たちが食べ、育てている米が生きものである事実を見つめることによって、現状の米づくりを変容させる道を歩み始めれば、古の世界が未来につながるものとして新しい意味を獲得し、両者の変容による共存の未来をつくることができるはずだ。

一粒の稲籾《いねもみ》は発芽し、成長する過程で根元から新芽が伸びてどんどんと株分かれしていく（分蘖《ぶんげつ》）。そして、穂が実ると千から一万粒の稲籾になる。これが生きものとしての稲の潜在力である。一〇アール（一アールは一〇メートル四方）の田から大人一人一年分の米がとれる。もともと一反《いったん》と呼ばれ一石《いっこく》がとれるとされた広さに重なる。不耕起移植・冬期湛水・無肥料・無農薬による稲作では一〇アールの田で三六〇万枚の稲の葉が枯れ、収穫後の茎である藁とともに、土にかえり、水に溶けて自然の肥料になるという。そして、冬に水を抜かず湛《たた》えておくと大量の植物プランクトン、動物プランクトン、イトミミズが発生し、タニシ、川魚、鳥たちの棲家《すみか》になる。大型の耕運機を用いて土壌をかき混ぜて土中の根と微生物を殺してしまわず、田を耕さずに土壌の自然力にまかせる。米国農務省の研究者サラ・ライトは、不耕起によって真菌《しんきん》が植物の根でグロマリンという特殊タンパク質をつくり、土壌を豊かにする過程を科学的に解明している（一九九六年）。こうして、水田に棲息する生きものたちの活動とともに稲は育っていく。

今日の先端的な自然農法の実践と米、稲、水田に関する生態学、生物学的知見は民俗学、日本神話、祭礼の説く知恵と親和的であるはずである。

三　米との再生

1　現在と過去の共存による再生の未来のために

自然農法によってつくられる米と、自然農法に関する生態学的、生物学的研究が一般化していないため、民俗学、日本神話、祭礼の世界は今日のほとんどの米づくりから隔たってしまっている。

だからこそ、次段階として、現状の米づくりが農薬・肥料を減じていく土壌変容過程そのものを研究し、評価し、活用する新たな文化が必要になるだろう。いわば、傷ついたこころをケアするように、生命力の多くを喪失した土壌をケアする、そのプロセス自体に関心を向けるのである。こころのセラピストが職業として成立しているように、土壌のケアにも価値を与え、経済的に実態を伴わせていく道である。

土壌が生きとし生けるものの場としての多様な生命力を回復してくれれば、その世界は、民俗学、日本神話、祭礼の世界と親和度を増していく。伝統文化は過去の経験の上に成立しているが、土壌の多様な生命力を回復しつつ農に携わる者は、自身が新たな民俗的知恵、神話的物語、今日的祭礼を生む主体に変容し得る。

米、稲、水田に関わる民俗、日本神話、祭礼は、近代農法によってではなく近代以前の農法によってつくられたものだ。ただ、それらは、たんに過去の経験の記憶でなく、種苗《しゅびょう》メーカーからの種を用い、農薬、肥料を使用する今日の一般的な田で育つ稲の、生きものとしての呻《うめ》きをキャッチするものでなければならない。そして、現時点から徐々に農薬、肥料を減じ、稲本来、田本来の生命力を回復する過程をたどることを祈願する文化として、新たな意義を獲得しなければならない。なぜなら、民俗、神話、祭礼を生み出した精神は、自然採取でない種を用い、農薬、肥料を多投するような田への関わり方とは大きく異なっており、もし、列島の先人たちがよみがえって、今日主流の農法を目の当たりにしたとしたら、我慢しがたいものであろうからだ。そして、大多数の農業がそういうものである状況で、民俗を伝え、神話を語り、祭礼を執り行うとするならば、現状を変容させていくことへの祈りの想いがあってこそ、空疎にならず真実味が伴うであろうからだ。

現状の近代農法の思想は、稲にまつわる民俗、神話、祭礼の思想と対立している。しかし、近代農法の限界を少しでも認め、農薬、肥料を減じるなどして、自然の生命力を活かす道を歩もうとするとき、民俗、神話、祭礼の思想との接点が生まれてくる。私たちはそうして、古の経験が育んだ民俗、神話、祭礼の世界内に閉じこもるのでなく、自らの実感をもって新たなフォークロアを語り、神話的物語をつむぎ、自分たちの祭礼をこころをこめて実施し、現在と過去を共存させていくことができるのだ。

したがって、近代農法の思想から、生きとし生ける米のフィロソフィーへと軸を移し、たとえ不完全であり、試行錯誤するものであっても、土地の再生プロセスそのものに価値を置くよう、発想を転換することが重要なのだ。私たちがたとえ農薬・肥料過剰依存の米を食べており、それによって農地が疲弊し、国土が汚染されている状況の只中にいたとしても、再生プロセスが始まるのだとすれば、それは、新たな物語の誕生であり得る。そして、この物語に希望がもてる理由は米、稲が単なる商品ではなく、列島の生きとし生けるものと二千数百年の共存の実績をもっている生きものであるという、シンプルな事実にある。

しかしながら、この再生プロセスに見合った米、稲、水田の生態学的、生物学的、農学的研究が、また、食の科学や医学研究が十分になされているとは、とてもいえない。近代農法は近代科学と手を携えて発展してきたため、自然農法を科学的に解明し、あるいは近代農法から自然農法への移行プロセスそのものの効果を研究するというテーマについては、手付かずといっていいほど未踏の領域が広がっているように思われる。それも、急激に近代農法に置き換わり、研究フィールドそのものが失われてしまったためだろう。

この構造は、再生可能エネルギーへの転換にともなう困難に似ている。たしかに、直ちに全てを放り出して再生可能エネルギーに切り替えることはできない。化石燃料発電や原子力発電には多くの利害関係も存在している。しかし、枯渇性資源や放射性物質に依存した発電を現状維持しようとする思想と低減させていこうとする思想とでは根本的な違いがある。

これを農作物に置き換えれば、「再生可能農業」に徐々にシフトしていく思想を持ち得るかどうかが大きな分かれ道である。しかも、電気と異なり農作物は私たちの体内に直接取り込まれ、私たちの活動の源となる。再生可能農業は、それゆえに再生可能エネルギーに勝るとも劣らず重要であると考えなければならない。

現実に再生可能エネルギーの比率を上げていくならば、化石燃料発電や原子力発電と対立的にのみとらえる視点では不十分であり、ビジネスそのもののシフトが実現するプロセスを考えなければならない。大きな転換期には、なくなっていく仕事と新たに生まれる仕事に分かれる。再生可能農業の比率が上がるには、農薬、肥料を製造、販売する仕事は減っていかなければならないが、土壌の再生やケアをする仕事は増えなければならない。理想を述べれば、農薬、肥料を製造、販売する企業・団体が土壌の再生やケアを手がけるようになれば、製造業、流通販売業主体のビジネスから社会問題解決型ビジネスに転換できるだろう。

生きものである人と米は日本列島で長く共存してきたにもかかわらず、近代農法の追求が土壌、米、人自身に大きな負荷をかけるにいたったことを認識し、考え方を転換して再生のプロセスを歩み始めようとするとき、米に関する異なる分野の学問・実践は、互いを補強しながら独自の変容を遂げ、新たな存在意義を獲得するだろう。分裂し、関係性を喪失し、隔絶した状態から、共存と再生のプロセスに転換していくだろう。

自然栽培に取り組む年数によって、一年目の米から一〇年以上を超える米までそれぞれの価値を見出し、農業と土地再生物語を融合していこうとする試みも存在している（ナチュラル・ハーモニー　河名《かわな》秀郎《ひでお》）。たしかに、福岡正信《まさのぶ》等による提唱以降、自然農法には手間、収量、効果に関する批判がつきものである。しかし、大事なことは近代農法と自然農法という二項対立的発想そのものから抜け出すことであろう。メーカー種・農薬・化学肥料を用いた一般の米、減農薬・減化学肥料の特別栽培米、有機米、自然農法による自然栽培米などのカテゴライズにとどまり互いに対立する状況から脱し、農薬・肥料を減じ米と土壌と周辺環境を再生させていく過程そのものに着目して、知識と知恵を結集し、新たな価値を創造していくことが重要である。

2　民俗、祭礼、神話の声なき叫び

私たちが田の神の民俗、祭礼、神話について興味をもったとしよう。そこには豊かな世界が広がっている。見えない山の神は、春になると降りてきて田の神になり、田仕事を見守ってくれる。そして、稲が無事実りをつけて、収穫がすみ、田仕事が終われば、収穫物を人々と食し、山に帰って、次の春を待つ。

民俗学の泰斗たちを回顧すれば、稲刈りののちに束ねられた藁塚は神の依代であると折口信夫《おりくちしのぶ》はいい、まだ種籾が採られていない稲塚は穀霊誕生の装置であると柳田国男《やなぎたくにお》はいった。また、山の大型動物である猪が山の神の化身として田の神になり、亥《い》の子神《こがみ》と呼ばれると宮本常一《みやもとつねいち》は考えた。

山には亡くなった先祖の霊が休まると考えられたため、田の神のイメージには山の生きとし生けるものとともに先祖の面影も伴っていた。さらに、昔は牛や馬が仕事を手伝ってくれたため、亡くなった牛馬の霊も、道祖神や土地の仏である地蔵などの存在に連なって、田仕事を見守ってくれると考えられた。

あるいは、田が開かられる以前に住んでいた生きものの代表であり土地の神の化身として蛇が観念され、土地の使用を認められた感謝の念を忘れず、収穫後の藁で藁蛇をつくり供養の祭事を行うなどした。田には稲をかじる様々な虫たちが訪れるが、人と稲にとって困った霊として抹殺《まっさつ》するのでなく実りをつける前に遠くにいってもらう発想による虫送りの行事が営まれた。

田の神が人々に一年の仕事を一つひとつ示し教え、無事の実りを前もって祈る予祝《よしゅく》儀礼の田遊び（東京都板橋区　二月下旬）。稲の神が花になって到来するとも考えられたさくらの花見。神宮《じんぐう》の神さまに供える米を神田《しんでん》で育てるための御田植初《おたうえはじめ》（三重県伊勢市　五月初旬）。これも田の神が田仕事を教えてくれる壬生《みぶ》の花田植《はなたうえ》（広島県北広島町　六月第一日曜）。その他、御田植神事《おたうえしんじ》（伊作田稲荷《いさいだいなり》神社　和歌山県田辺市　五月五日）、つぶろさし（新潟県佐渡市　六月十五日）などの田植えにまつわる神事。棚田の虫送り（三重県熊野市丸山千枚田《まるやませんまいだ》　七月初旬）。一年の田仕事の終了後、田の神に感謝して食事を捧げもてなすアエノコト（石川県奥能登地方　一二月四・五日）。

ご先祖に捧げるお供えの米。

天皇が大嘗祭、新嘗祭《にいなめさい》、神嘗祭《かんなめさい》において、また神職たちがそれぞれの神社の祭礼において神々に捧げる神饌《しんせん》。

仏に捧げる供養物《くようぶつ》としてのお仏供米《ぶくまい》。

以上の民俗、神道、仏教の世界を思い浮かべれば、米、稲、水田が、人々を見守り、救いをもたらしてくれる神々、先祖、仏のはたらきと深く結びついて観念されてきたことが見えてくる。

同時に、古事記、日本書紀の神話が記している穀物・食物・牛馬の神と溶け合った稲霊《いなたま》の性質がリアリティをもって伝わってくる。日本各地の稲荷神社に祀《まつ》られる穀物神で食物神のウカノミタマ（稲荷神《いなりしん》）は延喜式祝詞《えんぎしきのりと》では稲霊と記され、同時に農業神、産業神でもある。稲霊は穀物一般の神と重なりあい、稲籾の生命力は農業神、産業神につながっている。伊勢神宮外宮《げくう》に鎮座し内宮《ないくう》の天照大御神《あまてらすおおみかみ》に食事を捧げる穀物神・食物神のトヨウケビメはこの稲荷神にも重ねて観念される。上一宮大粟《かみいちのみやおおあわ》神社（徳島県）等に祀られる五穀神で養蚕《ようさん》の神オオゲツヒメも目から稲を出し、やはり稲荷神に重ねられる。稲荷神社や東日本に多い駒形《こまがた》神社等に祀られる食物神・穀物神・牛馬神のウケモチは口から米の飯を出し、死してはその腹から稲を出した。これも稲荷神やオオゲツヒメに重ねられる。トヨウケビメ、オオゲツヒメなどが稲荷神に習合して観念されるように、稲の霊が結びつく神は女神的性格が強い。

このような神々や先祖、仏に捧げられるべき米が、ゆかりの土地から分離してメーカーが開発した種を用い、農薬、化学肥料を加え、土地に過剰な負荷がかかる大型農業機械を導入して育てられ、収穫され得ると考えることは困難だろう。本来、民俗、神話、祭礼は、過度の人工交配、農薬、化学肥料、過剰で危険にもなる有機肥料、大型機械によって行われる現代日本の一般的な米づくりに対して、別の世界観を切々と訴えていることに気づかなければならない。

今日では、大人一人一年分の米をつくるのに平均二五時間しかかからず、トラクター、田植機、コンバイン、農薬の導入によって五〇年で作業時間は七分の一にまで短縮したという。米づくりは、野菜づくり、畜産と異なり、他に主要収入となる仕事を持ちながら片手間で行える仕事になってしまった。そのために、安全で、自然環境を保ち、栄養価が高く、豊かに実りをつける米づくりの知識・知恵を総合した耕作技能が急速に失われてきたという。

だからこそ民俗、神話、祭礼の訴えは、今日の生態学者や農業経済学者による、行き過ぎた近代農法のもたらす環境被害や米の実質的な品質低下に対する警告と、矛盾なく重なり合う。稲と田を、霊と神の世界で受けとめる民俗、神話、祭礼は、稲を生きものとし、田を生きものの場としてとらえる生態学、再生可能な農業の可能性を訴える最新の農業経済学と多くの価値観を共有し得る。食べものとしての米、商品としての米に偏りすぎた近代農法のフィロソフィーを転換し、生きものとしての米に目を向け、生きとし生ける米のフィロソフィーをもつことが、現在と過去、自然と人間、学問と学問の分断、対立状況の迷宮から脱し、米と人と土地によって、それぞれが関係し、共存する新たな文化をつくりだすきっかけになるはずだ。

私たちの再生と米の再生は深く結びついている。現に私たちと米は共存し、痛みも希望も共に有しているのである。

参考文献

青柳健二『棚田を歩けば』福音館書店、平成一九年
青柳斉編『中国コメ産業の構造と変化―ジャポニカ米市場の拡大―』昭和堂、平成二四年
安室知『水田をめぐる民俗学的研究―日本稲作の展開と構造―』慶友社、平成一〇年
池橋宏『稲作の起源―イネ学から考古学への挑戦―』講談社選書、講談社、平成一七年

岩澤信夫『究極の田んぼ―耕さず肥料も農薬も使わない農業―』日本経済新聞出版社、平成二二年
大内力・佐伯尚美編『日本人にとっての米』家の光協会、平成八年
大貫恵美子『コメの人類学―日本人の自己認識―』岩波書店、平成七年
大豆生田稔『お米と食の近代史』吉川弘文館、平成一九年
神門善久『日本農業への正しい絶望法』新潮社、平成二四年
佐藤洋一郎『イネが語る日本と中国―交流の大河五〇〇〇年―』農文協、平成一五年
鈴木宣弘『食の戦争―米国の罠に落ちる日本―』文春新書、文藝春秋、平成二五年
須藤功『大絵馬ものがたり1―稲作の四季―』農山漁村文化協会、平成二一年
富山和子『お米は生きている』講談社、平成七年
南里空海『神饌―神さまの食事から〝食の原点〟を見つめる―』世界文化社、平成二三年
萩原秀三郎『豊穣の神と家の神』東京美術、昭和六三年
濱田陽『共存の哲学―複数宗教からの思考形式―』弘文堂、平成一七年
福岡正信『無［Ⅲ］自然農法』春秋社、昭和六〇年
藤田洋三『藁塚放浪記』石風社、平成一七年
藤原辰史『稲の大東亜共栄圏―帝国日本の〈緑の革命〉―』吉川弘文館、平成二四年
古沢広祐「環境共生とグリーン経済の将来動向」『農業と経済』一〇月号、昭和堂、平成二六年
増田昭子『雑穀を旅する―スローフードの原点―』吉川弘文館、平成二〇年
宮本一夫『農耕の起源を探る―イネの来た道―』吉川弘文館、平成二一年
山折哲雄『天皇の宮中祭祀と日本人―大嘗祭から謎解く日本の真相―』日本文芸社、平成二二年

気候危機の時代の哲学へ
——地球への土着性の覚醒と宗教としての神道——

木村武史

筆者は勤務先の大学で、学際科目「サステイナビリティ・スタディーズ」という授業を担当していた（現在、科目の再編もあり、このような学際科目は担当していない）。この授業を担当し始めた一〇年ほど前には、「環境と開発の世界委員会（通称、ブルントラント委員会）」編『我ら共有の未来』（一九八七年）に書かれている二一世紀の初めになれば顕在化してくるであろう地球温暖化の影響を考慮してという一文を紹介しながら、学生たちに君たちが生まれてくる前から君たちが直面するであろう地球環境問題・気候変動について大人たちも考えていたということを説明していた。その頃は、気候変動の影響はまだ未来世代の問題であるという見方を説明していたが、五年ほど前から気候変動の影響は現代世代の問題でもある、という認識に世界の潮流が変わりつつあることに気付いた。そして、環境問題に環境危機という言葉が用いられるようになるとともに、気候変動にも気候危機という言葉が使われるようにもなってきていることにも気付いた。そして、今日、気候危機は既に負の影響を及ぼしており、今後は更に悪化していくという認識がグローバルに広まりつつあると思われる。

さて、本論では、地球環境問題と気候変動問題が持つグローバルな意義を「共存」という観点から考える時、日本の宗教が果たすことのできる役割とは一体何であろうか、という問いかけをしてみたいと思う。東日本大震災以降、国内に眼を向けた日本の伝統的宗教が果たしてきた役割については多くの論考がなされている。『共存学2』には多くのそのような論考が所収されており、とても重要な示唆を与えてくれる。本論では、国内から国外へと目を向けた時、日本の固有性へと内向きに眼が向いてしまいがちな日本の伝統的宗教である神道が、いかにグローバルな見地から「共存」に向けての役割を果たすことができるかを考えてみようとするものである。

本論で展開する議論のテーゼは以下の通りである。気候危機の問題はスピリチュアルな危機であり、死後の救済を志向する歴史宗教を含めてあらゆる宗教の基盤は地球環境における土着性にあるということに覚醒する必要性がある。文明化された先住民宗教としての神道は、近代社会の基盤的価値でもある「自由」、「平等」、「人権」、「正義」といった諸理念を融合することによって、文明社会の周辺で虐げられている少数先住民族を支援し共存する道を探るとともに、気候危機を引き起こした現代文明からの転換の道しるべを提示することができる。

本論の構成は以下の通りである。最初に、気候危機の時代の哲学という課題を提示する。次に、地球環境問題と気候危機の時代における少数先住民族の精神世界の再評価という課題を提示する。第三に、ガイア・先住民性（土着性）・近代的理念について論ずる。

本論は頁数の関係で大枠の議論しかできないことを、予めお断りしておきたい。

一　気候危機の時代の哲学へ

気候変動についての科学的知見に関しては「世間的」にはまだまだ様々な評価があり、無駄に危機をあおる必要のないことは承知している。だが、後戻りできなくなってから初めてティッピング・ポイントを越えたと分かる場合もあるので、予防原則と責任倫理の観点から、現在という歴史的状況は、気候変動のティッピング・ポイントを越えつつある、言い換えるならば、質的に異なる気候危機の時代へと移行しつつあるという認識のもとで議論を行うことにしたい。言い換えるならば、ＩＰＣＣの報告は科学的・政治的・哲学的にも傾聴するに値するという立場に立ち、しかも従前から警告が発せられていた気候変動の兆候が既に起きつつあることからティッピング・ポイントも既に越えつつあるのではないかという懸念を持ちつつ、論ずるものである。このような懸念が間違っていてほしいという希望的観測はあるが、二〇一四年夏に日本を襲った大型台風、一一月に報じられたブラジルの大旱魃とアメリカ東北部の大雪のニュースは、危険な兆候を示しているようにも思われる。ブラジルの大旱魃のニュースでは、「このまま雨が降らなければ、地域社会が今までにはなかったようなかたちで崩壊に至るリスクがある」という警告が伝えられている。このニュースでは、アマゾンの森林伐採のペースが上がっていることが干ばつの一因ではないかとも触れられている。樹木には蒸散作用があり、雲を形成することが知られているからである。このように気候危機と地域社会の崩壊が直接結びついて考えられるようになってきている。そして、このような傾向はグローバルに広がると思われ、今後自然資源を何のために利用するのか、しないのかについて真剣な議論も必要となってくるであろう。

さて、気候危機の問題の核心は、気候変動とそれを引き起こしている人間活動の影響によって、地球上において人間が生存できる環境が大きく劣化していくことにある。それゆえ、一部でもまだ論じられているように温暖化しているのか、していないのかが問題ではなく、現代にまで続く文明の基礎が築きあげられてきた、過去一万年に渡って比較的安定してきた自然環境が大きく変わり、それに伴い人間社会の文明・文化のあり方も変容が迫られることにある。小手先の適応ではなく、文明論的な適応が求められてくるようになる。その際注意すべき点は、人間の経済活動が地表・地下資源の両方を大量に利用し、資源枯渇といわれる事態をも引き起こす危機的状態を生み出しながら、生物多様性の減少という生態圏の危機的状況をも招来している状況がある。現在の生物の絶滅速度は、過去の絶滅速度と比べると、百倍から千倍に達するという。

このような事態を引き起こした背景には、まず、世界の総人口が、一九五〇年頃の二十億人から二〇一四年の七〇億人へと三倍以上の増加率でありながら、貧困率が一九九〇年の約四三%から二〇一〇年の約二一%へと低下していることから分かるように（世界銀行、「世界の貧困に関するデータ」）、それだけ経済活動が活発化し、多くの人々が豊かな生活を享受できるようになったことがある。一人ひとりの人生を考えれば、それはそれほど悪いことではない。事実、日本社会を例にとれば、平均寿命は一九四七年時点で、男性が五〇歳、女性が五三歳であったのが、二〇一四年時点では、男性が八〇歳、女性は八六歳となっている。おそらく平均寿命が短い方が良いという日本人はいないのではないだろうか。このように人々の生活レベルが向上したと言っても良い。だが、その生活レベルの向上を支えてきた現代文明社会が将来的には人類社会の崩壊を引き起こすかもしれない種をまいているといえる。

そして、将来の人類社会を考える上で都市化の問題は避けることはできない。二〇一三年には世界人口の半分以上が都市生活者となっているが、これは人類史上初めてのことである。そして、この割合は今後も増加していくことを考えると、食物生産・消費とエネルギー利用をいかに効率化し、都市をサステイナブルなものにできるかが重要な課題となる。しかも、都市は文化的にも興味深いところである。都市は古代より権力の象徴でもあったように、そこにおいては支配の構造が形成され、富の不平等に起因する問題も見られる。都市はまた貧困問題の場所でもある。

だが、他方、地球環境問題と気候危機を前にして、このような近代都市に代表される近代的な社会生活を可能にした現代文明はそのまま続くのであろうか、という疑問が湧く。近代がいつから始まったのかについては様々な議論があるが、ＩＰＣＣ報告書が常に触れているように、産業革命以降の温暖化ガス排出量の増大ということを考えれば、まさにこの近代的技術革新の端緒である産業革命以降の現代文明生活そのものが、その近代的文明生活の負の遺産である気候変動と気候危機を前にして、持続できなくなりつつあるということである。もしそうであるならば、この現代文明は人類の長い歴史の中でせいぜい五〇〇年ほどの間しか持続しないことになる。

さて、この人類史を日本の歴史に置き換えて考えてみると、日本社会の近代現代文明の歴史はせいぜい一五〇年あるかないかである。そして、現代日本社会において地球環境問題・気候危機の問題を考える時に避けて通れない問題が、二〇一一年の東日本大震災と東京電力福島原子力発電所の事故である。後者については、『共存学2』において既に幾つかの論考が所収されているので、ここではあまり詳しく取り上げしない。しかし、原発事故は超長期的に人間社会に生存の危機をもたらしたといえる。福島原発の周辺では人間はしばらくは生活することはできなくなっている。過去の歴史においても、現地の文化遺跡が残っていても人々が生活しなくなってしまっているところは数多くある。良く知られているのは中米マヤの遺跡群などである。当時の高度な文明を伺い知ることのできる遺跡は放棄された人間の文化産物である。福島原発は今後廃炉に向けた作業が進められるだろうが、政府の予想以上の時間と費用がかかることは明らかである。また、原発に関連している重大な問題の一つが核廃棄物の処理問題である。原発事故以降、良く知られるようになったが、核廃棄物の地層処分には、一万年ぐらいの人類文化の時間軸を優に超える一〇万年に渉る管理が必要となる（マイケル・マドセン監督作品『一〇〇、〇〇〇万年後の安全』）。今まで人類が現代文明を築き上げるのにかけてきた時間の一〇倍以上の時間が、核廃棄物を無害化するのには必要なのである。この問題の悲喜劇性を十分には議論してきてはいないのではないだろうか。

そして、福島原発事故で明らかになったのは、現代日本社会における倫理の欠如であろう。原発事故の後、技術者倫理については様々に議論されたが、リスクを伴う技術に関する政治倫理と経営倫理について議論されたという記憶はない。これは、原発事故の問題を技術者倫理の問題へと収斂させることによって、リスクを伴う技術利用に関する政治と経営の責任という課題を回避したといえる。現代社会を築いた技術についての政治と経営の責任を問えずに、いかにして未来の倫理についての責任を論ずることができるのであろうか。

二　少数先住民族の精神世界の再評価

さて、短期間しか存続しえない科学・技術文明社会という現実を前にして、その現代文明社会の周縁に数千年と存続し続けてきた少数先住民族がいることに気づいた人々がいる。アルネ・ネスの言葉を借用するならば、ディープ・エコロジーに基づく少数先住民族社会が存続していることに気付いた人々がいる（アラン・ドレングソン、井上有一『ディープ・エコロジー』）。未来への進歩を約束する近代文明が輝きを放っていた時、少数先住民族社会はほとんど過去の遺物であるかのように見なされていた。しかし、気候危機を招来する技術文明より、数千年と存続できる社会の方が優れた文化を持っているのではないかと考える人々も出てきている。

このような少数先住民族社会の文化から何かを学ぼうという立場を取る知識人が増えてきている。たとえば、生物多様性との関連で少数先住民族の伝統知にも脚光が浴びるようになってきている（寺嶋秀明、篠原徹『エスノ・サイエンス』）。そして、別の観点から、月尾嘉男は今まで拡大を続けてきた人類の歴史は、今後は縮小の方向へ転換すべきであると論じ、世界の少数先住民族の文化・精神性を高く評価している（月尾嘉男『縮小文明の展望』）。また、最近亡くなった経済学者宇沢弘文は次のようなことを指摘している。ある南米のシャーマンが植物の薬効に関する伝統知を西洋の製薬会社に教えた。その製薬会社はその伝統知に基づき新薬を開発し、利益を得た。その後、製薬会社は南米のシャーマンに新薬開発と販売によって得た利益の一部を供与しようとした時、そのシャーマンは人類のために役に立ったのならお金を受け取る必要はないと金銭の授受を拒否した（内橋克人、宇沢弘文、『始まっている未来』）。なぜ、宇沢はこの逸話を取り上げたのであろうか。このシャーマンと現代資本主義社会でビジネスをし、裕福に暮らしている製薬会社の重役とでは、人間的にどちらが優れているといえるであろうか。現代の資本主義経済の病いに罹っていない精神的に豊かな人間がまだ地上には残っていること、豊かな精神を保っている少数先住民族社会が存続していることに、まだ人類には救いが残っているということを示そうとしたのではないか。

そして、ここで強調したいのは、このように少数先住民族の精神文化の再発見という文脈に日本の神道を位置付けることも可能であるということである。日本の神道学者・神道家の中には、このような少数民族と同列に並べられることに違和感があるかもしれないが、大陸から儒教・仏教が伝来する以前から日本列島にあった「固有」の宗教という意味においては、現在の宗教学一般の学問的カテゴリーでは、神道は「先住民（indigenous）」宗教に含むことができる。

ところで、世界の多くの場所で西洋の植民地主義によって先住民社会は征服、支配や抑圧の対象にされてきた。今日でも植民地主義政策が及ぼした否定的な影響は見てとれるし、現在進行形での社会的抑圧も見られる。それゆえ、これらの少数先住民族の宗教と神道を同じ学問的カテゴリーのもとで議論をしようとする際には、幾つかの注意が必要である。

第一に、現在の日本社会では、「先住民」というとアイヌ民族を指す場合が多い。梅原猛の著作が示しているよう、縄文文化との連続性が示唆されることもある（梅原猛、藤村久和『アイヌ学の夜明け』）。しかしながら、ここでは先住民性を担っているという意味で神道を指すことにする。

第二に、明治維新期に復興された神道は、長い年月を掛けて形成された神仏習合の後の神仏分離・廃仏棄釈を経た姿であり、単純に仏教渡来以前の「先住民性」、「固有性」を表象しているとはいえない面もあるということを認める必要性がある。

第三に、世界各地の先住民宗教と比べた場合、日本社会は明治期以降近代化を進めた先進国であるがゆえに、逆説的ではあるが現代日本の神道は「文明化された先住民宗教（Civilized Indigenous Religion）」という様相を呈している。

第四に、世界の少数先住民族が置かれている状況は、植民地主義、環境開発、人権、正義の問題とも深く関わっているので、神道の先住民性と宗教性を基盤として「共存」について語ろうとするならば、同時に「自由」、「平等」、「人権」、「正義」といった日本の国内における神道に関する議論においてはほとんど目の向けられてこなかった課題をいかにして取り入れられるのかについて考える必要がある。

ここで、神道と先住民宗教との繋がりを考える際に論じておくべき問題を幾つか取り上げておきたい。

第一に、主権（sovereignty）の問題である。今日、多くの少数先住民族社会が西欧を初めとする近代「植民地主義」的国家の侵略と迫害を受けてきたという歴史的経験からこれらの少数先住民族社会の主権を回復するということが、政治的にも法的にも重要な課題となってきている。二〇〇七年には先住民の人権に関する国際連合宣言が三〇年越しで採択されたことは記憶に新しい。その背後には世界各地で自らの主権回復運動に携わってきた多くの少数先住民族の人々の努力と忍耐があった。にもかかわらず、世界の隅々で少数先住民族社会の主権が必ずしも認められているわけではない。というのも、主権の問題は「領土」と「資源」の利用に直接関わってくるからである。それゆえ、国連先住民族人権宣言は幾つの主要国家が承認していない。アメリカ、カナダ、オーストラリア、ニュージーランドである。また、中国とインドは先住民族という考えは西欧の植民地主義の過程で生まれてきた考えで、先住民族は西洋植民地主義の歴史的被害者であるので、国内には先住民族（indigenous peoples）は存在しないという立場である。少数民族（ethnic groups）の存在のみを認めている。それゆえ、先住民族という概念そのものが国際政治の場では政治化されてしまっているといえる。

第二に、地球環境問題が経済問題と密接な関係があることは知られているが、この観点からいうならば、少数先住民族社会の経済活動の持つ長期的な持続可能性とそれを支えてきた伝統知の意義の重要性の問題がある。自然からの恩恵を直接的に享受し、その制約内で人間社会の存続を可能としてきた人間と自然との互助関係とでもいえる均衡を保つことの意義が見直されてきている。自然の回復可能性（レジリアンス）を担保している経済活動という風に評価し直されてもいる。だが、同時に、少数先住民族社会の人々も近代技術文明社会の人間と同様に欲望もあるし、嫉妬や妬みもある現実の人間として少数先住民族社会を見る必要がある。そして、今日では少数先住民族社会からも多様な人材が生まれて来ており、経済に関して対立することもしばしばあることを十分に認める必要がある。

第三に、少数先住民族社会の宗教の問題である。西欧の植民地主義の支配を受けたために、少数先住民族社会の中にはキリスト教を受け入れたところが数多くある。そのような場合はその少数先住民族社会固有の伝統的宗教が失われてしまった所もあるし、表面ではキリスト教を受容しながら、その一部として従来の伝統的宗教を形を変えて存続させ、重層的な宗教的世界を構成している所もある。あるいは、外部からの宗教的影響をそれほど受けていない所では、伝統的な宗教、特にシャーマニズムに由来する宗教的世界が色濃く残っている所もある。その場合も途切れることなく継続してきている場合もあるし、新しい形で復興している所もある。このように少数先住民族社会の宗教と言っても一概に纏めることはできない。だが、国連先住民族人権会議で多くの少数先住民族の代表達が相互に認め合ったように、少数先住民族社会には共通する宗教的次元がある。少数民族の当事者同士の間には共通点として「アニミスティック」な側面を認める傾向がある。

ところで、興味深いのは、アニミズムやシャーマニズムなどを異教として排斥してきた西洋社会においてシャーマニズムに関心を抱く人々が増えていることである。ネオ・シャーマニズムと呼ばれたり、ネオ・ペイガニズムと呼ばれる宗教運動である。古代にまで遡る宗教性であると主張する人々もいるが、その内実は最近始まったものである場合もある。あるいは、北米先住民の霊的指導者から直接的に学んだという正当性の根拠を提示して、癒しとしてのシャーマニズムを執り行う人もいる。これらは、近代的な社会の価値観だけでは充足感を得られないという人々が少数先住民族社会の精神的世界に癒しや救いを求めようとしていることの表れのひとつといえる。

さて、このようなグローバルな見地から考える時、現代日本社会における神道は先住民性を担った宗教ではあるが、近代化した社会におけるそれであるので、逆説的に言えば、文明化された先住民宗教という特質があるといえる。おそらく、その一つの象徴がメガシティ東京にある明治神宮であろう。この神宮の森は人工林であるが、今日ではほぼ自然林の様相を呈している（今泉宜子、『明治神宮』、上原敬二、『人のつくった森』、山口輝臣、『明治神宮の出現』）。エコ・レジリアンスという観点からは非常に重要な事例でもあるといえる。筆者がジャカルタから来たムスリムの人を明治神宮に案内した時、その人は「都市の森（Urban Forest）」は都市の環境改善や持続可能性にとっては重要であると考えると述べていた。明治神宮の森は、近代林学によって計画的に造成された森であり、少数先住民の「伝統知」とは異なる知的基盤の上に立っている。また、近代日本社会の支配的構造に直結した明治天皇を祀っているということから、文明の周辺に位置付けられ、抑圧、搾取された少数民族の立場とは異なっている。現代日本社会は他の国々から極めて民主主義的な社会であると称賛されており、かつ極めて世俗的な社会であるとされている。そのような近代的な国の精神的支柱として見られている神道には、宗教的には他の少数先住民族と通底する宗教的次元があることを認識しつつ、社会政治的には、他の地域の少数先住民族が取り組んできた課題、つまり、「自由」、「平等」、「人権」、「正義」と言った理念をいかに共有できるかが課題であるといえる。この問題を次の節において取り上げることにしよう。

三　ガイア・先住民性（土着性）・近代的理念

地球環境問題、気候危機は単なる自然科学的な課題ではなく、それは「自由」、「平等」、「人権」、「正義」といった近代社会の諸価値と密接に関わる課題である。地球環境の劣化と気候危機の負の影響を受けるのが社会の貧困層であることは既に指摘されてきているところである。

この持続可能な開発概念が最初に提示されたのは、一九八〇年の『世界保全戦略』であるとされる。そこでは、海洋生物資源の持続可能な利用という考えが提示された。それは海洋生物の個体数が回復可能な範囲内で捕獲をしようという意味で使われた。その背後には、技術の進展により過剰に海洋生物資源を捕ることができるようになったという歴史的事実がある。そして、一九八七年のブルントラント委員会の報告書において持続可能な開発の定義が提示された時には貧困の撲滅という問題が重要な一面となっており、同時に、各国並びに企業が勝手に開発を行うのではなく地球は一つであるという事実を認識することの重要性が強調されていた。

そして、このブルントラント委員会の報告書の中であまり着目はされないが、宇宙から見た地球のイメージは人間の意識を大きく変えるであろうという一文がある。つまり、自然資源の持続可能な利用という課題、気候危機の問題、貧困の問題等は、個別の国の政治的問題ではなく、地球全体に関わる課題であるという意味で、地球を象徴としたグローバルな意識の創出が示唆されていた。これに先立ち、一九六〇年代にはジェームズ・ラブロックがガイア仮説を提出し、やがてはガイア理論として周知されていくことにもなる。

二〇一〇年名古屋で開催された「生物多様性条約会議」の影響もあり、生物多様性、絶滅危惧種の話題は良く知られるようになった。同様に、少数民族の言語の絶滅の問題も以前から専門家を初め、多くの研究者の間で関心の的となってきた。毎日、何十種の生物が絶滅しているという知見は広く受け止められるようになってきたが、特殊な言語も毎年絶滅しつつある、という事実はそれほど重視されているとはいえない。経済的に重要と思われる言語、特に英語や、今日では中国語などは重視され、他方、経済的に重要ではない言語はほとんど顧みられないというのは、現代グローバル社会の精神的な貧しさを表しているだけではなく、まさにそのような精神と態度がサステイナビリティ問題を引き起こしているともいえる。

ここで少し世界の少数先住民族がどのような状況に置かれているのかを、アメリカのＮＰＯ「サバイバル・インターナショナル」のニュースレターを参考にしながらみてみることにする。しばしば報告されているのは、少数先住民族社会の人々が自分たちの社会と自然環境を外部からの侵入や搾取から守ろうとすると、殺されてしまう、という暴力の問題である。それは、人権という問題にも関わってくるが、ここでは、自然を「資源」としてしか見なさず、経済的利益を求めようとする側が持つイデオロギーの暴力性と実際の暴力の両方を直視する必要がある。この問題は今に始まったことではなく、ある意味ではコロンブスがヨーロッパからアメリカ大陸にやってきた時から始まった五〇〇年以上に渡って継続的に起きている問題である。そして、この暴力は自然を破壊する機械の導入と人を殺す武器（銃）の発明と利用という問題へと結びついてくることになる。そして、この破壊と暴力の問題は、現在では、少数先住民族社会にとっては若年層の自殺という内に向けられた暴力と破壊の問題へと姿を変えて悲劇を生み出しているということにも目を向けなくてはならない（石弘之『インディオ居留地』）。

「サバイバル・インターナショナル」ニュースレター二〇一四年一〇月号では、ヤノマニ族のリーダーであり、シャーマンでもあるダヴィ・ヤノマニ氏とイェクアナ族のリーダーであるマウリシオ・イェクアナ氏がヨーロッパに行き、地球の肺であるアマゾンの森を破壊するのを止めるようにと訴えた、という記事が掲載されている。ダヴィ・ヤノマニ氏は「熱帯雨林のダライ・ラマ」として知られ、ヤノマニ族の祖先伝来の森林を守る活動をグローバルに行っている。一九八二年にブラジル政府はヤノマニ族の固有の土地を認めたが、不法な採掘が続けられている。そして、これらのリーダーたちは常にこれらの不法な採掘者から殺人の脅迫にさらされている。

二〇一四年一一月号では、その前の月に首都ブラジリアでグアラニ・インディアンのリーダーたちが祖先伝来の土地を守れというデモンストレーションを行ったが、そのうちの一人の女性が殺されているのが発見されたと報じている。マリナルヴァ・マノエルという二七歳の女性は、グアラニ・インディアンの祖先の土地を不法に占領している会社に雇われた人物に殺された模様である。祖先伝来の土地を奪われているグアラニ・インディアンの人々は貧困状態と絶望の淵に追いやられている。そして、多くの人が自殺している。

このことと関連して思い浮かべるのは、南米アマゾンのボロロ族の人口が減り、若者が自殺しているという報告である。ボロロ族は、レヴィ＝ストロースが『神話学』で最初に取り上げた出発点の神話を伝えていた人々である。そして、レヴィ＝ストロースが一九九〇年頃に地球環境問題について質問された時、自分が知っている世界は世界人口が二五億人の世界であり、六八億人の世界ではない、と答えていた（クロード・レヴィ＝ストロース、ディディエ・エリボン『遠近の回想』）。二〇世紀がいかなる世紀であったかを良く物語っているといえる。

さて、本論の冒頭において、今年ブラジルでの大旱魃のニュースについて触れた。熱帯雨林保全と少数先住民族の生活を守ることと気候危機を回避するということが密接に結びついていると考えることができる。

さて、他方、我々が少数先住民族社会に目を向けようとしているのは、それらの社会が人間と自然との関係を、人間が自然を搾取するような関係ではなく、自然の一部として人間を位置づけようとする世界観、感性のためでもある。だが、これらの人々の文化が失われるということは、自然の一部として人間を捉えようとする宗教的世界観の言語が失われようとしていることでもあり、それに伴う豊かな人間の感性を失うということにも繋がってくる。そのような言語が表している人間と自然環境の調和、一体感というのは、たとえば、北米のディネ（ナヴァホ）のホッジョ（hozho）という観念が美、長寿、調和などを表すように、一つの言葉に重層的な意味が込められている。そして、それは少数先住民族社会においてしばしば見られるように伝承の語りや儀礼における行為と表象において感受されるものである。

いうまでもなく、少数先住民族社会に危害が及ぶのは、いわゆる支配的社会の人口が増大していることと無関係ではない。後者の社会がそれ自身に認められていた自然環境の再生可能性を越えて自然資源を利用し、もはや経済的利用性を求めることができなくなってしまったがゆえに、他者である少数先住民族社会のテリトリーにまで進入、侵略するようになったといえる。いわゆる経済的に先進的な社会の過剰な経済活動がサステイナビリティ問題を生み出し、同時に少数先住民族社会の危機的状況を産み出してきているといえる。

さて、少数先住民族社会を表す欧米語の indigenous あるいは aborigine という語は、その土地に固有のとか、その土地に由来するという意味合いを含んでいる。そして、そのような言葉で特徴付けているのは、それらの少数先住民族社会の人々は生活を営んでいる地域・場所に非常に密着した形で文化・生活を作り上げてきているということである。ある程度一般化して考察してみると、これらの少数先住民族社会に伝わる世界創成神話には人間が住んでいる空間・場所がいかに形成されてきたか、人間がその空間・場所にどのように生き続けるのかということが描かれている。その神話には地下世界から出現してきたというものもあれば、天上界から天上人が落ちてきて地上世界が始まったというものもある。このように創成神話の内容には多様性があるが、それらを聞き、自らの生きる世界の神話として受け止めている人々は、人間はそこにおいてこそ存在する意味を見出すことができると考える。つまり、世界の生成と存続の意義を語る伝承は人間が存在する意味と直接的に結びついている。少数先住民族社会の自然環境と社会環境が特に変化しなかった時代にはこれらの伝承と自然環境・社会環境との関係は長い間均衡を保つことが出来ていたが、後者が環境破壊や都市化などの影響により大きく変化している今日では、前者の伝統的な伝承の意味合いは従来とは異なった形で受け止められるようになってきている。

植民地主義を通して拡張した西洋社会が現地の人々をindigenousと意義付けた時、西洋社会の人間の在り方、その宗教の志向性は固有の土地に束縛されない、あるいは救済はこの地上世界ではなく来世ないしは他界にあるというものであった。また、自然科学が個々の時間・空間に縛られない客観的な知を拠り所とするようになり、世界を理解する知が固有の場所やその特徴と結びつけられない形で形成されるようになってきた。このような支配的な世界観によって、少数先住民族は迫害にさらされてきているが、今後の地球環境問題・気候危機を考えるならば、これらの少数先住民族を脅威にさらす社会文化体制を逆転することなく、気候危機に適応する社会を作り出すことは難しくなる。

そして、少数先住民族社会の生き方とは対比される近代文明社会が地球環境問題あるいは気候危機問題を生み出してきたと気付いた時、ブルントラント委員会の報告書が示唆しているように、宇宙に浮かぶ地球というイメージは、人類は地球においてしか生存できない、しかも地表のわずか一〇キロほどの薄い大気の層の間にしか生きる空間がないという事実が明らかにしている。バックミンスター・フラーが「宇宙船地球号」という言葉を用いたが（バックミンスター・フラー、『宇宙船地球号　操縦マニュアル』）、人間はこの宇宙空間の中で地球にしか存在しえない。宇宙から地球とその地球上に生存している人類を見るならば、人類全体が地球の地表にindigenous（土着している）ということが明白である。ラブロックが地球をガイアを呼ぶようになった背景には、生命の存在しない火星探査をする過程で、なぜ地球には生命が誕生しているのであろうかという問いかけの中から生まれてきた惑星観があったが、地球は生命圏の一部でしかない人類が誕生し、存続できる唯一の場所である。神が人類を創造したにせよ、それが可能だったのはこの地球上だけである。地上からの視点では宗教上の違いや政治制度の違いが目につくが、宇宙的視点から見るならば、あらゆる宗教、あらゆる民族、あらゆる国民が地球の土着民である。そこ以外に人類が生存している場所はないのである。

さて、このような宇宙的視点の文脈の中に再び先住民宗教としての神道を据えて、その意義を据え直してみよう。

今日の神道思想の源流は文字で記録された古事記の物語を生み出した神話的想像力にあると言える。言語が持つ制約性によって世界観・価値観が限定されるというサピア＝ウォーフの仮説は考慮に値するが、ここでは神話的物語を生み出す神話的想像力に着目をしておきたい。

エコ神学者として知られ、自然科学的宇宙観を神話的想像力と融合したトマス・ベリーは、ティヤールド・シャルダンの影響を受けたが、宇宙史・地球史・生命史を宇宙神秘としてのキリストに包摂した。同様に、神道的な神話世界を構築した神話的想像力を今日の状況に用いることも可能であろう。

筆者は神道家ではないので、不十分な見解しか述べられないが、地球環境問題・気候危機の問題に取り組んできたという背景と宗教学の知見から幾つかの示唆をすることは許されると思われる。

まず何よりも、再生エネルギーの要とされる太陽エネルギーと天照大神との結びつきであろう。地下資源である石炭・石油などを採掘し、それをエネルギーとして利用することによって温暖化ガスの排出量が劇的に増大したことを考え合わせれば、気候危機をこれ以上悪化させないようにするには、太陽エネルギーと太陽エネルギーによって生まれる大気の流れである風力エネルギーなどを基盤とした技術文明社会を構築する必要がある。言うまでもなく、太陽エネルギーは清浄なエネルギーである。

ラブロックが生命が誕生し、維持し続けられている地球の環境は太陽と地球との微妙な関係によって成り立っていると述べているように、地球の大気や海洋の循環によって生命が育まれているが、この循環を生み出しているのも太陽からのエネルギーである。多くの神話では大地が母なる大地として、生命を育む象徴として語られるが、大地の生命力を育んでいるのは太陽のエネルギーであるといえる。

様々なものの誕生には男性性・女性性の両方が求められる。神格のレベルでは男神と女神の聖婚が語られることも多いが、男性性・女性性ともに必要不可欠であるということから、男女平等という二一世紀の世界的要請にも応えられる価値を秘めているといえる。この見解は、あくまで神話的想像の世界の解釈に基づいたものであり、しかも、グローバル社会における少数先住民族との「共存」を念頭においた解釈であるので、必ずしも日本社会の実情に沿うものではない、ということを一言付け加えておくことにしたい。

そして、太陽は全ての人の上に遍く降り注ぐのであり、「公平」である。善人の上にも悪人の上にも、富者の上にも貧しい者の上にも、健康な者の上にも病に苦しむ者の上にも光を注ぐ。

最後に付け加えるならば、タケハヤスサノオノミコトは自由であった。夜のオスクニを統べるようにというイザナギノミコトの命を受けず、自分の希望を通した。そして、自ら選んだ出雲に降った後に、巨大な怪物であるヤマタノオロチへの生贄にされそうになっていたクシナダヒメを助ける。多くの解釈では後の二人の結婚に目が向けられるが、ここでは弱者を助けている姿が描かれているということを忘れることはできないであろう。言われなき不正義を許さない姿勢を読み取ることも不可能ではないだろう。

若干、無理な読み込みもあることは認めるが、神道の宗教的世界には近代的理念にも通ずる価値が表明されていると言ってもよいのではないだろうか。そして、そこに今日のグローバル社会において弱者である少数先住民族との「共存」へと向かう視点を開く可能性があるということを示唆することは許されるであろう。

四　グローバル社会における神道の潜在的価値

神道的世界の目を日本国内からグローバル世界に向けた時、宗教としての神道の世界には大きく広がる可能性がある。当然、神道は日本という社会と密接に関わっていることは確かであるが、海外から日本に来る人々が神道・神社に興味を持つ、価値を見出すということは、反対に宗教としての神道がグローバル社会においても何かしらの役割を果たせる潜在性を持っていることではないだろうか。

特に、地球環境問題・気候危機を前にして、日本社会は単に環境技術の輸出という面からだけではなく、その精神性の面でも日本という枠を越えて重要な役割を果たせることができるのではないかと考えられる。ただし、その際には日本国内で当然のごとく通用していた宗教的世界を持ち出すだけでは十分ではないし、それでは受け入れられないであろう。

単なる筆者の思いつきのレベルにしか過ぎないが、神道の神話的世界の解釈を通じて、神道の神話的世界と再生エネルギーとの結びつきを読み取ることも可能であるし、同じ先住民宗教としての神道はグローバルな観点から抑圧され虐げられている少数先住民の人々が「共存」できるように支援をするということも可能であるという神話的根拠も提示できたと思う。グローバルな見地から共通する宗教的基盤を見出すことによって、精神的紐帯を感じ取ることも可能であろうし、また、今日の日本社会がグローバル世界で評価されている民主主義的価値観、それらは神話的世界の解釈を通じても見いだせるが、それらを前面に押し出すことによっても可能となるのではないだろうか。

そして、何よりも宇宙から見た地球のイメージは、人類は地球に土着した存在でしかない、ということを明らかにしている。まさに人間の土着性（indegenous）そのものの覚醒が求められているといえる。

参考文献

石弘之『インディオ居留地―地球破壊で追われる先住民―』朝日新聞出版社、一九九四年

今泉宜子『明治神宮―「伝統」を創った大プロジェクト―』新潮社、二〇一三年

上原敬二『人のつくった森―明治神宮の森「永遠の杜」造成の記録―』東京農業大学出版会、二〇〇九年

内橋克人、宇沢弘文『始まっている未来―新しい経済学は可能か―』岩波書店、二〇〇九年

梅原猛、藤村久和『アイヌ学の夜明け』小学館、一九九〇年

木村武史、カール・ベッカーほか『現代文明の危機と克服―地域・地球的課題へのアプローチ―』コミュニティ・ブックス、日本地域社会研究所、二〇一四年

木村武史編『サステイナブルな社会を目指して』春風社、二〇〇八年

世界銀行「世界の貧困に関するデータ」（http://www.worldbank.org/ja/news/feature/2014/01/08/open-data-poverty）〔アクセス　二〇一四年一一月二九日〕

月尾嘉男『縮小文明の展望―千年の彼方を目指して―』東京大学出版会、二〇〇三年

寺嶋秀明、篠原徹『エスノ・サイエンス』京都大学学術出版会、二〇〇二年

ドレングソン、アラン、井上有一『ディープ・エコロジー―生き方から考える環境の思想―』昭和堂、二〇〇一年

フラー、バックミンスター『宇宙船地球号　操縦マニュアル』ちくま学芸文庫、筑摩書房、二〇〇〇年

毎日新聞「ブラジルの干ばつ、迫る水不足の危機」二〇一四年一一月二九日

マドセン、マイケル監督作品『一〇〇、〇〇〇万年後の安全』(Into Eternity) アップリンク社配給、二〇一一年四月
山口輝臣『明治神宮の出現』吉川弘文館、二〇〇五年
レヴィ＝ストロース、クロード、ディディエ・エリボン『遠近の回想』みすず書房、二〇〇八年
Kimura, Takeshi, "The Cosmology of Peace and Father Thomas Berry's "Great Work"," in *The Japanese Journal of American Studies*, No. 20 (2009):175-192.
Kimura, Takeshi, ed., *Religion, Science and Sustainability*, Osaka, Union Press, 2008.
Survival International (http://www.survivalinternational.org/)

神道における「共存」の可能性

松本久史

一　共存への課題と神道

われわれの考える「共存」とは、異なる相互の存在を受容し、より創造的な関係構築への可能性を含んだ原初的様態、であり、本稿では神道における「共存」の可能性を探る。具体的には、全国約八万社の神社の包括団体である神社本庁の活動に焦点を当てて考察する。

「共存」をめぐる状況は、その実現の困難さに直面していると言ってよいだろう。一九九〇年代の冷戦終結後、平和な社会がようやく出現すると世界の人々が期待したにもかかわらず、実際に起こったのは、湾岸戦争やアメリカの九・一一同時テロ、それに引き続く、アフガニスタンやイラクでの紛争など、地域紛争とそれに関連した世界的なテロリズムの進行であった。一方ではＢＲＩＣＳと称される新興国が急速な経済発展を遂げるとともに、新たな権益をめぐっての不安定要因が増し、持てる国と持たざる国、および人々の格差は広がりつつある。

一方、冷戦終結後、バブル経済の崩壊を端緒として経済・政治が停滞し、失われた二〇年とも呼ばれる混迷状態にあり、さらには少子高齢化社会に突入する日本は、世界史的にも例を見ない新たな課題に直面している。これまでの日本は、成長することに何の疑いもなかったといってもよい。しかし、もっとも基盤である人口レベルの減少という現実が突き付けられ、あるべき未来の姿とはなにかが真剣に問われている。このような世界と日本の状況は無関係なものではない。グローバルな危機の進展が日本に影響を及ぼしている。例えば、地球環境問題はグローバルには気候変動をもたらし、ローカルには個人レベルのライフスタイル自体に変革を迫っているように、その縮図とも言えるだろう。

高度成長期以降、日本人の宗教に関する意識は低下の傾向にある。世論調査の結果では、信仰を持っていると答える人は少数派であり、宗教の社会に対する影響力の低下が指摘されている。

宗教はこのような危機的状況にどう貢献できるのか。宗教が紛争の決定的要因になっている地域も少なくない。宗教は共存ではなく対立を生むものだと、理解されているのではないだろうか。世界の諸宗教は協力して世界的な問題解決への行動を起こしているが、日本のマスコミの宗教に関する情報発信は少なく、宗教者の活動はほとんど知られていない。そこで、神道と他宗教との対話と協力の現状を紹介して、神道がいかなる「共存」に寄与できるのかを探っていく。個別の神社や神職の活動は見られるが、今回はいわゆる教団レベルの活動に注目して考察を加えたい。

二　神社本庁の基本方針に見る共存

第二次大戦後の神社は、宗教とは区別された「国家の宗祀」（公共的な祭祀施設）という位置づけによって法制度的に国家の管理下にあった立場が廃止され、仏教、キリスト教などと同等の「宗教」として新たな制度上の位置づけがなされるようになった。それに対応するため、伊勢神宮の崇敬組織の神宮奉斎会、神職組織の大日本神祇会、研究・教育機関の皇典講究所の神社関係民間団体が合同して、全国の神社を包括する団体として、神社本庁が一九四六（昭和二一）年に成立し、宗教法人令およびそれが改定された宗教法人法の下、包括宗教団体としての神社本庁が約八万のそれぞれ個別の宗教法人でもある神社を統括するという体制が成立した。

キリスト教やイスラム教のような創唱宗教とは異なり、神道には明確な教義・経典が存在しない。神社本庁設立十周年を期して一九五六（昭和三一）年に制定された「敬神生活の綱領」は、教義を制定しない神社神道において、信仰生活の基準となるものとして作成されて、現在においても神社神道の共通認識となっている。それは、

一、神の恵みと祖先の恩とに感謝し、明き清きまことを以て祭祀にいそしむこと。
一、世のため人のために奉仕し、神のみこともちとして世をつくり固め成すこと。
一、大御心をいただきて、むつび和らぎ、国の隆昌と世界の共存共栄とを祈ること。

の三条であり、第三条にうたわれている「共存共栄」について、一九七二（昭和四七）年に神社本庁より発行された『敬神生活の綱領　解説（稿本）』では、

「共存共栄」といふ字句は、昭和元年十二月二十八日の今上陛下の「朝見ノ儀ニ於ケル勅語」のうちに「挙国一体、共存共栄ヲ之レ図リ」とあるを初見とする。右は国内の「共存共栄」をいったものである。これに対し世界各国との共存共栄をいった例は、昭和二十年八月十五日の終戦の詔書のうちに、

> 抑々帝国臣民ノ康寧ヲ図リ、万邦共栄ノ楽ヲ偕《とも》ニスルハ、皇祖皇宗ノ遺範ニシテ、朕ノ挙々措カザル所、

とある「万邦共栄」がそれである。

> いづれにしても、人は国民として生きねばならぬし、同時に社会人、世界人としても生きねばならない。この二つの柱は、われわれが思想し、行動する基調である。現今、自国の尊厳を忘却しようとする誤れる人々が余りにも多い。わが国の隆昌と繁栄、平和とを願ふ心を持つべきは当然であるが、同時に世界の諸国との共存共栄を祈る心を燃え上がらせることも、神道精神の一要諦であることを忘れてはならない。**自分も栄え、他人も栄える。それが神意だと考へるべきである**（六二〜六三頁、強調は原文のママ）。

と、解説されている。ここでは「共存共栄」は、具体的に日本と外国との「共存」が想定されている。一九五〇年代、米ソ両体制が世界を二分する、東西冷戦状態が出現している中で、第三次世界大戦が起き、核兵器によって人類が危機的な状況に陥るのではないかという脅威が現実化していった時代であり、両体制の宥和を模索する「平和共存」論が盛んに議論されていた。第二次世界大戦の惨禍を鑑み、世界平和を祈念する理念が、「共存共栄」という言葉として「敬神生活の綱領」に盛り込まれていったのである。さらに、一九八〇（昭和五五）年に神社界の基本的な精神的紐帯として制定され、全一九条からなる「神社本庁憲章」の第一条に、「神社本庁は、伝統を重んじ、祭祀の振興と道義の昂揚を図り、以て大御代の弥栄を祈念し、併せて四海万邦の平安に寄与する」とあるように、世界との共存と平和を祈念することは現在の神社神道の基本理念となっていると言えるだろう。

三　宗教間対話の実践とその概要

1　宗教間対話とは

異なる宗教同士が対話を通じて相互理解を深めていこうという動きには、近代社会の進展と宗教の在り方が大きくかかわっている。一八世紀から西欧で勃興した近代合理主義、啓蒙主義は宗教に対して批判的であった。フランス革命は「旧体制」としてカトリックの教会勢力に敵対したように、宗教は近代化を阻害するものとの理解があった。さらに、信教の自由も必要要件の一つとされ、政教分離を採用する国家もあらわれ、ある特定の宗教が特権的な地位を得ることも難しくなっていた。宗教間の対話は、はやくは、一八九三年にシカゴで「万国宗教会議」が開催されているが、欧米およびキリスト教中心の感は否めなかった。非キリスト教を含んだ本格的な対話の開始は第二次大戦後であり、アジア・アフリカの非キリスト教国が独立し、近代化の進展とともに宗教の社会に対する影響力が低下しつつあった危機感も各宗教の間で認識されるようになってからである。

ある宗教と他宗教との関係を考える上での分析概念として、排他主義、包括主義、多元主義の三区分が用いられる。長い間宗教界での主流は排他主義であり、自分の宗教こそが正しい信仰で、他は邪教であるという考え方である。ヨーロッパの中世宗教戦争や十字軍とイスラムとの戦争などの歴史に見られる。また、他宗教を排斥せずに、自宗教の一部に包摂するあり方もある。例えば、日本の神仏習合にみられた、神は仮の姿、仏が本来の姿とみる「本地垂迹説」は仏教による包括主義的な態度に分類されるであろう。現代は、さまざまな宗教がそれぞれの価値を持ち、併存しているとする多元主義的な見方が有力になってきている。この認識の下ではあらゆる宗教が等しい価値を持っていると考えられるようになり、それと宗教間対話の進展は深く関係しているのである。

2 第二バチカン公会議以降の流れ

世界の宗教間対話においての大きな画期として、一九六二年から開催された「第二バチカン公会議」が挙げられる、ここでの決定によりカトリック教会は方針を大きく変換し、他宗教との対話を開始したのである。カトリックのみが正しい宗教であるという従来の立場を修正したものであり、排他主義の放棄ともいえよう。当初はプロテスタントなどキリスト教内の対話であったものが、他宗教への対話へと拡大していった。特にヨハネ・パウロ二世の在位時は法王の積極的な姿勢もあり、世界の宗教間対話の動向に大きな影響を与えている。

このような第二次大戦後の宗教間対話の流れの中で、神社本庁は国際的な宗教間対話のための国内・国際会議に参加している。早いものとして、占領下時代の一九四九（昭和二四）年、「国民宗教大会」がある。一〇月六日に東京・芝において、国内の各宗教教団の協議機関である日本宗教連盟の主催により、神社神道、教派神道、仏教、キリスト教、イスラム教の五つの宗教が参加した。代表各一名が出席し、戦没者追悼および平和祈願を目的とした。神社本庁の上杉常任理事は実行委員長として会の運営に当り、この日、全国の神社では統一された平和祈願の祝詞が作成・奏上され、平和祈願祭が執行された。（『神社本庁十年史』一八八頁）。

右は国内の動きであるが、独立回復後の一九五五（昭和三〇）年八月一日から四日まで、日本宗教連盟が主導して東京・麻布の国際文化会館にて、外国代表六〇余名、日本代表一五〇余名が参集した「世界宗教会議」が開催された。神社本庁も参加し、第一部会は世界宗教連盟結成の件、第二部会は、宗教人は、戦争並にその準備、特に原水爆の脅威に対し、いかなる態度をとるべきか、人種的偏見と差別待遇の撤廃の件、第三部会で世界各国の指導者、特に政治家に対し、宗教の立場から戦争の放棄を説得すること等が協議された。神社界は、第一部会において民族の伝統及び自主性の尊重について、第二部会では地域的紛争の解決について、原水爆使用の禁止について、第三部会に政教分離と宗教の尊重についての四議案を提出している。（『神社本庁十年史』三一〇頁）

うになってきた。以下はその概要である。

3　継続的な宗教間対話への参加

一九七〇年代以降、継続的な国際的宗教間対話に向けたいくつかの組織が結成され、国際会議が開催されるようになってきた。以下はその概要である。

A　世界連邦運動への参加

国家を超えた「世界連邦」の設立にむけた日本における運動は、一九四八（昭和二三年）年に「世界連邦建設同盟」が尾崎行男、賀川豊彦らによって設立されたことに始まる。宗教界では一九六七（昭和四二）年に世界連邦日本宗教者委員会が設立され、当初から神社本庁は参加している。同委員会は「世界連邦平和促進宗教者大会」を一九六九（昭和四四）年から毎年、国内で開催している。特に、一九七三（昭和四八）年六月七・八日には、第六〇回神宮式年遷宮の記念行事の一環として神宮司庁と共催、伊勢で第五回大会を開催している。

B　世界宗教者平和会議（WCRP）への参加

日本の宗教界がイニシアティブをとって、一九七〇（昭和四五）年結成され、同年、第一回の会議が京都で開催された。神社本庁も当初から加盟し、組織運営に協力している。現在までの一貫したテーマとして非武装、開発、人権が挙げられ、東西緊張の緩和や核軍縮を通じての平和の構築に宗教界が貢献することを目指した。加えて、近年は環境問題もテーマとしている。アジア、ヨーロッパ、アフリカ、南米・カリブ海地域の各地域委員会と、各国内の委員会が設立されるなど、組織面でも充実している。実践運動も推進しており、ＷＣＲＰ日本委員会は「平和大学講座」の開催などの教育・啓蒙の取り組みもおこなっている。冷戦終結後もＷＣＲＰはボスニア・ヘルツェゴビナなどの地域紛争の緩和に対し、関係宗教者間の対話を促進するなどの協力、支援を行っている。

C　聖エディジオ共同体主催「平和への祈り」への参加

神社本庁はローマ法王ヨハネ・パウロ二世のよびかけにより、第一回ローマのアッシジでおこなわれた一九八六（昭和六一）年から参加している。異なる宗教者共同の祈りを前面に押し出していることが特徴であり、世界から多くの宗教者の参加が見られる。第二回目からは在家カトリックの信者組織である「聖エディジオ共同体」が主催している。マルタで一九九一（平成三）年一〇月一〇日に開催された「第五回平和のための世界集会」では、神社神道による平和祈願祭を執行している。派遣団の工藤伊豆団長は、神社神道の立場で「宗教とアジア」の分科会で、「神道からの世界平和への提言」を発表し、「神道からの地球環境開発と保全への提言」栞を配布した。一九九四（平成六）年のアッシジ大会において、岡本健治派遣団長はインド、インドネシアなど、アジアの諸宗教者と一緒の部会で「神道の自然観と環境問題に対する視点」から、平和への提言を行うなどの活動がある。

D　比叡山宗教サミット

天台宗の主催で、一九八七（昭和六二）年に第一回が比叡山延暦寺で開催され、「世界宗教者平和の祈り」が執行されている。前年一〇月に、イタリアのアッシジで行われた「世界平和の祈り」に賛同する形で、日本で行われている。仏教、キリスト教、神社神道、教派神道、新宗教の各代表による「日本宗教者代表会議」が組織され、同サミットを運営している。海外からは仏教、キリスト教、イスラム教、ユダヤ教、ヒンドゥー教、シーク教、儒教が参加した。以後、毎年開催され、国内外の宗教者が「平和の祈り」を捧げている。

E　宗教者環境保全同盟（ARC）への参加

一九九五年にイギリスのエディンバラ公フィリップ殿下を総裁として設立された。その目的は世界の主要な宗教が、それぞれの教義、信仰、実践に基づき、世界自然保護基金（WWF）などとも連携し、環境問題に取り組む独自のプログラム策定を支援することである。現在、バハイ教、仏教、キリスト教、道教、ヒンドゥー教、ジャイナ教、ユダヤ教、イスラム教、シーク教、神道、ゾロアスター教、儒教が参加している。

二〇〇〇（平成一二）年一一月一三から一七日、「宗教と環境保護同盟」（ＡＲＣ）大会が、ネパールのカトマンズで開催され、この大会に神社本庁は代表団を送って新たに加盟した。二〇〇七（平成一九）年八月二七から二九日にかけて、「信仰と森林」会議を、宗教と環境保護同盟、スウェーデン国教会、神社本庁が共催し、スウェーデンのヴィスビーで開催した。二〇一三年までに「Religious Forestry Standards（宗教的森林基準　ＲＦＳ）」策定を目指した。また、二〇一一年から巡礼地緑化ネットワーク（Green Pilgrimage Network）を立ち上げ、世界の聖地の緑化プロジェクトを行い、日本では吉野・熊野が対象区域となっている。

二〇一四（平成二六）年六月、神社本庁は第六二回神宮式年遷宮斎行にあわせて伊勢大会を共催した。そこで、神社本庁は神道の立場からの森林・環境保護を訴えた。またこの大会で国連の二〇一五年以降の「持続可能な開発目標」策定に寄与するための「価値観の追求プログラム」が立ち上がっている。

F　世界伝統宗教指導者会議への参加

カザフスタン共和国の主催で二〇〇三年から二〇一二年まで四回開催。神社本庁は第一回目から参加している。他の会議とは異なり、非ヨーロッパの宗教者が多く参会するのが特徴である。

G　その他

・ネミ会議
一九七八（昭和五三）年七月、イタリアのネミ湖畔において、日本・バチカン宗教代表者会議が開催された。そこで日本の神道・仏教・キリスト教・新宗教の代表とバチカンとの初の公式対話が行われた。「ネミ会議共同コミュニケ」が採択され、「世界平和に寄与する実践方法」、「宗教者間の一致協力」、「無神論者との対話」、「世界の宗教倫理をめざす精神運動」の四つのテーマについて議論していくことが合意された。

・世界宗教者倫理会議

一九八一（昭和五六）年六月二三〜二六日、日本宗教代表者会議が主催（議長：神社本庁）して東京で開催された。この会議は「ネミ会議」におけるバチカンと日本宗教界との合意に基づいている。神社本庁は会議の主体的な運営に当たり、神道を含む仏教、キリスト教、ヒンドゥー教、イスラム教、ユダヤ教の六つの宗教が参加し、「自然と人間の相関関係」をメインテーマとした。

以上のように、数多くの国際的な宗教間対話に神社本庁は参加を重ねている。民族宗教としての神道の性格から、伝道・布教的要素は薄く、神道・日本文化の情報発信や紹介に重点を置いているように思われる。参加当初は宗教間対話というよりは、国際交流の性格が強かったが、回を重ねるにつれ、対話から実践への動きが見られ始めているのも確かである。神道神学者で國學院大學学長も歴任した上田賢治は、国際的な会議に神道の立場から参加して、神社神道のとるべき態度として左のような見解を述べている。

筆者はこれまでのところいはゆる普遍宗教・世界宗教が、常に宗教間の根本的或いは本質的な一致を目指し、さうした共同認識の成立を求めるのにしばしば出会ひ、それが間違ひであることを主張し、むしろ実際的な実践目標を定める事こそ、会議にとって現実的な意味を持つだらうと説いてきた。この考へ方については今も変更の必要を感じてはゐないが、実践的な課題及び目標の策定と実行方法の協議が中心となって来た最近の国際会議では、皮肉なことに神道が未だに如何に理解されてゐないかを痛感させられるといふ経験をかこつありさまである。宗教の相互理解といふ課題は、民族宗教である神道にとっては、やはりまだまだ採りあげ続けねばならない主題の一つなのである。（『神社新報』一九九三（平成五）年一〇月一八日付、「ＷＣＲＰ日豪宗教間対話については、どれほどの効果が上がっているのかという批判は常にある。また、すべての宗教団体が参加しているわけではなく、宗教間の対立点も少なくない。しかし、その中で共通の実践課題を見出し、その解決のための目標の策定を考えることが、宗教間対話を実りあるものにする方途であろう。

四　神社神道はどのような「共存」を主張しているのか

宗教間対話における神社神道の主張を要約して紹介してみたい。一九五〇から七〇年代にかけては、いわゆる「平和共存」の是非についてなど、国家間、もしくはイデオロギーを異にする体制間との「共存」が念頭に置かれていたように思われる。しかし、次第に地球環境問題への関心が高まり、冷戦の終了などにより、自然環境の保護が前面に現れてくるようになり、二〇〇〇年代からは地球温暖化が問題となり、現代に至っている。日本では一九七〇年代から公害問題による自然保護意識の高まりも要因として、早い時期から環境問題が主要な課題として取り上げられた。神道の主張として特徴的な二点につき分析を加え、「共存」の可能性を探りたい。

1　寛容性

神社神道における多神教の性格、神仏習合の歴史などから、大きくは神道と仏教の共存の歴史から説明されている。日本では特定の宗教が国教として他宗教を排斥することはなかった。中世においてはいくつかの仏教教団が大きな力を持っていた時代もあるが、一つの教団が特権的な地位を占めることはなかった。また国民の多くが、神道と仏教の複合的な信仰を持っている。カトリック教会とヨーロッパ諸国、イスラムと中東諸国などとの大きな違いが強調されている。この寛容性が、宗教間の対立を緩和する可能性があるのではないかということも主張されている。ここでは異なる価値観を持つ人間集団間の共存という視点がある。

2 自然環境の保護

神道における神観念・自然観・人間観から導き出される。神・人・自然が根本的には同質であり、連続した存在であるという主張である。古事記・日本書紀（記紀）の神話を典拠とし、自然も人間も同じ「神の生みの子」として認識され、人間が自然を征服・支配するという発想が薄いことが述べられる。具体的には鎮守の森の保全活動をはじめとした緑化運動などを推進していることが紹介されている。また、伊勢神宮の式年遷宮を例にあげて、千三百年におよぶ遷宮が継承されている歴史的な持続性を訴え、象徴的な地として、伊勢を会場とした国際会議を何度か主催・共催している。ここにおいては、人間と自然との共存という視点が見られるであろう。

五　課題と可能性

1 寛容性について

前述のように、神道の宗教間対話は伝道・布教ではなく、相互理解に重点が置かれている。ここに神道の民族宗教としての特性が表れており、国際会議でもくりかえし、「神」観念の違い、つまりは一神教と多神教の違いと、多神を認めることによる寛容性を主張し、異なる価値観の間の平和共存を訴えている。

しかし、この論理は一方では単純な二項対立的な構図に陥るという危険性がある。たとえば、一神教は排他的で、多神教は寛容であるといった、通説として普及している文明論に端的に見える言説でもある。これはわかりやすいロジックではあるが、一神教を奉じる立場からは、多神教は寛容であるとする説は正しいのかという反論は少なからずあり、この問いに対しては真剣に向き合わなければならないだろう。たとえば、日本では近世初期に起こったキリシタン弾圧は「神仏」の立場からなされていることをどう理解するのか。また、世界でも、神道と同様に多神教の民族宗教であるヒンドゥーとイスラムとの対立など、多神教の立場から一神教を排除しようとする動きは現在でも進行中である。多神教はそのままイコール寛容ではなく、それとともに一神教イコール排他でもない。寛容にはさまざまな条件が必要であり、無前提に多神教であるから寛容とは言い切れないのである。神道の場合においても自覚的に寛容性を意識して行動しなければ、他宗教からの理解を得ることは困難であろう。

人々や国、地域間の共存としての平和構築という点についての神道の貢献にも困難が伴っている。一つの価値観の下の平和は現状では実現不能であろう。たとえそれが実現できたとしてもそれはディストピア以外の何物でもない。西欧的な民主主義や人権概念について、普遍的であることを拒否する人々がいることは厳然たる事実である。神社や祭神の存在の個別性・多様性を認める立場から、過去の神仏習合のような一つの信仰形態が他の信仰を包摂することを否定している現代の神社神道においては、真理は一つであるという主張には反対せざるを得ないであろう。よくたとえられることに、山の頂上を目指すにいくつかの登山路があるように、諸宗教は異なっているが、到達すべき真理は一つであるというような考え方は取ることはできないのである。

いわゆる多元主義的な宗教の在り方については、各宗教の内外から批判がある。信仰においては真理は一つであり、それが複数存在することを認めることは信仰の否定であると考える立場も根強い。前述の宗教間対話の国際会議においても、共通の合意しうる課題および実践目標を設定することが議題となっているように、信仰内実に立ち入った統一は不可能であることも認識されている。

そこで、神道は何ができるのか。神社界では神職は神と人とを媒介する「中執《なかと》りもち」であると説明がなされているが、神道は寛容性の「中執りもち」としての役割を果たせるのであろうか。日本の場合、多数の国民が、正月は神社で初詣、お彼岸やお盆のような先祖供養は寺院で、という、神道と仏教との複合信仰を有している状況があり、実際に一つの神社の氏子の中に異なる仏教宗派同士が存在しており、神社は地域住民の紐帯の媒介としての機能を果たしてきているともいえる。今後もその機能は継続していくであろうが、例えば、地域の中にイスラムの信仰を持つ住民が移住してきたときにどう対応するかなど、新しいケースが多くみられると考えられる。その際に率先して異なる信仰の共存を図ることが、神道は寛容であるということを証明することにもなるだろう。

2　自然環境保護への貢献

現在、これはもっとも神道が活躍できる分野であると考えられる。神社本庁が運営主体となった一九八一（昭和五六）年の「世界宗教者倫理会議」においても、テーマとして「自然と人間の相関関係」が設定されており、以降、近年のＡＲＣの神社神道のステートメントにおいても、神道は自然に対する「畏敬と感謝の念」を持ってきたことが述べられている。また、二〇一二（平成二四）年六月には、天台宗・高野山真言宗とともに神社本庁は「自然環境を守る共同宣言」を締結するなど、対話から協力への進展が見られている。この概念を基調とした展開が可能なのではないだろうか。

しかし、これも所与のものとして無条件にあるものではないだろう。現代社会の抱える課題は益々複雑化し、単純な善・悪、抑圧・被抑圧といった二分法を適用することのできない社会になっている。地球環境の保全一つをとっても、総論としてはおおむね賛意を表する人々は多数であるが、その実践レベルでは、さまざまな利害関係の錯綜により、容易に解決を見ないのが現状である。自然観においても、意見の集約は容易ではない。

ただ、われわれ日本人が何から議論を始めるのか、という基準点として、伝統の知恵の結晶ともいえる『古事記』・『日本書紀』（記紀）をはじめとする古典は、欠くことのできない価値を有しているはずである。イザナギノミコト・イザナミノミコトにより、国土をはじめとした山川草木の自然が生み出されたという記述のあるように、人間を含めた自然は、神によって生み出されたと記紀の神話は理解している。さらに、多くの神々と自然は本質的に異なる存在ではない、ということについても同様である。神道の神観念・自然観・人間観の提示は意義を持ってくるのではないだろうか。このような理解に照らしたうえで、実践的な諸活動に取り組んでいく必要があろう。

神社本庁では、現在、鎮守の森の保全活動から展開した里山保全運動を支援している。里山に関しては、政府レベルでは、国際的なＳＡＴＯＹＡＭＡイニシアティブ活動を支援し、里山保全を推進している。経済面からも、持続性を維持しながら山林資源の有効活用を行い、エネルギーと産業を創出していこうという「里山資本主義」の提案などの動きがみられている。人口の減少と山間部の限界集落化という、統計的に確実に来ると予想される将来の危機に対し、里山のように自然と人間が「共存」する生き方の諸提案に際し、神道の立場から積極的に支援していける余地があるであろう。広井良典の提唱する、成長ということを絶対的な目標としなくても十分な豊かさが実現されていく、「定常型社会」への対応も期待される。地球温暖化物質の削減についても、原発の是非の議論のようなエネルギー問題が根本にあるが、再生可能な自然エネルギーの利用拡大については、自然の恩恵に感謝するという精神から可能性を見出せていけるかもしれない。

いずれにしても、神社神道は今後ますます過去・現在・未来を見据えた自覚を高めていく必要があるだろう。古典において人間のとる態度としてあらわれているのが、カミ（神祇）という〝かしこきものへのつつしみ〟であった。それは、人間の認識を超えた霊妙な力をかしこきもの、つまりはカミとして畏怖し、それに対して慎みの態度をとることである。東日本大震災以来、よくいわれた「想定外」とは、人智への過信の結果であり、古典の知恵に鑑みつつ、山積する諸課題の解決につとめなければならないだろう。

過去、日本国内においては、神社神道は、人と人をつなぎ、人と自然をつないできた。その意味では「共存」の精神的な根底に神道があったということができるだろう。現在、グローバル化した社会においては、宗教間対話に参加しつつ、新たな「共存」への方策を模索している段階であると言えよう。未来への「共存」の可能性は、まだまだ未知数の領域が多い。それは、日本社会が今後間違いなく直面するであろう世界史的に未曾有な社会変動へいかに対応するか、われわれ自身の意識と行動の大変換という実践が試されているのである。

参考文献

『皇室』編集部編『「鎮守の森」が世界を救う』扶桑社、二〇一四年
神社本庁教学研究室編『敬神生活の綱領―解説（稿本）―』神社本庁、昭和四七年
『神社本庁十年史』神社本庁、昭和三一年
『世界宗教者倫理会議紀要』日本宗教代表者会議、一九八三年
ＷＣＲＰ歴史編纂委員会編『ＷＣＲＰの歴史―宗教協力による平和への実践―』財団法人世界宗教者平和会議日本委員会、二〇一〇年
『比叡山宗教サミット　世界宗教者平和の祈りの集い』日本宗教代表者会議、一九八七年
星川啓慈『対話する宗教―戦争から平和へ―』大正大学出版会、二〇〇六年
松本久史ほか「第三十回神社本庁教学大会研究大会報告「神道的自然観と現代社会」」『神社本庁総合研究所紀要』一八、二〇一三年五月

冥王星と宇宙葬
――死者と生者の共存、未知への遠近法――

菅　浩二

一　宇宙葬の現在

「われわれは何世紀もの間、誰かが亡くなったら地面に埋めるということを行ってきたが、これからは顔をあげて上を向いて、星を眺めるようにしていきましょう。」

「供養業界のためのビジネス情報誌」こと『月刊仏事』二〇一四（平成二六）年八月号に、「二〇万円で宇宙に散骨　宇宙葬時代本格突入」という記事が掲載されている。内容は、米国のエリジウムスペース（Elysium Space）社が企画する、新たな宇宙散骨サービス「記念宇宙葬」の紹介だ。冒頭の引用は、欧米の宇宙機関で技術者を務めた後、二〇一二年にこの事業を始めた同社創業者兼ＣＥＯが、インタビューに応えて語った言葉の一節である。記事によるとエリジウムスペース社の「記念宇宙葬」は、故人の遺灰約一グラムを入れたカプセルを三〇〇個ほど小型人工衛星に格納し、宇宙に送るもの。いわば納骨堂である人工衛星は、地球の周りを一年ほど周回、やがて大気圏に再突入して流星となり、燃え尽きる。ロケット打ち上げの見学や宇宙放出の映像閲覧も可能、人工衛星の位置は無料アプリケーションで確認することもできるし、再突入の情報も伝えられるそうだ。

同社が日本でも募集受付を始めたことは、昨今のＴＶニュース番組等でも度々取り上げられている。ただ単に遺骨を宇宙に運ぶ技術提供ではなく、遺族の気持ちに寄り添い故人に思いをはせることを心掛け、葬儀業界との連携を強めようとしている、という。そのためにもこのサービスの価格を、従来の宇宙葬事業と比較すれば破格の一件当たり一九九〇アメリカドルとした。富裕層以外でも手の届きそうなこの価格設定が、記事表題の「宇宙葬時代本格突入」という表現となったのである。

「本格突入」という通り、宇宙葬サービスはこれ以前にも事業化されている。エリジウムスペース社は、競合業者としてセレスティス（Celestis）社との差異を強調している。一九八二年に設立された商業宇宙ロケット発射事業の草分けで、国営から民間へ大きく比重を移しつつある米国の宇宙事業において重要な位置を占めてきたスペース・サービシス社（テキサス州ヒューストン）の宇宙葬部門を担う会社が、セレスティスである。

ＳＦ漫画や小説等にのみ登場する言葉であった「宇宙葬」が、日本の新聞・雑誌等に、空想ではなく現実の space burial の翻訳語として現れ始めたのは、平成九（一九九七）年から翌年にかけてである。当時それらの記事が、米国発の新たな宇宙ビジネスの一つとして紹介したのが、一九九七年四月二一日、二四人の遺灰を載せたペガサスロケットを空中発射し地球周回軌道に乗せた、セレスティス社の事業であった。以来、同社は本稿執筆時（平成二六年一一月）直前の一〇月二三日の発射を含め、これまで合計一三回にわたり宇宙葬ロケットを打ち上げている。依頼者（遺族等）は、打ち上げに先立つセレモニーへの参加や打ち上げ見学が可能なほか、発射後には、証明書や打ち上げ場面の写真記録などを受け取る。

セレスティス社およびその日本総代理店のウェブサイト等によれば、現在、遺灰カプセルを収めた格納器の打ち上げ形態により、以下の四種類のサービスが募集されている。①宇宙空間へ射出されたのち、地球へ帰還するEarth Rise（「宇宙飛行プラン」日本代理店による訳名、以下同じ）②人工衛星が地球周回軌道を十年から最長二四〇年間めぐり、最後は流星となるEarth Orbit（「人工衛星プラン」）③月面まで運ばれるLuna（「月旅行プラン」）そして④深宇宙探査機に搭載され、地球＝月系を離れて宇宙旅行を続けるVoyager（「宇宙探検プラン」）である。また格納される一人分の遺灰の重さ（一、二、三、七グラム）によるオプションもある。

一三回の打ち上げ実績（予定高度に未達の三回を含む）のうちでは、①Earth Riseと②Earth Orbitが各六回ずつを数える。②ではやはり、アプリで人工衛星の現在の位置を確認することができる。③Lunaはこれまでは、一九九八年一月、アメリカ航空宇宙局（ＮＡＳＡ）月面探査機の打ち上げを民間として請負った際に、生前「月面を歩きたい」と望んでいた米国人惑星科学者ユージン・シューメーカーの遺灰を月面に送った一回のみである。しかし「夜空に輝くお月様を見上げるたびに故人の思い出がよみがえります」（日本代理店ウェブサイト）として、現在第二回目が計画・募集されている。なおエリジウムスペース社も今後、月面への散骨事業に乗り出す予定という。

そして「大宇宙のどこかから、故人がいつまでも見守っていてくれる」（同上）④Voyagerは、遺灰を星間航行に送り出すという、ＳＦの世界を地で行くような壮大な話である。しかし実際に、ＮＡＳＡが二〇一五年に打ち上げを予定した太陽帆式宇宙船（通称・サンジャマー）に、遺灰を搭載する計画として企画されている。これは二〇一〇年に日本の宇宙航空研究開発機構（ＪＡＸＡ）が初めて実証に成功した、いわゆる宇宙帆船の技術を用いるものである。このサンジャマーは開発に遅れが生じ、打ち上げは現在延期となっているが、セレスティス社は④の募集は引き続き行っている。

なお現在、日本語で「宇宙葬」と表現されている葬送法には、巨大な風船に遺灰を詰め、これを成層圏で破裂させ、上空で散骨するものも含まれている。英語 space burial を直訳すれば「宇宙埋葬」となり、図らずも冒頭に引用した言葉のように、「亡骸は地下に埋める」といううわれわれの慣習的な意識と、散骨の一形態とされる宇宙葬のズレを、漢字で表現するものとなる。厳密に言えば、成層圏は地上から見て天空ではあるが、宇宙空間よりは手前である。だがこうした風船による散骨も、「埋葬」に関するわれわれの従来の固定観念を破るものなるが故に、「宇宙葬」の一形態として受容されていると思われる。

二　死者と記憶

生は、必ず死と表裏一体のものとして認識される。そして社会的な存在である人間の死は、個体としての生命体の終焉という以上の意味を持つ。人間の死により当人自身の営みは終了し、以後、故人の生前の活動は他者の記憶や記録、認識の内にのみ遺されることとなる。だが、これは別の視点からは、死者がこれ以降周囲と結んでいく新たな関係の始点を画することでもある。葬儀は一面においては、生者が特定の死者との共存関係―より現実的には、死者についての記憶との共存関係―を結び始める儀礼、ともいえるだろう。

ある人の葬儀に、周囲の知らない親戚、友人、縁者などが、故人の死を聞きつけて現れる、という例がある。また影響力ある人物の死を、故人に私淑していた人々等が追悼し記念しようとする例も見られる。そうした行為を遺族が否定し拒絶する場合、それなりの説得力ある理由が必要であろう。しばしば家族の密葬と社葬など公開の葬儀の二つが行われるのは、その調停の一例である。さらに、一面識もない故人の葬儀に礼儀として参列する場合も少なくない。

個人の生とその活動がもたらす影響は、必ずしも彼／彼女が生前に認識し得た範囲、晩年の交流範囲に留まるものではないし、また直接に面識のあった範囲に限られるものでもないのである。故人についての記憶ということで言えば、本人自身を離れて、集団や関係性の中に存在する記憶というものも、確かに存在するのだ。だが一方で、自己の生や死を考えることは個人的権利の核心であり、また死は全て個別特殊である、ゆえに他者、特には国家のような集団が、直接の近親者を越えて個々の死に介入し意味づけることは許されない、との立場もある。戦没者慰霊・追悼等に関連して、しばしば提示される観点である。

実際、人間の死を他者が意味づけるという行為それ自体に、権力関係など複雑な問題が含まれていることは確かだ。だがすべてを他者からの「介入」であると見なし、人間の生と死は当人以外にとっては無意味だ、とすることは、極論というべきであろう。結局のところ、ある個人の生と死の事実の意味を考える、意味づけることへの関与は、どこまでの外部に許される／許されないのか。その範囲は、他者すなわち生者の側から、ある程度恣意を含みつつ線引きされるものだ、と言わざるを得まい。

さて科学技術の発展により可能となった宇宙葬も、一種の「散骨」であろうが、この散骨と関連する概念に「自然葬」がある。これは、死者の個人性を保存し記念する人工的な標識を伴う「墓」に対し、遺骸・遺骨を海、山、森林等の自然環境に還す／還る、とする葬送法を指す。還す／還るという考え方の根底には、言うまでもなく人間の肉体も自然の一部だ、という発想がある。言い方を換えればここには、ある個人の死という事実を、故人周囲の他者という範囲だけではなくより大きな自然環境一般へと開き、一体化させようという志向性を読み取ることができる。

キリスト教文化圏では、世の終わりの「復活の日」に亡骸が欠けていては不完全な形でしか復活できない、との信仰伝統が源となって、こんにちも遺体を棺に納めた上で、**R.I.P.**（ラテン語「安らかに眠れ」の略）と刻まれた石の墓標で故人を明示し、土葬する方法が一般的である。他方で近年増加するnatural burialでは、こうした伝統的埋葬に対抗する形で、墓標に樹木を用いる樹木葬や、棺もやがて自然に還元される材質を用いるなど、環境に配慮した葬送法が一定部分を占めている。一方の日本語の「自然葬」は、平成三年の「葬送の自由をすすめる会」結成趣意書で散骨とほぼ同義に使われて以来、多少意味を拡げつつ、いまや一般の語彙にも定着している。同会の現会長で宗教学者の島田裕巳は、納骨施設としての墓を必要とする近現代日本の葬送は「不自然葬」だとする。ともあれ散骨は、遺体が火葬されていることが前提となるが、「自然葬」一般は、必ずしも火葬を伴うものとは限らない。

一般に「宇宙葬」でも、自然環境に配慮して行われることがしばしば強調されている。しかし仮にスペースデブリ（宇宙ゴミ）を増やさない配慮のもとに行われるとしても、大掛かりな機材を用い、燃料を費やして地球の引力に逆らう宇宙葬は、果たして「自然」葬なのか?この疑問についてはやや角度を変え、宇宙葬がどのような意識の下に希望されているのか、を考えてみたい。

セレスティス社のウェブサイトには、これまで葬送された数百名のかなりの部分について、故人に関する記憶と追悼の言葉が公開されている。一瞥しただけでも、元宇宙飛行士、宇宙開発や宇宙研究等に関わった人、宇宙飛行士を夢見つつ早逝した少年、宇宙に興味を持っていた人などの事例が目を引く。興味深いのは、宇宙を舞台に人気を博したSFドラマ「スター・トレック」の影響が広く観察されることで、ファンだけでなくこの番組の企画制作者や出演者なども被葬者に含まれている。もっとも、すべてにおいて生前の故人についての記憶と宇宙との具体的関わりが意識されている訳ではないようだが、天空や宇宙の広大さ、象徴性と、死者の平安を結び付ける意識は、どの例でも多かれ少なかれ感じられる。そして被葬者の大多数は米国など土葬が慣習的な国の人々であり、即ちこれらの事例では、火葬、次いで打ち上げという、二つの非日常のハードルを越えて、宇宙への旅立ちが実行されていることになる。火葬が禁忌である宗教、例えばイスラム圏からの被葬者はやはりいないようであるが、米国人ユダヤ教徒の例はあるようだ。

火葬が一般的な現代日本からの被葬者はどうか。少し前になるが、『週刊新潮』二〇〇八年八月七日号に「あなたはどこに眠る?六三人が「宇宙葬」を選んだ日本人の「死生観」」という記事が掲載された。直近のセレスティス社七回目の打ち上げ、山や海への散骨等のほか、遺骨からアクセサリーを作り身につけるサービスなど、変化する日本の葬送事情を、宗教学者の鈴木岩弓、井上治代の解説も交えて報告したものである。

「遺族は、故人が空からいつも見守ってくれる、という気持になるようです」、「生前から、できれば宇宙に旅立ちたいと言っておられた方もいれば、宇宙に関心の深かった学校の先生もいる。亡くなられたお子様が、お星様が好きだったから、という方も。特に両親より早く逝かれた方の場合、ご遺族は〝何かしてあげたい〟という気持が強く、宇宙葬を望まれるようです」。同記事でセレスティスの日本代理店担当者はこのように述べており、やはり宇宙の象徴性と死者の平安、故人と宇宙との関わりが想起されているようだ。宇宙葬を希望するのは女性よりも男性が多い、との印象も紹介されている。

民俗宗教研究の宮家準は、こんにちの日本では、葬儀を死者の意志に委ねる意識により、散骨、樹木葬、宇宙葬など新たな葬法があらわれている事を紹介した上で、戦後日本の宗教学研究を基礎づけた一人である岸本英夫の死生観と、宇宙葬を志向する意識とが関連する可能性を指摘している。即ち、岸本は自身の死の不安に苛まれた後、死はこの世との別れであり、死後自分は宇宙の霊と融合する、との見方に達することで不安を乗り越えた、と述懐したのであった。

技術者出身のエリジウムスペース社CEOも、インタビューで以下のように述べている。

「人間は究極に言えば星屑でできているという科学的な事実がある。星が爆発する時に人間のものになる材料ができたという学説が有力である。科学的な根拠があって、そこから人間が宇宙に還ることは非常に自然なことである。」

"From the stars we are born, to the stars we will return."（星から生まれたわれわれは、やがて星に還る）の言葉は、セレスティス社ウェブサイトにも掲げられている。宇宙との霊的な融合による冥福、のような宗教的観念に依らずとも、宇宙への帰還、という意識に基づいて宇宙葬に臨むことが可能なのである。この意味で宇宙葬にも、自然葬と共通する、自然に還す／還るとの志向があることは間違いない。死の個人性・個別性に即していながらも、宇宙的規模の視野で、故人の生と死が有する意味と、死者を取り巻く環境全体が連続している、との考え方が読み取れる。それが故人の遺志であれ遺族の思いであれ、ここには、死者と共存する他者＝生者の範囲を、抽象化された全宇宙の普遍性へと開く発想がある。それは、どこまでの範囲の他者に、個人の生と死の意味づけへの関与が許されるか、という先述の視座を裏返しにするならば、極大範囲である存在世界一般という普遍性の側が、特定個人の生と死という特殊性を包摂する過程を儀礼的に確認する行為、とも解釈される。

ただしこのような、個別の生を自然一般に還す／還るとの葬送観だけが、散骨等が関心を持たれる理由ではないようだ。前掲『週刊新潮』記事でも解説されているが、日本の葬送多様化の背景としては、生命観の世俗化、イエ制度の崩壊、核家族化と少子高齢化により遺骨管理の簡略化志向が進み、墓地の維持も難しくなったこと、などが、研究・指摘されている。日本の火葬は近代以降拡大し、戦死者の荼毘、高度経済成長期を経てほぼ葬送の全てを占めるに至ったとされるが、これは平たくいえば土葬からの葬儀簡素化であり、新しい葬送法諸々もこの簡素化の延長線上にある。

その流れの中で、死者との共存への象徴として遺骨を守る、との思いは、薄まっているのである。「専用カプセルに納めて宇宙に届ける遺灰は七グラム。費用は一〇五万円。『たった七グラムか。じゃやめた』とおっしゃった方もいました」(セレスティス社日本代理店担当者。前掲記事より)。今なお旧日本兵の遺骨収集が行われているように、現代日本社会には遺骨への思い入れを強く抱く人々もある一方で、自然環境との一体感以上に、単に簡便な遺骨処分方法として散骨を考える人々も存在している。米国に次いで宇宙葬への関心が高いとされる日本であるが、上記記事の表現を借りれば、簡略化する日本の葬送の中では、宇宙葬は「むしろ保守的」で「かなり手厚い葬り方」なのかも知れない。

三　最も遠い遺骨

既述のとおりセレスティス社のサービスVoyagerでは、遺灰は地球や月をはるかに離れ、人類が未だ知らぬ深宇宙へと旅立つ計画となっているが、これは未だ実施されていない。現在のところ―そしておそらく今後も―地球生物の遺骸・遺骨として、地球から最も離れた空間を旅しているのは、冥王星Plutoの発見者である米国人天文学者、クライド・W・トンボー(Clyde W. Tombaugh)の遺灰である。

セレスティス社のウェブサイトにも、過去に宇宙葬で葬送された著名人の中にトンボーの名前が記されているが、同社が宇宙に打ち上げたわけではない。トンボーの遺灰は、二〇〇六年一月一九日に米フロリダ州ケープ・カナベラル空軍基地から打ち上げられた、NASA所属の無人宇宙探査機ニュー・ホライズンズに搭載されているのだ。

ニュー・ホライズンズは、太陽系「第三の領域」と言われる、冥王星および「太陽系外縁天体」(TNO＝trans-Neptunian objects、直訳「海王星以遠天体」)を探査する初の探査機である。打ち上げ費用だけで約七億ドル、管制・運用はジョンズ・ホプキンス大学応用物理研究所のチームが行っており、ミッションの現状は、公式ウェブサイ

写真１　探査機に取り付けられた、トンボーの遺灰を収めた容器（ジョンズ・ホプキンス大学応用物理研究所サイト http://www.jhuapl.edu/newscenter/pressreleases/2006/060203_image1.asp より）

ト http://pluto.jhuapl.edu/ で知ることができる。本稿執筆時の情報では、二〇一五年二月に冥王星探査を開始し、七月一四日に冥王星とその衛星カロン（一九七八年発見）に最接近、通過の後は、さらに外側の太陽系外縁天体を探査する予定となっている。

ピアノほどの大きさの探査機の上部デッキに設置された、トンボーの遺灰約一オンス（約二八グラム）を納めた直径二インチ、高さ〇・五インチほどのアルミニウム製円筒形容器には、ニュー・ホライズンズ・ミッションの首席研究員アラン・スターンによる、以下の銘文が記されている。

INTERNED HEREIN ARE REMAINS OF AMERICAN CLYDE W. TOMBAUGH, DISCOVERER OF PLUTO
AND THE SOLAR SYSTEM'S 'THIRD ZONE'. ADELLE AND MURON'S BOY, PATRICIA'S HUSBAND,
ANNETTE AND ALDEN'S FATHER, ASTRONOMER, TEACHER, PUNSTER, AND FRIEND: CLYDE W.
TOMBAUGH（1906-1997）

ここに納めるは、冥王星および太陽系「第三の領域」の発見者、アメリカ人クライド・W・トンボーの遺骨なり。アデルとムーロンの息子、パトリシアの夫、アネットとオールデンの父、天文学者、教師、だじゃれ好き、そして友である、クライド・W・トンボー（一九〇六〜一九九七）

ニュー・ホライズンズ探査機にはこの遺灰と、四三万四七三八人の名前を収めたCDや星条旗、民間事業初の有人宇宙船スペースシップ・ワンの一部分、切手やコインなど、全部で「九つ」の、観測・探査とは直接関係のない記念品が積み込まれている。よく知られているとおり、一九三〇年の発見以来七六年の間、太陽系「第九惑星」の地位にあった冥王星は、二〇〇六年八月二四日のチェコ・プラハにおける国際天文学連合（IAU）総会における「惑星の定義」決議で、「惑星」から「準惑星」dwarf planetの一つに分類が改められた。ニュー・ホライズンズ打ち上げの半年後のことである。

皮肉を込めて「冥王星は、一人のアメリカ人がアメリカのために発見した、真に由緒あるアメリカの惑星である」とまで評されたこの天体の「降格」は、一九九〇年代に天文学者の議論の対象となって以来、特にアメリカ社会に大きな波紋を投げかけた。IAU決議当時、米国に在住していた筆者も大いに関心を持ったこの問題については、次節で取り上げる。以下では、人間の生と死に対する意味づけ、について、人類史上地球から最も遠く離れた遺骨の主、クライド・トンボーという人物とその「宇宙葬」を題材に考えてみたい。

クライド・トンボーは、一九〇六年二月四日にイリノイ州に生まれた。のちカンザス州に移るが、降雹によりトンボー家が営む農場が壊滅。宇宙への関心を人一倍強く持ちつつも、クライドは貧しさゆえに大学進学を諦めざるを得なかった。独学と自作の天体望遠鏡とで個人的に天体観測を続けていた彼は、やがて一九二九年にアリゾナ州のローウェル天文台に職を得る。このローウェル天文台は、資産家・天文学者で「火星人の運河」の存在を主張したことで知られ、また、たびたび明治中期の日本を訪問し、神道研究の著作もある米国人パーシヴァル・ローウェル（Percival Lowell　一八五五～一九一六）が、私財を投じて設立したものである。ローウェルはその最晩年に、当時の計算に基づいて海王星の外側に、天王星と海王星の軌道に影響をもたらす惑星Xが存在することを仮定し、探索を試みていた。

その死から十数年を経て再開された、この惑星X探索作業に従事したのがトンボーだった。観測と写真同士の比較精査という地道極まりない作業が延々続けられ、ついに一九三〇年二月一八日に冥王星が発見された。当時一一歳の英国少女によってこの星に捧げられたローマ神話の冥府の王Plutoの名は、偶然ながら「P.L.」というパーシヴァル・ローウェルのイニシャルの韻をも踏んでいる。ただし結果的に惑星Xは存在せず、また当時冥王星が、ローウェルらが想定した領域付近にあったのも偶然であり、トンボーの発見は努力と幸運の産物だったことが現在では知られている。ローウェル天文台在職中、彼は他にも変光星や小惑星、彗星など、何百もの発見を為している。

冥王星発見で一躍時の人となった後、トンボーはカンザス大学で念願の大学・大学院教育を受け、第二次大戦中は米海軍の航法学の指導にも携わった。戦後は米軍ホワイトサンズ・ミサイル実験場で勤務した後、一九五五年から一九七三年まで、ラスクルーセス市にあるニューメキシコ州立大学で天文学の教鞭を取る。引退後も、同大学のポストドクトラル奨学金のため各地で講演活動を続けたが、一九九七年一月一七日、九一歳の誕生日を前に、ラスクルーセス市内の自宅で死去した。

トンボーの遺灰がニュー・ホライズンズ探査機に搭載された事実は、前出のアラン・スターンによって、打ち上げの成功後に初めて公開された。この宇宙葬はミッションの公式計画の一部ではなかったが、しかし単なる付け足しの事柄とも言えない。一九九二年八月、まだ冥王星探査が案としてすら模索状態にある中、ＮＡＳＡジェット推進研究所の三七歳の所員ロバート・シュテーレは、八六歳の老大家トンボーに電話をかけ、「彼の惑星」への「訪問許可」を乞うている。この時トンボーは「長く、寒い旅になるだろう」と答えたという。それは、やがて莫大な国家予算を獲得し計画化され、実施に至る冥王星探査が、企画として動き出し始める第一歩であった。

この逸話だけでは明確ではないが、当時シュテーレと協力してこの企画の具体化を模索していたスターンによると、晩年のトンボーは、死後自分の遺灰を探査機に乗せることに大変前向きであったという。「許可」には、企画を象徴する意味合いでの、発見者自身の「訪問」が含まれていた、とも解されよう。トンボーが没すると、シュテーレは遺灰積込みの実現に向け連絡調整を行うが、探査計画自体が予算超過のため一旦中止されてしまう。しかし新たにニュー・ホライズンズ・ミッションとして再始動した計画において、シュテーレの準備のおかげもあって、スターンはトンボーの遺族と接触して遺灰の打ち上げを実現することができた。スターンは以下のように振り返る。

「その時に当たって、御家族はトンボー先生の遺灰約一オンスを直接私のもとに送って下さり、そして私はそれを器に収めて持参し、探査機に据え付けた。これは全く個人的なことだった」。(出典 Collect Space http://www.collectspace.com/news/news-102808a.html)

ニュー・ホライズンズ打ち上げを現場で見守った、クライドの妻パトリシア・トンボーは、「(彼を称える)素晴らしい捧げ物(tribute)でした」と述べた。「ロケットが発射された時、私は本当に夫のことを偲びました。そこに彼の一部が載せられていたのですから。それはまたふさわしくも思えました。彼の一〇〇年目の誕生日がすぐそこでしたから。」

クライドの遺灰が冥王星のそばにたどり着くまでは生きていたい、と語っていたパトリシアだったが、二〇一二年に九九歳で、やはりラスクルーセスで死去した。彼女の葬儀は、市内にあるユニテリアン＝ユニヴァーサリ

写真２　トンボーを記念するステンドグラス（ラスクルーセス・ユニテリアン・ユニヴァーサリスト教会サイト http://www.uuchurchlc.org/category/our-windows/clyde-tombaugh/ より）

スト教会で営まれた。

　トンボー夫妻は一九五五年、この教会の創立会員に名を連ねて以来、一貫してその活動に積極的であった。この教会の壁を、トンボーの業績を称えて二〇〇一年に寄贈された、高さ八フィート、幅一八フィートの五枚組のステンドグラスが飾っている。ステンドグラスの最上部には、この教会の盟約から取られた"That all souls shall grow into harmony with creation"（全ての魂は、万物と調和し生長すべし）の言葉が翻り、中央に主題である宇宙と太陽系が（もちろん「九つ」の惑星軌道も）描かれ、さらにその周囲にトンボーの少年時代と、教育、ミサイル実験場、ＮＡＳＡ、ロケット、望遠鏡の分野での彼の仕事が描写されている。

　ユニテリアン＝ユニヴァーサリズムとは一口に言えば、キリスト教伝統の核心たる神の三位一体の教義を否定し、創造主の下の人間イエスの精神的指導者性に注目するユニテリアンと、全ての魂の普遍救済を説くユニヴァーサリズムが、アメリカで合同したリベラル宗教である。個別自主的な真理探求と共に、他方では寛容と友愛等を重視する性格から、必然的にこのグループの教会には宗教としての統一教義がない。ユニテリアン＝ユニヴァーサリズムは日本社会一般の感覚では「キリスト教」に分類されるだろうが、宗教多元主義、世俗的ヒューマニズムとの親和性が強く、また無神論に向かう場合すらあり、メンバーも自身をキリスト教徒と認識していないことが多い。

トンボーの生前一九九一年に、自身も著名な天体観測家であるデヴィッド・H・レヴィが著した伝記 *Tombaugh: Discoverer of Planet Pluto* には、わずか一ページ半に過ぎないものの、トンボーの宗教思想について触れたくだりがある。それによると、聖書を通読した少年時代以来、宗教についての学び―レヴィは丁寧にも「宗教の教義ではなく」と断り書きを入れている―は、トンボーの人生にとって重要な部分を占めていたという。旧約聖書に彼は、大いなる緊迫状況を生き抜いた一群の人民の物語、として関心を寄せた。「科学者たちの多くがそうであるように」トンボー夫妻はユニテリアン教会員であり、「そしてまた多くの科学者と同様に、不合理性を拒んだ」。学校で進化説と共に、聖書の創造説をも教える事を求める米国内の動きに対し、トンボーは「だったらナヴァホ族の伝説なども含めて、全て教えたらいいじゃないか。それらもまた確かな伝統だ」と述べたという。

トンボーは、科学が宗教化することに対しても容赦なかった。「私は率直にはビッグ・バン説を信じていない」全宇宙の始まりに関するこの説を、科学者たちがほとんど信仰のように奉じていることを案じて、トンボーは問う。「どうして全宇宙が一点から、もとよりただ一点から始まった、といえるのか」。宗教論的には、ユニテリアン運動がその歴史的出発点では有していた、一なる創造主、との発想からも、トンボーの思想は離れていたことが知られる。

「生命は必ず、生きられるに値してきた」、「私はあらゆる意味でとても幸運だった。私は機会を得てそれを有効に使ってきた。それらすべての時間が、つまらなくあきあきするものだったにせよ―私は後悔したりはしない」。レヴィの文脈では、トンボーのこの言葉は、惑星観測といえば地上から望遠鏡で行うしかなかった時代の最後に、努力の末に大発見を成した人物が、自らも貢献して生み出した次の時代、探査機が惑星を直接訪ねる時代の観測成果に圧倒されつつも、期待を寄せる姿を伝えている、と理解される。

実際、遺骨を探査機に載せて彼が発見した「惑星」へ、そしてさらに遠くへ送る、という営為は、のちの時代の技術を以て、偉大な先人の生と死を引き継ぐ葬送儀礼である、と言えるだろう。死者と生者の共存だけではなく、ここには、ある時代のただ中において、その時代の両端―先駆者と最先端―が共存する姿も見られる。還す／還るという「散骨」の発想の有無はともあれ、それは、故人の生の意味を反映しその価値と一体化する範囲を、一挙に太陽系規模まで押し広げようとする試みである―そのことを希望した本人は勿論、遺族にとっても、そして（「個人的なこと」と断りつつも）その象徴的意味を全人類で共有したい実行者にとっても。

他方で忘れてならないのが、トンボーの最晩年が、当に「冥王星問題」の始まりの時期だったことである。彼の「私は後悔したりはしない」との言葉は、この後に起こった更に複雑な状況をも考慮して、解釈される必要があるのかも知れない。

四　冥王星問題

これまでの宇宙葬では多くの場合、遺灰との「一体化」の対象となるのは、抽象化された領域としての「宇宙」である。例外的に、シューメーカー―その名は、彼が妻およびレヴィと共に発見した彗星の一つが、一九九四年七月に木星に衝突したことでも記憶されている―の事例では、夜空の天体としては比類なき月の存在感もあり、対象は非常に具体的であった。トンボーの場合は、彼の生と共に記憶されるべき範囲として、冥王星と太陽系「第三の領域」という、途方もなく大きく、かつほとんど未知であるにもかかわらず、決して抽象的ではない空間が想定されている。「第三の領域」即ち太陽系外縁の天体には、海王星軌道の外側に広がるエッジワース・カイパーベルトと、更にその外側に存在が確認される天体群が含まれる。そしてその延長の遥か彼方には未確認ではあるが、長周期彗星の巣・オールトの雲があると仮定されている。

レヴィのトンボー伝刊行の翌年、そしてシュテーレがトンボーに電話をかけた同じ一九九二年八月に、１９９２ＱＢ１という天体が発見されて以降、海王星軌道の外側で太陽の周りを巡っている、氷を主成分とする小天体が次から次へと発見された。そして、それまで他のどの惑星とも共通点がないと見なされていた冥王星は、これらの小天体群―やがてカイパーベルト天体と総称された―と多くの類似要素を持っていることがわかってきた。その結果冥王星の説明としては、第九惑星とするよりも、最初に発見されたカイパーベルト天体、とする方がふさわしいのではないか、という見方が、天文学者の中に現れた。そしてこの冥王星の問題は、そもそも「惑星」とは何なのか、という定義の問題としても展開され、更には何かを分類する、という人間の行為の意味すらも問うこととなった。

観測精度が高まり、かなり大きな衛星カロン―ギリシャ神話で冥界の川の渡し守の名である―の発見もあって、冥王星は当初の想定よりもずいぶん小さいことがわかっていた。他方で太陽系外縁天体には、球形で冥王星に近い大きさのものが続々発見されていた。これらも惑星とするとその数は九個よりもぐんと増えることになるが、冥王星より小さいことを理由にこれらは惑星とは見なさない、とされた。だがついに二〇〇五年七月、二年前に捉えられていた２００３ＵＢ３１３が、カイパーベルトよりも外側にあり、かつ冥王星より大きい天体であることが発表された。当時「第十惑星発見か」と報道されたことを、記憶の方もあるだろう。

この天体の発見により、冥王星問題はついに、太陽系の惑星の数を、七五年にわたりそう信じられてきた九個から、減らすのか増やすのか、に極まった。結局、二〇〇六年八月のＩＡＵ決議で、太陽系の惑星を「(a) 太陽の周りを回り、(b) 十分大きな質量を持つので、自己重力が固体としての他の種々の力より勝る結果、重力平衡形状（ほとんど球形）を有し、（c）自分の軌道の周囲から他の天体を排除した天体」と定められ、その数は八個とされた。八つの惑星がどれも自らの軌道領域で圧倒的に大きな存在であるのに対し、冥王星にはカイパーベルト近辺に多数の仲間があったし、軌道周辺に彗星の卵のような小さな物体が無数に存在し、その総質量は冥王星よりずっと大きいと考えられるため、（c）の基準を満たさなかったのである。なお２００３ＵＢ３１３はこの決議の翌月に、発見者たちの提案によりエリス（Eris）と命名された。エリスとは古代ギリシャ神話上の不和と争いの女神であり、ここでは神話の中で彼女が原因となって勃発したトロイア戦争と、この天体の存在が巻き起こした天文学者たちの論争とが重ねられている。

こうした科学者たちの議論の流れと、それと並行してアメリカの国論を二分した論争については、図らずも冥王星を愛する全米の人々の敵役と目される事となった、宇宙物理学者ニール・ドグラース・タイソンによる *The Pluto Files: The Rise and Fall of America's Favorite Planet*（邦訳『かくして冥王星は降格された』）に、当事者の目から余さず記されている。タイソンは、二〇〇〇年に改装されたニューヨークのローズ地球宇宙センターのプラネタリウム責任者として、最新の惑星科学の知識に基づく分類と展示を試みた結果、「冥王星をのけ者にした張本人」とされ、惑星としての冥王星の地位護持を望む人々の、象徴的な抗議先となってしまった人物である。原語副題「アメリカお気に入りの惑星の興亡」の通り、同書を開けば、少なからぬアメリカ人にとって冥王星は特別な天体なのだ、という、外国人にはあまりピンと来ない事実を、白熱する論争、新聞、ＴＶ番組、数多くの風刺漫画や詩などの紹介を通じて知ることになる。英文学者・天文民俗研究者の野尻抱影による和名「冥王星」は趣深い。だが米国社会の Pluto 理解には、陰に潜むもの、との印象はあるようだが、「冥」が持つような、黄泉の国という負の感覚がないらしいことも知られる。冥王星発見の年に名づけられた、同じ Pluto の名を持つミッキーマウスの飼い犬（ネズミが犬を飼っているのだ）の人気も、その重要な要素のようだ。

タイソンに寄せられた、〈ぼくたちの大好きな冥王星に意地悪しないで〉と怒る小学生たちの手紙、〈昔からそう教えられてきたのだから、冥王星は惑星で間違いない〉との一方的な宣言、辺境にいる小さくて無防備な冥王星を、陰険なニューヨーカーが太陽系の家族から追い出そうとしている、と決めつける数々の抗議文などの主観性は、まだ微笑ましい。二〇〇七年に「ニューメキシコ州の夜空では冥王星は惑星である」という州法が可決されていたりする。一部では陰謀論的に、冥王星降格でタイソンは何か得をする、との邪推もあったようだが、彼個人の研究対象は畑違いの恒星や銀河であり、逆にそのようなこともないと思われる。二〇〇一年の同時多発テロ（恐らく、あえてであろうが、本書では直接には一言も触れられていない）とその後の経緯を通じて、全米および世界が感じた人類の共存共生への脅威、その陰で、冥王星問題という別の衝撃も米国社会を駆け抜けていたのである。

　同書には、本稿で名前を挙げている研究者―「最後の惑星への最初のミッション」に莫大な予算を獲得する必要のあったスターン、シュテーレや、トンボーの熱烈な信奉者レヴィ（彼はカナダ出身だが）―も、数多くの冥王星の惑星地位護持派の一部として登場している。だが言うまでもなく、その護持派最大の権威は、

「冥王星は九番目の主要な惑星のままにしておこうではありませんか。わたしは一四年もの間、全天空の三分の二を一七等級にいたるまでくまなく探したが、それ以上惑星は現れなかった。わたしはその仕事を正確に、そして丹念に行いました」

写真3　晩年のトンボー（カンザス大学トンボー基金サイト http://www.physics.ku.edu/astronomy/tombaugh.shtml より）

と唱えた、最晩年のクライド・トンボーその人であった。右は一九九四年、彼の死の二年と少し前の発言である。

五　遠近法

タイソンは述べる。「太陽系の構造、太陽系はどのようにして現在のような状態になるに至ったのか―これらの疑問は純粋に科学的な問いだ。しかしわれわれが物事につける名前は―そうではない。それは宇宙にとって本質的なことというよりむしろ、われわれが作り出したものを巡っての議論なのである。われわれがだらだら議論を戦わせているあいだ、冥王星や宇宙のその他のすべては、物事を分類したいというわれわれの要求などお構いなしに、今やっていることを、それが何であれ、粛々と続けているのだ」。これと似た指摘は、シュテーレも行っている。科学者としての誠実さの前に、立場の異なる者たちも共存する。

科学の成果は基本的に、科学的である限り、何らかの意味で必ず乗り越えられる可能性を有している。その可能性を否定すればそれは「信仰」だからである。既述の通りトンボー自身も、科学の信仰化に対する警戒を緩めなかった。彼も、未知を秘めつつ続々発見される太陽系外縁の「氷のボール」に、関心を寄せていたのである。だが遺言のように彼は、惑星X説に基づいて冥王星が発見された歴史的時点での「惑星」思想の保守を、その思想の中を生きた者自身として提案したのであった。

占星術では天動説時代の名残で、現在も八つの惑星から地球を除き、太陽・月それに冥王星を含めた「十惑星」と見るそうだ（近代天文学に基づいて発見された天王星、海王星も含まれているところが面白い）が、客観的なはずの宇宙科学においても、実際二〇〇六年のＩＡＵ決議まで「惑星」の定義は存在していなかった。トンボーの提案は「惑星」が、一方で確固とした科学的対象であるにも関わらず、他方では未だ歴史の中に定位された思想的範疇―星々の間を動き回る、目立つ天体―でしかなかった、という間隙を突いていた。

「私は後悔したりはしない」。トンボーは、歴史物語の画面に投射された自分の生の意味を、肯定的に捉えたいとの願望に忠実ではあったと思われる。だが彼は、自身の死後も続々と発見されるであろう外縁天体を含め、太陽系全体を自らの墓標にしたい、との旺盛な自己顕示欲から、自身の遺灰の探査機搭載に同意したわけでもないだろう。いきさつについていずれ関係者の証言があるかもしれないが、恐らく彼には、自らの人生を決したあの「惑星」との邂逅を、改めて象徴的に反復することへの、純粋な希望があったのではないか。ただこの一連の葬送儀礼の過程で、トンボーの生の重要な側面は、彼自身が自認し、人生の大半をその名の下に過ごしてきた「第九惑星の発見者」ではなく、「太陽系『第三の領域』の発見者」へと、他者によって解釈を改められたのである。しかしそれを「外部からの介入」と見て覆すことは、彼の死およびその業績と以後共存していく人類の誰にとっても、今後も難しいだろう。

宇宙論における「人間原理」という考え方とも関わるが、それこそ気の遠くなるような遠近法ながら、宇宙の構造やその来歴を、超銀河団、銀河団から銀河、太陽系、地球、自然環境という、それぞれの規模で追いながら知ろうとする「科学的な問い」は、究極的には人間が自身の存在の根源を問うことに結びついている。一方で葬儀は、人間社会における生者と死者との共存関係の結び始めであり、また死者を取り巻く生者同士の間の共存関係をも確かめる機会である。宇宙への「帰還」または宇宙との「一体化」を象徴的に確認するために、遺灰のごく一部分を宇宙空間に送る儀礼、即ち宇宙葬は、観念的には宇宙論的な遠近法に沿いながらも、現実的には、遺族たちの心の拠り所を天空に求める、地上の新たなサービス業として、これから発展していくのであろう。

その地球を遥かに離れた太陽系の外縁では、人類最遠の遺骨を載せたハイテクノロジーの塊が、秒速一四キロメートルという凄まじい速度で駆け抜けながら冥界の渡し守と冥府の王とに挨拶を行い、更に新たな未知の地平へと突き進まんとしている。私たちが今持っているこのような遠近法の技術を用いて、遥かな天空の未知の下に、どのような地上の共存を描くことができるのだろうか?

参考文献

井上治代『墓と家族の変容』岩波書店、二〇〇三年

菅浩二「「国家による戦没者慰霊」という問題設定」國學院大學研究開発推進センター編『招魂と慰霊の系譜―「靖国」の思想を問う―』錦正社、二〇一三年

タイソン、ニール・ドグラース(吉田三知世訳)『かくして冥王星は降格された―太陽系第九番惑星をめぐる大論争のすべて―』早川書房、二〇〇九年

宮家準「死者と生者の接点―民俗宗教の視点から―」『宗教研究』三五一号、二〇〇七年

渡部潤一『新しい太陽系』新潮社、二〇〇七年

Levy, David H., *Tombaugh: Discoverer of Planet Pluto*, University of Arizona Press, 1991

参考ウェブサイト(本文中に示したものを含め、最終閲覧日は全て平成二六(二〇一四)年一一月二五日)

Celestis, Inc.　http://www.celestis.com/

同社日本代理店(銀河ステージ社)　http://ginga-net.com/plan/space/index.html

Elysium Space, Inc.　http://elysiumspace.com/

New Horizons, NASA　http://www.nasa.gov/mission_pages/newhorizons/main/

Unitarian Universalist Church of Las Cruces　http://www.uuchurchlc.org/

葬送の自由をすすめる会　http://www.soso-japan.org/

第三部　ゆれるグローバル世界

――リスク社会のゆくえ――

原子力災害・立ち入り禁止の警戒区域
（福島県南相馬市から浪江町方面、2013 年 3 月）

どう共存するか、グローバル・リスク社会

――ポスト3・11と核・原発をめぐって――

古沢広祐

一　リスク社会の到来

「リスク社会」という言葉は、ドイツの社会学者ウルリヒ・ベックの著作（『危険社会』、原書は一九八六年刊）を契機に広く使われるようになった。同書はスリーマイル島原子力発電所（以下、原発と略す）事故（一九七九年）に続いて起きたチェルノブイリ原発事故（一九八六年三月）の直後に刊行されたこともあり、近代化・産業化の先端に位置する原発がはらむ構造的な巨大リスクを鋭く分析してベストセラーとなった。

近代化・産業化が高度に進展するなかで、かつての貧困・欠乏の軽減とは裏腹に新たな脅威（リスク）が潜在的・構造的に高まっていく、豊かさ（富）の分配以上にリスク（危険・脅威）の配分ないし押しつけ問題が重要性をおびると指摘したのだった。莫大な富を産み出す科学技術・産業社会（巨大生産力）が成り立つ背後で、潜在

的（不可知）なリスクや脅威が創り出されていく過程や、それを維持するための管理・警察力の強化という問題など、さまざまなリスクの処理と対応や配分が不可避となる政治的・社会的な矛盾（リスク社会）に光をあてたものだった。

その後、9・11同時多発テロ事件（二〇〇一年）や世界金融危機（9・15リーマンショック、二〇〇八年）、そして3・11東日本大震災と原発事故を経験するなかで、ベックの問題提起はより現実味をおびるとともに、さらに深化したグローバル・リスク社会論として注目されている。本稿では、ベックのリスク社会論を論じるのではなく、そこでの問題提起を下敷きにして、より具体的に3・11原発事故の意味や核を含む原子力社会の動向について論じていく。

二　3・11原発事故の世界史的意味

1　歴史的な転機

私たちは、時代の転換期に生きている。それは、現代社会が直面する地球環境問題や資源利用の限界を契機に顕在化しており、大きくは二つの側面において起きている。すなわち物質・エネルギー利用という人類の資源利用の基盤的部分での変化（自然的基盤）と、それに伴う価値観や生活様式など人々の暮らし方としての社会・文化的な変化（社会的基盤）として、認識され始めている。二一世紀の人類社会の在り方をめぐって、従来通りの無限拡大、成長を追求する歩みを進めていくのか、環境や資源の限界を前提とした社会経済的な転換に舵をきるのか、大きな揺らぎの転期にあるといってよかろう。そうした揺らぎや転換についてはさまざまな場面で観察できるが、きわめて具体的に現われているのがエネルギー問題である。

近年の人類の発展の歩みとしては、基盤的な部分では、とくに産業革命以降に発展をとげてきた化石燃料などの埋蔵資源を大量消費（廃棄）して成り立つ高度産業社会の形成がある。社会編成としては巨大都市形成や交通基盤と産業発展、そして市場を介して形づくられる商品経済社会が展開してきた。人々の意識や価値観としては、物質的な豊かさと便利さがめざされ、「より速く、より高く、より多く」といったいわゆる成長・拡大志向が、発展の原動力として後押ししてきた。

しかし、直面しつつある事態とは、無限の繁栄と成長拡大という楽観的なシナリオが破綻し始めており、プラスの成果にともなうマイナスの負荷への認識や、人々の意識も物質的な豊かさから精神的な豊かさへ、量的なものから質的なものへの転換の兆候が生じ始めている。とくに日本では、3・11を契機に、近代文明が築き上げてきた構築物や便利さには、思いがけず隠れていた脆弱さや落とし穴があることに、私たちは気づかされた。そして、個人主義的な目先の物的豊かさの追求より、絆や人間関係というコミュニティに内在する関係性の豊かさに目を向ける動きが顕在化したのであった。

ふり返ってみると、日々の生活や産業を支えるエネルギーについては、蛇口をひねれば出てくる水のごとく、当たり前に供給される感覚で捉えがちであった。電気料金を払いつつ、停電など不測の事態が起きないかぎり、天から与えられるような感覚にどっぷりとつかっていたのである。さまざまな商品が産み出されてくる背景には、原材料の確保から加工・流通・販売の網の目（サプライチェーン）があるのと同様に、実はエネルギー自体もまた、社会の在り様を映し出しているものなのである。まさしく「東京電力福島第一原子力発電所」の事故で明らかになったことは、豊かさが社会の頂点にそびえ立つ東京を中心とする一極集中構造とそれを支える差別性（豊かさの周辺に従属化やリスクが押しつけられる）の上に築かれたものであり、その土台がいかに脆弱なものかが白日の下にさらされたのだった。

エネルギーが、どのように産み出され、供給・利用されているのかは、私たちの存在様式そのものを映し出している。実際、それは見えないかたちで巨大に造り上げられた社会的構造物であり政治的構造物であった。原発事故の教訓を真剣に受けとめるには、安全神話に傾斜したこの社会的・政治的構造物の成り立ち方を問い直し、問題点を明らかにして対策を考えなければならない。それなしに、個別の安全策を弄して従来の産業・社会構造（大量生産・消費・廃棄）や経済成長と便利さの拡大路線を歩むことは、諸矛盾とさらなる巨大リスクを招き寄せるだけだろう。

いま起きている人間世界とそれをとりまく状況をどう考えたらいいのか、あらためて問い直す根源的な視点が必要である。現代文明そして現代社会の成り立ち方を考える際に、究極のエネルギーともいわれる原子力の利用はきわめて象徴的な存在である。私たちの社会がどのような構造の上に築かれているか、この社会の行きつく末を考えるにあたり、問題や矛盾が明確に見えてくるからである。

2　原子力ルネッサンスと潜在的リスク

3・11大震災の後、日本社会を揺さぶった激震の歴史的意味が人々の意識から次第に遠のきつつある。しかしその意味を、私たちはより深く認識すべき時にある。とくに原発事故は、原子力依存社会がもつ底知れぬ恐ろしさと甚大な被害状況を私たちに見せつけた。原発事故によって少なくても一五万近い人々が不本意に生活拠点を奪われたのであり、福島県によれば県内避難者約九万人、県外避難者は約四万人（二〇一四年一月現在）、その他に自主避難者も相当数いる。震災避難による体調悪化での死亡者（震災関連死）は、福島県の調査で一六五六人に及んでおり（二〇一四年二月一九日現在）、福島県下での津波など震災を直接の原因とする死者一六〇七人を上回った。事故の被害は、周辺に住む人々はもとより、日本社会の隅々に刻印を残し、そして農林漁業、生態系に対する影響が懸念されている。事故は終息しておらず、放射能汚染は蓄積され拡散しつつ、長い間私たちに陰に陽に影響を与え続け、その全容ともたらされる影響については、これから何世代にもわたって検証されていかなければならない。

今回の原発事故は、地球温暖化対策を標榜して原発が世界的に推進される「原発ルネッサンス」が言われだしていた時代状況下で、まさにそこに水を差すかたちでの深刻な災害・事故となった。その意味でこの事故は、原発依存に傾斜してきた「日本という国のかたち」を問うものであるが、それのみならず世界中に建設され計画されている原子力社会の今後について、世界中の人々への警鐘という意味をもつ一大事件であった。レベル7の最悪状態の事故（当初はレベル4と報道）が起きて、「原発ルネッサンス」に大きなブレーキがかかるかにみえたが、世界中にある四百基をこえる原発は稼働し続け、日本でも停止された原発の再稼働や原発輸出政策が台頭し、新興諸国を中心に原発導入計画が再び進展する状況が生まれている。

一般的なリスク認識として、事故や災害に関してハインリッヒの法則という経験則がある。いわば事故出現の頻度をピラミッド図式で表現したもので、重大事故一件の背後には二九件の軽微の事故、その背後には三〇〇ものヒヤリハット（事故につながる出来事）が起きている様子として示される（図1）。事故が起きた背後には、ピラミッド図形的な潜在的事態（リスク）が広く存在している状況が想定できるというもので、原発事故についても例外扱いできないことは、世界的な事故の状況に目を向けるとわかる。今回の事故の直接的引き金は津波と全電源喪失であるが、想定外の過酷事故的な事態が起きる未知の可能性は潜在的に隠れ

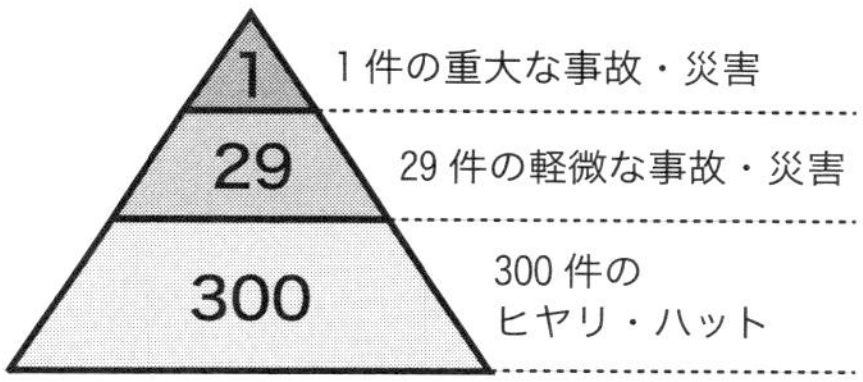

出典：ウィキペディア「ハインリッヒの法則」
http://ja.wikipedia.org/wiki/

図1　事故の背後を読むハインリッヒの法則

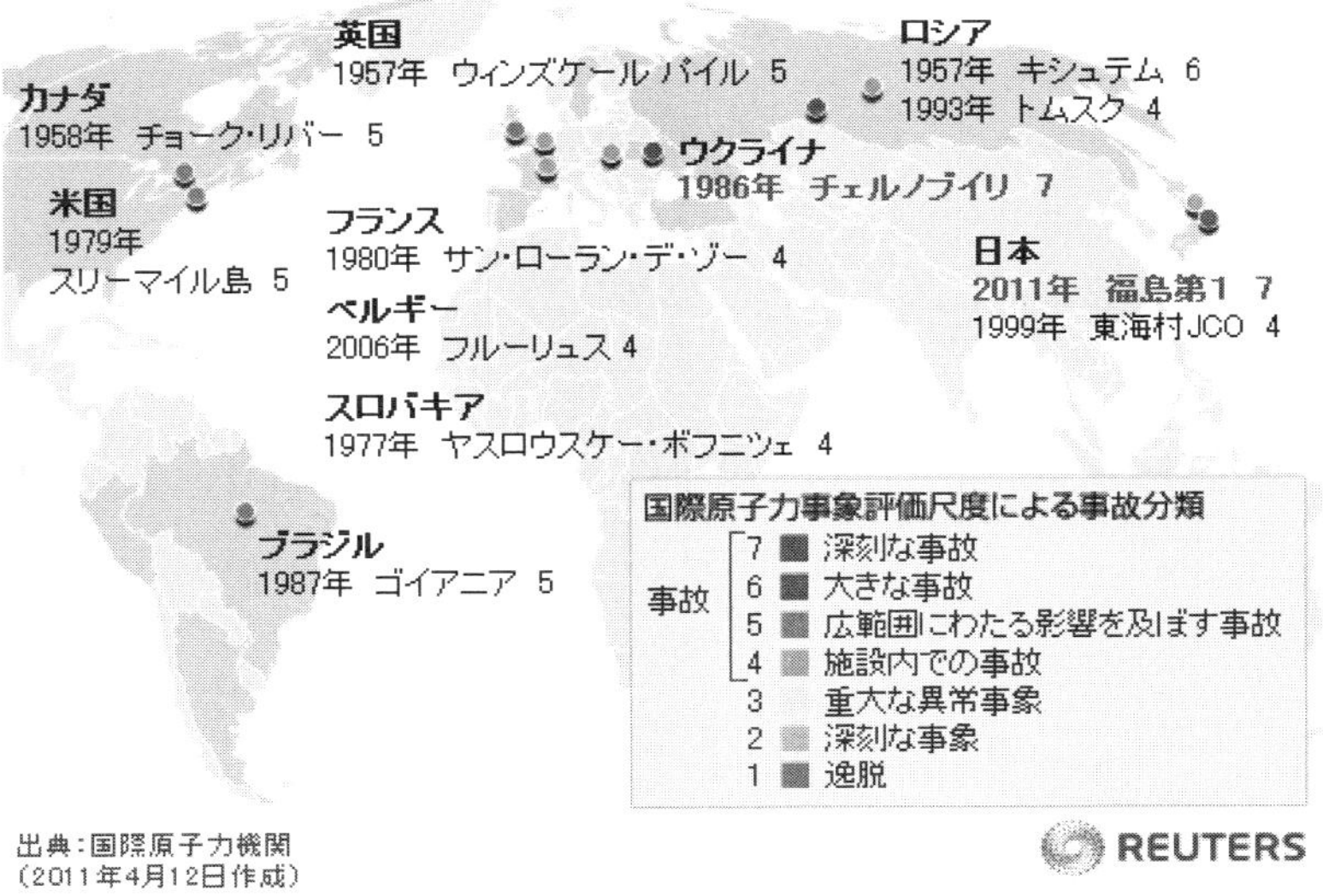

出典：article-1375981-OB9751A600000578-199_634x405.jpg dailymail.co.uk（worldNuclearIncidents.gif）

図2　1956年以降に発生した世界の主要原発事故

ており、これまでも事故や深刻な事態は日本や世界中でさまざまなかたちで起きてきたのであった。

公表されている原発事故に関する世界的状況は、図2をみてのとおりだが、事故の内容と数を整理分類すればハインリッヒの法則のようなピラミッド図が背後に浮かび上がってくる。レベル7の事故の恐ろしさは、チェルノブイリ事故そして今回の日本の事故で白日の下になったが、ハインリッヒの法則を援用するならば、原発の総数と稼働量に比例して将来的な潜在リスクはさまざまなかたちで蓄積していくと考えられ、将来的な事故の発生を覚悟しておくべきということになる。

実際問題として、日本での再稼働の動きや、躍進する新興国や発展途上国におけるエネルギー需要の高まりによって原発導入に向かう動きが顕在化している。業界団体の日本原子力産業協会によると、新興国を中心に二〇三〇年には世界中で原発が倍近く伸びるとして、世界八〇〇基という数字が示されている（産経ニュース、二〇一三年七月一六日）。

私たちは現在進行形の原発事故後のさまざまな状況について、とくに日々の生活の中で体験している困難な状況について、より深く認識し究明すべき事柄を数多く抱えている。なかでも深刻な事態は、分断状況が社会のあらゆる局面で拡大進行している問題がある。夫婦や同居家族の離散、避難区域の指定と補償をめぐる分断・対立、帰還と非帰還をめぐる分断、自主避難者の苦境、さらには補償金にまつわる妬みや誹謗中傷など、理不尽な社会的分断状況が産み出されている。それは一種の構造的暴力ともいえる事態である。こうした事態に対する対応や社会的・制度的問題にどう向き合うのか、これは既に水俣病など公害問題でも問われ続けてきた。被害者がさらなる困難を抱えていく状況は、残念ながらくり返されている。

とりわけ被害を受けた者とそれをよそ事とする非当事者の分断状況（差別性）を超えていく視点が求められている。原発事故で引き起こされている困難さの受けとめ方として、次のような考え方ないし連帯・共感意識が重要ではなかろうか。被害を分断化、矮小化させることなく、その苦難の全容を我が事として受けとめること（共感・共有意識）、すなわち被害と苦難はこの世界の誰もが被るであろう事態を先駆的に背負っている存在だということの認識、それは公正にかかわる概念であり社会倫理意識につながる視点である。この世界の時間軸と空間軸を大きく広げて考えるならば、被害状況は私たち自身の延長線で起きている出来事なのである。今回の問題は、その延長線上には、日本どころかアジア、そして世界全体で暮らす人々が共に存在している世界での出来事ととらえられる。事故と被害実態、責任体制を究明する作業、それを日本社会のみならず世界の人々と共有すること、それは今後の社会形成という点できわめて重要である。

三　核利用にまつわる潜在的リスク

1　原子力リスク社会の認知の難しさ

日本で今回引き起こされた原発事故は、一国内の事件という以上に世界的・地球的視野からとらえるべき事柄である。それは、現代文明を象徴する〝二つの核〟による被曝体験という観点を踏まえることで、より普遍的な問題として再認識することができる。普遍的問題とは、大きくは二つある。すなわち、核利用にまつわる深く潜在化している世界状況について再認識と、起きてしまった原発事故を通して私たち自身がまさに直面している困難で理不尽な分断状況（個人レベルから地域・社会・国レベルまで）についての認識と洞察である。紙面の都合から、以下ではとくに前者の核利用にまつわる世界状況について、私たちが認識すべき問題を掘り下げたい。

今回の原発事故は、人口密集地域での深刻な放射能災害としては未曾有の事態を生じさせた。原子力リスク社会ないしは放射能リスク社会を、私たちは身をもって経験させられているのだが、ここで原子力がもつ潜在リスクとでも呼ぶべきその奥深い問題について、現代社会が抱える巨大リスク問題という側面からみていこう。

原子力とは、核エネルギーの解放という宇宙的スケールの巨大エネルギー状態（数千度～数万度）を、地表の生命・生態圏という通常の化学的反応系（数度～数百度）の世界に持ち込むという意味では「プロメテウスの火」になぞらえることができる。いわば神の領域に踏み込んだ人類の原罪的行為ともいえるかもしれない。通常世界を超え出るその行為は、まず放射線障害という生命の根幹（ＤＮＡ）を無感覚的に破壊する事態に象徴的に現れている。生命・生態圏での日常的対応（五感）の世界を超えた存在の上の成り立つ原子力は、遮断した環境（密閉した閉鎖系）に閉じこめて管理・操作することを必須とする。だが、この閉鎖・密閉系ということ自体が、私たちの世界の存在様式である開放・循環系に依拠する生物世界とは相いれないものである。そこからエネルギーを取り出し、維持管理、放射性廃棄物の長期間隔離・管理する過程で関与せざるをえず、関与することで生命・生態圏に対して甚大な影響を与える存在であり続ける。核エネルギー利用とは、人間や生物界とは隔絶した密閉空間を前提としておきながら、制御・コントロール（関与）して利用せざるをえないというジレンマを抱える存在なのである。

この問題に対する私たちの認識が困難であることは、通常の認識スケールや想定範囲を大きく逸脱していることからくる。核エネルギーの巨大さは、通常の原子・分子レベルの物質・エネルギーのやりとりを超えて物質消滅により莫大なエネルギーが創出される点である。短時間に急激に連鎖反応が暴走（核爆発）する核兵器の恐怖の世界（広島・長崎での悲劇）を思い起こせばその力の巨大さが実感できる。それに対して、じわじわと連鎖反応を徐々に進行させる原発の運転についての潜在的危険性（エネルギー量、核分裂生成の放射能リスク）は実感しにくいが、それが同等の巨大な力をもつものであることを今回の事故が実感させた。原爆と原発では、核燃料としてのウラン235をどのような状態から核分裂を進行（コントロール）させるかの違いであり、そこで生成されるエネルギー量と核分裂生成物のあり様で〝兵器利用〟と〝平和利用〟とにわかれる。

具体的に量的比較をした場合、広島に投下された原爆は約一キログラム（ウラン総量の一・五六％、放射線影響研究所推定）が瞬間的に核分裂したのに対して、通常の原発（一〇〇万キロワット級）では、一日あたりで三キログラムの核分裂が進行している計算になるという。原爆と原発では使用するウラン235の含有量（純度）が違うなど単純比較できないが、原発の稼働による核燃料利用がいかに巨大な規模のものであるかを想像することできる。セシウム137の放出量の単純比較で、福島第一原発事故からの放出量は広島原爆一六八・五個分に相当すると推定されている（東京新聞、二〇一一年八月二五日）。

両者の違いをわける点は、核兵器用には高純度の精製が必要とされる点であり、原発の核燃料が核兵器に転用されないよう厳しい管理体制がひかれている。その点、裏を返せば平和利用（原発）が兵器利用に通じるという可能性を秘めているということであり、原子力の利用体制とは、軍事的な兵器利用との関連性をぬきには論じられない性格を帯びている。実際に原子力利用に関しては、国際原子力機関（ＩＡＥＡ）による厳格な監視体制がしかれてきたのである。

さらに、核の利用としての兵器利用と平和利用のいずれにおいても、核燃料物質の製造過程の問題（鉱山や精製工場での被曝）、その後の管理・運営と利用にまつわる巨大な原子力複合体制の問題（いわゆる原子力ムラとよばれる利権構造）、利用後に生じる膨大な量の放射性物質の処理対応という困難な問題（被曝労働、被曝リスクの辺境地や後世への押しつけ）を伴うのである。とくに自然界に通常存在しない大量の核分裂生成物質やプルトニウム（半減期二万四千年）などの危険物質に対して、人間の歴史時間を超えた安全隔離が求められる。その意味では原子力利用とは、技術的な不完全性や管理（責任）の不確実性を内在させた存在といってよいだろう。

2　核利用の呪縛とジレンマ

想像力をたくましくすればある意味で人類と核利用の関係は、全知全能を手にすることと引き換えに生命（魂）を失うファウスト博士の悪魔との契約（ゲーテの大作『ファウスト』）を連想させる。それは戯曲として、序曲、一部、二部、の三展開で進行するのだが、それにならって人類と核利用の歩みを三段階に区分けすると、以下のように描けるのではなかろうか。

二〇世紀の戦争の時代に産み出された核利用の歩みは、戦後において、大きくは三つのフェーズ（段階）を動いている。フェーズⅠは、東西冷戦構造の中での核実験に象徴される核兵器の開発競争のなかで進展した段階

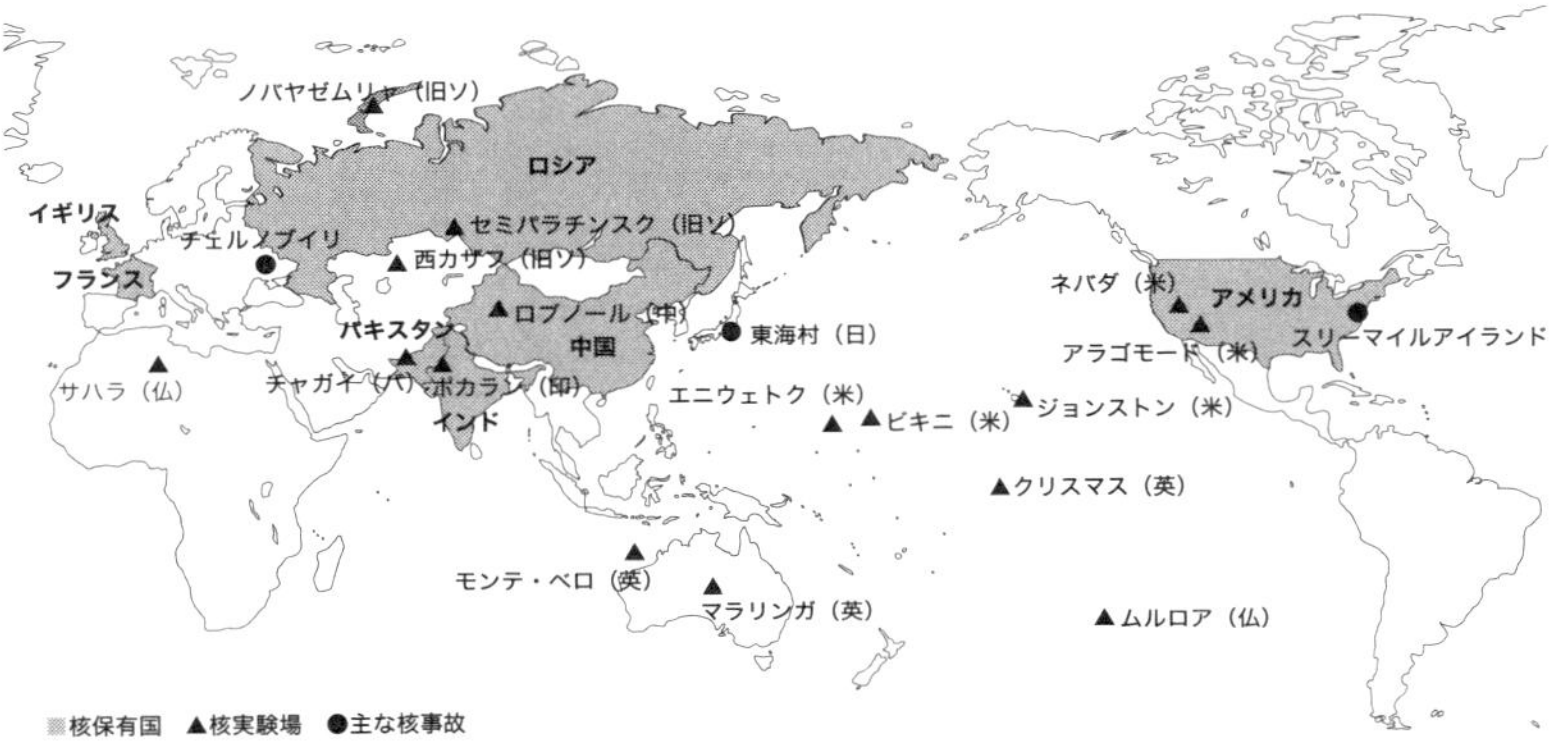

出典：広島平和記念資料館 Web Site
http://www.pcf.city.hiroshima.jp/Peace/J/pNuclear3_2.html

図３　世界の核実験場・放射能被害

(核兵器開発・核軍縮の歩み)：「広島・長崎への原爆投下以後、核兵器が実戦で使用されたことはなかったが、放射能による被害は、開発・製造・実験・配備などの過程でも発生し、世界各地のたくさんの人々を犠牲にし、今なお後障害で苦しめている。」

（一九五〇年代～）である。兵器利用としての矛盾が、破壊力の強大性（不使用性、「核の冬」問題など）や被曝・放射能汚染問題として顕在化する経緯をたどる。そこで並行的に進められてきた平和利用としての原発開発が核兵器と表裏の関係で浮上するのがフェーズⅡであり、原発利用が表舞台に躍り出る時代に入っていく（一九七〇年代～）。日本は原爆被爆国（核兵器の被害国）でありながら、むしろ被爆体験を反転させるかたちで原子力利用にまい進する道を歩んできたのだった。

　核利用がはらむ矛盾を内在させたままフェーズⅡにおいては、スリーマイル島原発事故（一九七九年）やチェルノブイリ原発事故（一九八六年）をうけて、利用拡大に一定のブレーキがかかるのだが、地球温暖化対策としての切り札とする言説が力を発揮する状況（原発ルネッサンス）をむかえるなかで、3・11原発事故に直面したのであった。核兵器と原発の表裏一体的な状況については、世界が被ってきた放射能被害を示した図3などを見ると理解しやすい。

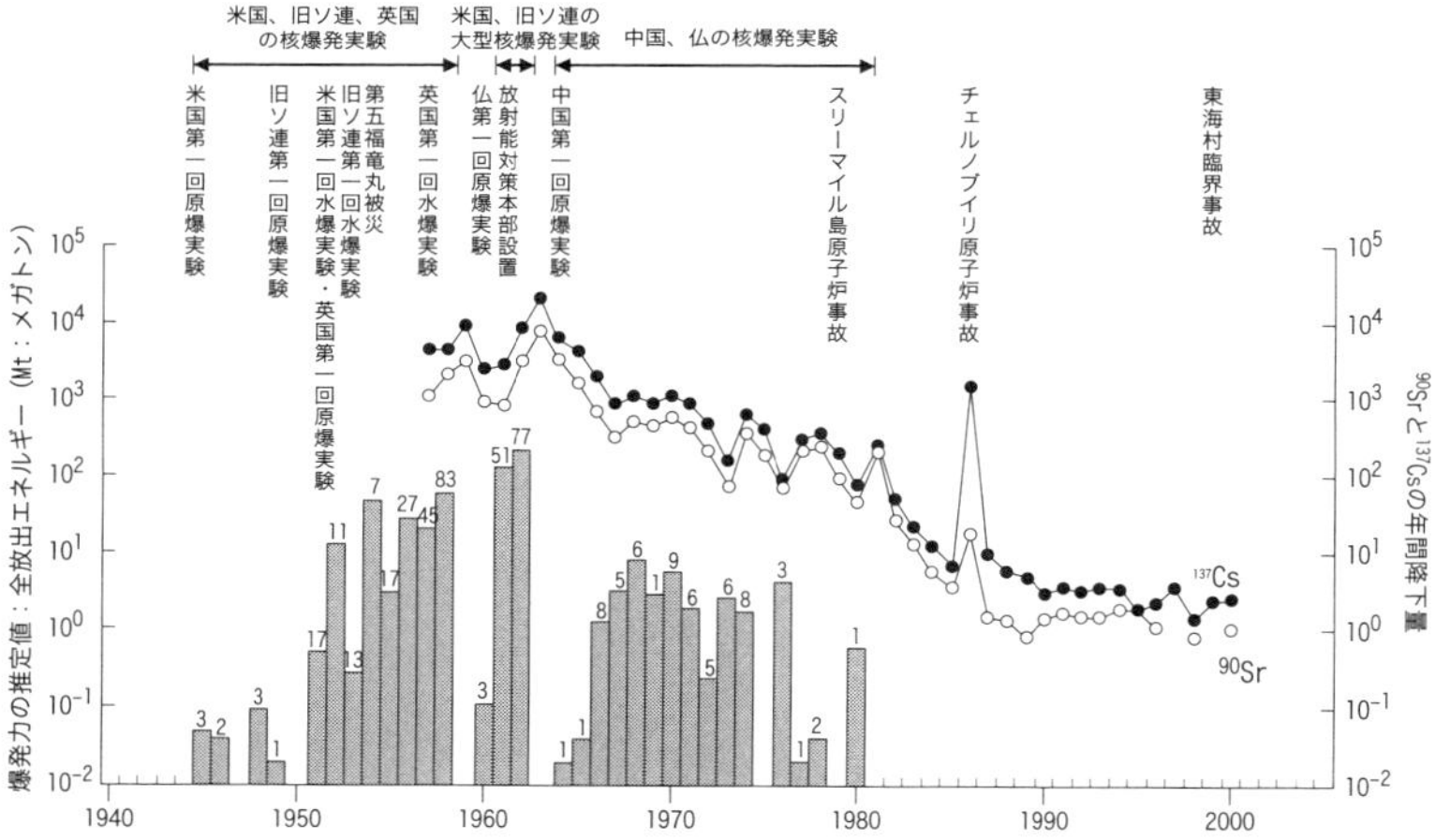

出典：農業と環境 No.174（2014 年 10 月 1 日）独立行政法人農業環境技術研究所
http://www.niaes.affrc.go.jp/magazine/174/mgzn17407.html

図 4　気圏内核爆発・実験の年次ごとの回数と爆発力の推定値およびわが国における 90Sr と 137Cs の降下量（駒村ら「わが国の米、小麦および土壌における 90Sr と 137CS 濃度の長期モニタリングと変動解析」『農業環境技術研究所報告』第 24 号、2006）

一九四五年から一九八〇年にかけての大気圏核実験（五〇〇回以上）による放射性物質による汚染状況（図4）は、放出されたセシウム137の総量だけでも、福島原発事故の七〇倍規模、チェルノブイリ事故時の一一倍規模であった。一九六一〜六二年にかけての核実験の影響データでも、欧州（ポーランド、ドイツ、オーストリア）ではチェルノブイリ事故による放射能汚染との比較で半分から一〇分の一レベル（最大値）にあり、影響が大きかった様子がわかる（表1）。こうした実態は、過ぎ去った時代のなかで広く社会的に認知されてこなかったのであった。

同じくチェルノブイリ原発事故時の放射能汚染は（当時の規制基準は三七〇ベクレル／キログラム）すでに過去のこととされてきたのだが、日本での規制基準が事故当時の暫定基準五〇〇ベクレル／キログラムから一〇〇ベクレル／キログラムとなったことで、今日再び身近な輸入食品でチェルノブイリ放射能汚染が残存していることが検出され

表１　大気圏内核実験による体内放射能とチェルノブイリ事故による体内放射能

日本		欧州		
		ポーランド	ドイツ	オーストリア
大気圏内核実験、米国とソ連（1961年―1962年）				
最大値	730	850（＊1）	782（＊1）	337（＊1）
平均値	510			
平均値のチェルノブイリ事故との比	約20倍	0.5倍	0.5倍	0.1倍
大気圏内核実験、中国				
最大値	185			
最大値のチェルノブイリ事故との比	約5倍			
チェルノブイリ事故（1986年―1987年）				
最大値（正味）	40			
平均値（正味）	20	1700（＊2）	1500（＊2）	2800（＊2）

（放射能の単位はBqで数字は丸めてある）

＊1　UNSCEAR Report, 1977 Annex D Table.19から。
全身カリウム量を140 gとして算出。

＊2　UNSCEAR Report, 1988 Annex D Table.16から。
スイス、フランスでは大気圏内核実験による体内放射能の方がチェルノブイリ事故による体内放射能のそれぞれ、1.4倍と1.7倍で高かった。

出典：高度情報科学技術研究機構（RIST）サイト
http://www.rist.or.jp/atomica/data/pict/09/09010409/01.gif

だしていることにも注意したい（「有機農業ニュースクリップ」二〇一二・九・一九　五四四号）。

核の平和利用に関わるもう一つの状況としては、冷戦体制の終結後に核軍縮が進み、核兵器の解体にともなって摘出された高濃度ウランやプルトニウムが原子力燃料に利用されている事態がある。一九九三年の米国ロシア高濃縮ウラン協定によって創設された「メガトン（核兵器）からメガワット（電力）へ」プログラムにより、解体されたロシアの核弾頭から回収された高濃縮ウラン（HEU）を二〇一三年まで米国の商業用原子炉に適した低濃縮ウラン（LEU）として購入し転用される（ダウンブレンディング）というものである。そのプログラムでは、数千発の核弾頭の解体と燃料化の過程で数千人のロシアの原子力技術者の雇用がもたらされるとともに、その利用量は、米国の原発からの電力（総量の約二割）の約半分をまかなう規模だという。世界の核弾頭の保有推定量では、ピーク核弾頭数が米国三二万（一九六七年）、ロシア四〇万（一九八六年旧ソ連）からそれぞれ約四分の一まで削減されてきたという（米国国家核安全保障局）。

こうした動きは歓迎すべきことだが、他方ではウラン市場価格の大幅な低下をまねくことで原発稼働の追い風になるほか、原子力産業の輸出（市場）拡大圧力にもつながるもので、「原子力ルネッサンス」を後押しすることになったと考えられる。しかしながら転用燃料にMOX燃料（ウランとプルトニュウムの混合酸化物）がつくられていることから、MOX燃料利用にともなう事故リスクの大幅な上昇（重大事故）が懸念されている。ここに、核の兵器利用と平和利用の一体性の問題が現れており、いずれの過程でも大量の放射性物質の処理と隔離問題がつきまとい、危険と環境負荷の矛盾が増殖して進行していくジレンマをかかえている。

四　グローバル・リスク社会の混迷化

現状としては、フェーズⅡとして推移している段階なのだが、二一世紀の昨今の世界状況を洞察すると新たなフェーズⅢのような状況に入り始めているのではないかと考えられる。戦後の東西対立と冷戦構造がおわり、経済のグローバル化（市場競争の激化）と米国の一極支配構造が揺らぎ始めた時代状況下で、格差・貧困問題などの社会不安定化や国際関係の流動化が進行しつつある。経済面でも政治面でも国家基盤の揺らぎが起き始めており、とくに金融危機の後、債務危機（国家財政の破綻）的なリスクもじわじわと進行しつつある。こうした不安定化と複合リスク状況の先には、かつて踏み込んでしまった戦争リスクさえも想定しておくべきかもしれない。

それはリスク対応の落とし穴とでもいうべき事態であり、見方によっては戦争とはリスク対応を国家事業として遂行する性格をもつ点に注意しなければならない。この点は、つい最近の米国のイラク戦争においても指摘された問題視された。さらに今日では、幾つかの場所でテロや内戦状況が噴出する状況が生じている。それらがくすぶりの火種に留まるかどうか、予断を許さない時代に入り始めている。リスク対応を誤ることで制御不能に陥る悲劇は枚挙にいとまなく、原発災害（社会的制御不能）のみならず、巨大社会災害（国家的制御不能）として戦争さえもが、ひき起こされるのである。「冷戦の政治的緊張の時代」から、「国際的な経済競争の時代」をむかえ、そして今や「地域・国家・国際社会の流動化・不安定化の時代」（グローバル・リスク社会）へと進みつつある。

すなわち核利用のフェーズⅢの時代とは、核兵器の残存、原発の普及拡大が進むなかで、核がはらんでいるリスク構造が重層的かつ複合的に蓄積していく時代といってよかろう。そこでは表面上は見えにくいが、何らかのかたちで暴発する可能性が潜在化する時代状況（巨大リスク世界）として進行していくフェーズといってよい。核リスクの現れ方は、天変地異（災害）や人為・管理的ミス、ＩＴ（情報技術）の脆弱性、制度的硬直性（隠ぺい体質）などからくることも想定される。新興国への原発利用の拡大は、その可能性を大いに想起させる。あるいは、9・11に象徴されるテロ問題（日本でも起きたオーム真理教のサリン事件、サイバーテロの脅威）など社会構造的な矛盾から、核が標的として浮上する可能性も今後現実味をおびてくることが考えられる。

いずれにしても、原子力という今の人類が対応することが非常に困難な潜在リスクを温存、存続させていく状況が続くかぎり、私たちはフェーズⅢの時代に入っていくことでの巨大リスク〈原子力〉世界との共存という事態を、当分の間は覚悟しなければならない。

参考文献

有馬哲夫『原発と原爆「日・米・英」核武装の暗闘』文春新書、文藝春秋、二〇一二年

伊藤英明『放射能を浴びたX年後』講談社、二〇一四年
加藤哲郎、井川充雄編『原子力と冷戦―日本とアジアの原発導入―』花伝社、二〇一三年
古沢広祐「個人リスクと社会リスクを克服するために―食・農・環境からみる原発と消費者・生産者―」農文協編『脱原発の大義』農文協ブックレット5、農山漁村文化協会、二〇一三年
ベック、ウルリッヒ『世界リスク社会論―テロ、戦争、自然破壊―』島村賢一訳、平凡社、二〇〇三年／ちくま学芸文庫、二〇一〇年
ベック、ウルリッヒ、鈴木宗徳、伊藤美登里編『リスク化する日本社会―ウルリッヒ・ベックとの対話―』岩波書店、二〇一一年
ベック、ウルリヒ『危険社会―新しい近代への道』東廉監訳、二期出版、一九八八年／東廉、伊藤美登里訳、叢書・ウニベルシタス、法政大学出版局、一九九八年
山下祐介『東北発の震災論―周辺から広域システムを考える―』ちくま新書、筑摩書房、二〇一三年

参考ウェブサイト

青山貞一「正当性なき米国のイラク攻撃（2）軍事帝国、米国の実像」、Alternative Media（戦争と環境）、環境総合研究所、サイト掲載日二〇〇三年一月四日。http://eritokyo.jp/war-env/newyearcolum2.html
ニューマン、アンドルー「メガトンからメガワットへ」核兵器のない世界、国務省国際プログラム局のE―ジャーナル、在日米国大使館サイト、掲載日二〇一〇年一二月一一日 http://aboutusa.japan.usembassy.gov/j/jusaj-ejournals-nuclear10.html

グローバル化時代の「共存」と越境的ガバナンス

——対立・共存・共生——

磯村早苗

一　問題設定——「国際共存」の視点——

アクターの多様化と冷戦終焉後のグローバル化の進展、そして地球環境、人権などのグローバル・イッシュー(地球的問題群)の深刻化は、越境的な政策的対応を必要とし、経済のみならず政治・社会・文化領域においても、国家主権をめぐって新たな国際状況を生み出している。現代世界は、一方で主権国家間の経済的相互依存とパワーシフトの様相を呈する主権国家体系の世界と、他方で、グローバルなあるいは地域的な規模で、一国では解決不可能な越境的イッシューを抱えた「グローバリゼーション」の世界とが共存している。これは、「国益」の世界と「国際公共財(＋グローバル公共財)」の世界との共存であり、二つの異なる価値体系とゲームのルールとを持った世界が同時に存在しているということである。

『共存学2』における苅田論文（「「共存」について」）によれば、共存とは異質な複数のものが、相互に認知しあいながら、同時に存在している状態である。共生と比較すると、共存は単に複数の集団が同時に存在していることを示すのに対して、共生はそれに加えて、その集団間に相互的または一方的な利益関係が存在している場合であることが多い、とされる。ただし、共存も共生も、相互の存在は認知している状況である。ガルトゥング（Galtung）は双方がプラスの利益関係をもつ相互関係を相互共生と呼び、この概念を英語でいうコンビビアリティ（conviviality）として厳密な意味での共生概念であるという（「「共生」（kyosei）概念について」一八九〜一九一頁）。

「共生」は平和と秩序という理想と目的価値の成立状態であり、平和の条件を達成した状態を示すものと捉えておこう。国際政治研究や平和研究では、共生あるいは国際共生概念の研究が多くみられるが、それは共生の条件を研究することにより、平和の条件の欠如要素を知り、共存から共生への展開を生むには、何をどのように実現してゆけばよいかを検討しようとするからである。それは、紛争の発生から、対立の調整と共存の確立へ、そしてさらに積極的な対立主体相互の協力状態（共生）へと向かう過程を想定している。この場合、単線的ではないにせよ共存は出発点であり共生は到達点として考えられないか。グローバリゼーションのなかで、国家の絶対性が変質し、越境的な論点の比重が増している。主権国家間の共存というテーマは現実にはまだ主要な論点であるが、多様なアクターが国際レベルで正統性を以て行動するには、共存を含む共生の条件を想定することが必要になっているのではないか。

民主的政治制度、法制度、合意形成、協定などは、目前の紛争状況＝現実を武力紛争状態から脱却させ、最小限、共存状態にするための仕組みを表現したものである。それは紛争解決の構想について一つの規範的モデルを表しうるとしても、それをめぐる実態は様々な矛盾や対立を擁しているであろう。本稿では、「共存」とは、「規範としての共生を想定しながらも、未だその積極的協力関係を十分に実現できないまま、当事者が同時に存在しているという条件下に留まるもの」という定義を追加しておきたい。紛争と協力をめぐる世界の実態は、恐らく多くが共存状態ではないか。ここに現実の分析概念としての「共存」概念の意味があると考える。また、規範としての共存の条件は共生の理念条件と協働することで効果をもつのではないかと仮定しておきたい。

本稿は、「紛争」と「協力」という、相反する要素を備えた国際政治の現状を、まず「共存」の概念として捉え、なかでも「国際協力」と「国際社会の組織化」を国際レベルの「国際共存」の問題領域として論じようとするものである。

二　国際共存と共生のための諸理論

共存のためのデモクラシー論として、リベラルなデモクラシー論と、分断社会のための権力分有論（「多極共存アプローチ」と「統合アプローチ」）、そして文化多元主義論があるが、このデモクラシー論の詳細は、本書の苅田論文に譲りたい。一点だけ、同一集団の内部の支持獲得競争過程での政治家や政党の急進化分子を論じる、統合アプローチの「競り上げ」抑制の理論は、国際レベルの集団間紛争における一部の急進化グループの出現や交渉における「拒否的アクターの存在」の理論と対照して興味深い。パレスティナ問題はその典型である。

文化多元主義の議論に関しては、キムリッカ（Kymlicka）に比べ、その立ち位置がよりグローバルであるメアリー・カルドー（Kaldor）の「グローバル市民社会」論の存在にだけ言及しておきたい。

「共生」概念についてはガルトゥングの、「「寛容」「対話」「共通性」をすべて合わせた積極的なものである」という表現（ガルトゥング前掲論文）と、千葉真の「実践的変革を志向し、「平和」を実現する道具的手段でもある」（「東アジアにおける和と共生の実現のために」三〇六、三一〇頁）という指摘を紹介しておく。

三　国際共存とデモクラシー

集団間調整を地球規模でみると、「民族の共存」という喫緊の課題は地域的な差はあれ、一方で国内の「政治統合」の課題として、他方では「国家間あるいは地域的紛争の平和的解決」の課題として、国内・国際両レベルでの連動を示してきた。しかし、集団間の調整をデモクラシーとして議論するには厳密に言えば集団代表選出の問題を避けて通れないが、国際社会には、一国における選挙母体の形での市民社会は存在しない。国内のデモクラシー制度と同じ過程、主体、手続き、機関、ルールをそのまま、国際的さらには越境的な枠組みに転換することは困難であろう。

グローバル・イッシューが増大し、政府主体だけでの対応が不可能になっている現在、第一に、暴力的にではなく民主的に決定するとは、国際社会では、どの範囲の誰を有権者（主権者）として、どの規模の選挙区あるいは選挙母体で、誰を候補にして選出を行えばよいのか（誰がどの集団を代表するのか）。既述のような背景では、国際政治レベルでの法的決定主体が国家のみであるとはいえ、実際の決定への関与主体が国家政府だけというわけにはゆかない。決定への関与主体は、国家、国際組織、国際ＮＧＯなど多様な主体が必要になるであろう。そのためにはどのような共存とデモクラシーの仕組みが考えられるのであろうか。

以下では、「国際共存、国際共生、越境的ガバナンス」という概念比較を行っておきたい。

1　国際共存概念

佐々木寛はＷ・グリフィス（Griffith）を引いて、「国家にとっては容易には相容れず、また不本意な存在ではあっても、自らの生存のためには勢力を均衡させせつつ共存への道を選択するほかはないという意味で、国際共存概念は用いられてきた」と述べている（『東アジア〈共生〉の条件』七頁）。特に核兵器の登場により紛争による「共滅」の可能性が出現することによって、国際共存の用語は重みを増してきたとされる。

ここでは、国際共存とは、「本来、相互に競争的な異質な集団（特に複数の国家）の間で、生存のために協力しつつ、同時に存在している状態である」と規定しておく。国際政治においては、用語としては国際共存より平和共存の方が多く用いられた形跡が多く、冷戦期の米ソ対立または東西対立が典型であろう。この場合、米ソ関係は明らかに政治的戦略的に敵対関係にある者同士の共存である。国際政治における共存概念は国家間において戦略的意味で明白に敵対しているが、その対立が武力紛争や戦争に至っていない敵対者同士の同時存在を意味すると考えられる。ここでの共存は、外交に支えられる。

また国際共存では、平和構築等にみられるように、共存を安定させるために現在の世界で関与が求められる主体は、国家や民族集団の代表に限らず、国際機構や国際ＮＧＯ、グローバル市民社会といった多様な非国家的主体を含む。それはすでに、国際共存を出発点とし、国際的公共性とグローバル公共性の理論を視野に入れた国際共生を目標価値に据えた過程の始まりである。この国際共存の近接概念は、国際合意や国際条約、国際協定、国際協約そして国際協力（「国家間闘争の制度化」）であると考えてよいであろう。

なお、国際共存の具体的形態として、国際協力と国際的組織化の理論の一部について、その類型を簡単に見ておきたい。グルームとテイラー（Groom & Taylor）は、調節理論と統合理論、そして世界システムの三つの理論群を紹介している。「調節理論群」には、調整理論、協力理論、調和理論、連合理論、超国家主義があり、「統合理論群」には、共同体理論（交流理論）、新機能主義、地域主義がある。一線を画するが、多極共存理論（consociationalism）をＥＵ統合に適用すると、統合（地域的機能的協力の強化）は、国家間そして社会における亀裂を先鋭化させる可能性を示唆する。世界システム理論としては、レジーム論を中心に論じている（*Frameworks for International Co-operation*）。

2　国際共生と越境的ガバナンス（グローバル・ガバナンス）

国際共生

それでは、「国際共生」概念を考えてみる。第一に、黒沢満は、純粋に国内的な事象は除いた方が、分析概念として望ましいと述べている。確かに、明確に国際共生の事象と言えるのは、国際政治や国際社会における行為体の間での事象に限定した場合である。ただ、すでにみたように、世界全体として見た場合、国際政治と国内政治との境界線は現在、曖昧であり、アプローチの方向によっては両面性を持つ事例が存在しうることは、留意すべきであろう。ただし、関与する行為主体は国家・政府のみではなく、国際組織・国際ＮＧＯ等を含む。黒澤は、国際社会で行為する個人も対象とするとしている。（『共生とは何か』vi頁）

第二に、「国際共生」の問題領域としては、「平和」、「正義」、「公正」、「公平」、「衡平」などの領域を含み、消極的平和に留まらず、公正な経済、人権保護、環境の保護などを含む積極的平和を含む。平和と安全という目的の達成方法として安全保障においても、軍事を中心とした伝統的「国家安全保障」、「国際的安全保障」から個人を重視する「地球的安全保障」、「人間の安全保障」という概念に移行し、そして安全の領域も「経済安全保障」、「エネルギー安全保障」、「食糧安全保障」、「環境安全保障」という広がりを見せる。

第三に、国際共生の目的は、国際社会で平和および正義・公正を充実させ実現することである。個人・集団のレベルで、人間の尊厳が重視される社会を確立することである。黒澤によると「国際社会における行為体の間」で「単に関係が存在するだけでも、単に交渉や意思疎通が行われるだけでもなく、両者がともに積極的な利益あるいは成果を生み出すような関係を構築することであり」、ポジティブサム・ゲームを行うことである（『国際共生とは何か』、vi—vii頁）。これは、国際的主体間での平和等の達成のみならず、国際（グローバル）公共性の強化に向けて行為することであり、国際公益にかかわる概念である。このように、国際共生は、国家間関係の領域に留まらず、具体的な文脈では、越境的ガバナンスの構築とグローバルな秩序形成にかかわる問題となってくる。

越境的ガバナンスあるいはグローバル・ガバナンス

ガバナンスは、国家を超えた多元的な主体や重層的な決定過程を通して、グローバル・イッシューの解決に対応するための民主的な統治（共治）を意味し、国家主権の相対化を基礎に論じられ、「政府なき統治」ともいわれる。国際レベルでは、中央政府を持たない国際政治で、地球規模の問題に対応するために、公的決定過程にNGOなど民間の集団を関与させる政治的枠組みである。本来、主権国家のみが問題解決の国際的決定にかかわってきたが、一国では解決不能な越境的イッシューを政府間だけで協議決定するのは効果的とは言えない。しかし国内的代議制民主主義の決定過程を単に模すことは、選挙区を持たない国際レベルでは無理がある。世界国家・世界政府は存在しないからである。国際社会では国際法上対等な権限を持つ国家だけが決定に関与することになり、この過程を民主化するには直接民主主義などの多様な形を取って影響を与えることが必要と考えられている。国際機関、NGO、各国政府、自治体等、多様な主体が協働して解決の公式・非公式のルールによって対応する枠組みが、グローバル・ガバナンスであり、越境的ガバナンスである。ここでの行動原理は、グローバルなあるいは国際的な公共性や国際公共財の視点と価値観である。国際環境会議での政府間会議とNGO主体の会議を並行させる試みなど、多様な形を取っている。ただ、ガバナンスとしての最終的な形態や制度が、現段階で確定しているわけではなく、提示されたある種の価値と理念のモデルを意識しつつ行動して、徐々に法体系や組織へと制度化を蓄積していくものである。グローバル・ガバナンスはその意味で、共存から共生への変容過程の表現だともいえるし、将来構想としての性格をもつことでは、目的としての規範性を示すものでもある。

3　国内共存と国際共存

地球規模でみるならば、政治統合の成否が民族共存の主要な条件を構成するのであり、民族の共存を論じるにあたって、アイデンティティとしての民族だけでなく、政治・経済政策という世俗的要因の成功如何という点にも比重を置く、二面からのアプローチが必要であるという主張がある。藤原帰一は、紛争が民族化する時点は、より大きな政治変動とその結果としての政治統合の失敗によって、具体的に検討もできると指摘している（「国民の崩壊・民族の覚醒」三〜二四頁）。

国内共存と国際共存

藤原の論じた民族共存の条件は、一応国民統合の文脈で語られるが、現代の民族紛争は、隣接国家間の国境をまたぐ民族の統合要求の事例を数多く示している。これらは、武力紛争の終結ないし回避をめぐる共存の問題領域である。そして、藤原の議論は、国内での民族共存に限らず、越境的レベルの「共存の条件」に適用可能なものでもある。なぜなら、旧ユーゴスラヴィア、中東、ウクライナ問題、アフリカ諸国の隣接地域を巻き込んだ地域紛争等、深刻な武力紛争化した事例の多くにおいて、国連を中心とした国際社会が行っている平和構築の政策と活動が選択肢として提示する解決構想は、現状では民族共存の境界線をどこかに引いて、それぞれの国家を独立させるか、多元的民族国家を形成するか、いずれかにならざるをえないからである。多元的民族国家の形成の場合は、国内統合と民族共存との二つの要素をどのように両立させるかという問題であり、そのためのデモクラシー政治体制の構築が課題である。

出来上がった国家が複数に分離した場合は、独立国家を創設することになって国際的共存のケースとなり、それら主権国家間の平和的共存が問題となり、和平条約や協定等、国際法レベルの条件整備が必要になると同時に、国際的レベルでの法の遵守をいかに保証するかが問題となってくる。これは、紛争の平和的解決、平和維持、平和構築による国際社会の関与と秩序形成の問題であり、平和に関するグローバル・ガバナンスの問題である。つまり、共存状態において共生への動きが作動し始める時点で、その動きの方向を決定づけ支えるものとしてグローバル・ガバナンスが位置付けられる。その意味で、冷戦後のグローバル・ガバナンスは共存を創出するところからそれを前提として稼働するところまでを含む過程である。

現実の動向

第一に、日常的な政治・経済・文化の領域での利益調整と(武力に至らない)紛争の解決においては、国家間外交、マルティラテラリズム(多国間主義)による国際組織による調整、国際NGOやグローバル市民社会を政策決定過程に関与させるガバナンスの構築、(国家間での)地域共同体の構築などによって、日常的対立や紛争を解決していく方法が取られる。貧困のように国内・国際レベルの多層的な対応と調整が必要なもの、TPPのように国境措置が争点になる国家間外交による合意形成の場合もあれば、グローバル化の中で、環境や人権問題のようなグローバル・イッシューをめぐりグローバル公共性を考慮に入れなければならない問題領域もある。こうして、多様な主体の関与によって利益対立の中での共存を図る現実過程が進行しており、国際レジームやシステムの制約と個別国家間の交渉は同時進行なのである。

第二に、武力紛争の解決に関しては、「日常的な調整」の域を超え、国連憲章第六章および第七章に則って究極的に軍事制裁を含む対応が制度化されている。しかし、「共存」の観点からは、基本的に非軍事的対応とそのための調整が重要である。世界政治の行動主体は多様であるが、「国際の平和および安全の維持を危うくする虞のある」主権国家内あるいは国家間の武力紛争および武力紛争の虞のある対立においては、まずは各国政府の協力を得て平和的に解決することが、国際社会で「政治」が成立するための主要な条件である。それに加えて、非国家的な行動主体の関与および管理の必要が増している。たとえば冷戦後は、「人道的介入」、具体的な和平合意の達成(「平和創造」)、平和維持、そして紛争後の平和構築という「平和へのアジェンダ」による国際社会の積極的関与を通して、紛争解決過程に関与する主体については日常的利益調整の場合と同様に多様な主体を想定するようになった。平和と安全保障の問題においては、グローバル・ガバナンスの関与が避けられなくなっている。

しかし、国際的テロリズムと「反テロ戦争」の時代に入った今日、国連憲章が想定するものを大きく超えた、非国家的かつ非領域的なグローバルなネットワーク型の主体による「武力の行使」が越境的に行われるようになっている(ただし、「イスラム国」は、「越境的に」領域支配を目指す点で、従来の国際テロリズムと異なる)。この状況では、誰が、誰と誰との「利益調整」を、いかなる方法で行うのか。国家間のみならず、平和をめぐる利益調整が民主的・平和的方法で行われる共存の条件を探るのは、国際政治の喫緊の課題である。

このような新たな状況を含む国際レベルでの利益調整は、対立する当事者の特定から始めなければならず、政治的行為としては、集団関係を共生の理念的条件として規範化しつつ、まず現実の共存を目指して交渉、合意、制度設計へと進むしかない。現状のような国際テロリズムにかかる武力対立を伴う敵対関係は、それを共存に切り替える意思がなければ、軍事対決を続けるしかなくなる。その場合、たとえば「イスラム国」のような宗教性をもつ主体を拒否的アクターから脱却させる具体的過程としては国際共存の方法を探るしかない。その場合は、行動の理念と方法および方向を決定づけるには、対話・寛容を説く「共生・国際共生」概念が必要であり、関係主体の利益調整によって合意を形成し平和構築を行って、国際共存の条件を創出するには、国家のみならず国際組織等、多様な主体を必要とする。

四　国際共存、国際共生、越境的ガバナンス——理念モデルと実態——

ここでは、国際共存の事例としてEUとボスニア・ヘルツェゴビナの平和構築の例を紹介して、実際の集団間利益調整において、国際共存をどの様に捉えられるか、考える契機にしてみたい。

1　EU

EUの政治体制自体は、sui generis（前例のない新しい政治体制）と呼ばれ、単なる国家連合でも連邦制国家でもなく、高度な超国家的組織体にのみ帰せられるものでもない。EUでは、加盟国の主権性の扱いとして「主権の共有」を行う。もちろん部分的共有であるが、共存の一つの形だと考える。また、EU加盟条件と言われる、コペンハーゲン基準は、欧州レベルでの共存から共生への可能性を潜在させている。しかし、多少の運用によって、種々の矛盾や対立要因を抱えており、政治基準においても今後の充実と実現を必要としている。

国際共存を論じるうえで、EUが関係するのは、加盟国の国益とEUレベルの利益とが対立する場合に、EUとしてはどのような分裂解消策をもっているか、である。例を挙げると、一九九二年調印のマーストリヒト条約では、EUの行動に関して、個別授権原則、補完性原則、比例性原則という原則を導入した。これは、EUへの権限移譲が過剰にならないよう、各国の多様性と欧州市民の視点を重視したものであった。また、一九九七年合意のアムステルダム条約は、その第七編において、柔軟性の原則を導入し、より密接な協力に合意をしたが、重要な国益を害するときは（各国に）拒否権を認め、統合の先行国を認める合意である。これは次のニース条約で「先行統合」として、さらにリスボン条約で「強化協力」規定へ発展的に受け継がれた。これは共生というより共存の基礎である、それぞれの国家の主権を重視する方向で確認しているといえる。

政策面では、ユーロ危機のような具体的な対立の様相もみられるが、他方では、政策内容において、マーストリヒト条約およびそれ以降の連合条約では、共通政策の分野を拡大し、特に共通外交安全保障政策（ＣＦＳＰ）や共通防衛政策（ＥＳＤＰ）のように、ハイポリティックスの分野での共通政策化を模索している。対象になる個別政策が急増するわけではないが、この問題領域の協力を欧州レベルで制度化へと進める動きは注視する必要があろう。とはいえ、各国の独自判断が最も慎重に対応される分野でもある。イラク戦争の突入前の国連で、独仏両国がアメリカに反対し、イギリスとスペインがアメリカに同調したのは、記憶に残るところである。

また、ＥＵは、その政策決定手続に関しては、三つの主要機関のうち、欧州理事会と欧州議会の二機関による共同決定分野を拡大しており、現在では、ＥＵ法制の大半が共同決定により決定される。欧州理事会は各国の閣僚がメンバーの閣僚理事会であり、これは国益を代表して利益調整をする機関である。対する欧州議会は、各国をそれぞれ一選挙区として、欧州市民による直接選挙によって選出される議員から構成される、ＥＵを代表する機関である。つまり、法案の決定の多くが、国家レベルの事情を反映した判断と欧州レベルでの民主的正統性を持った議会の判断とのすり合わせで決められることになる。その二つの機関の決定過程での力関係を見ると、ＥＣからＥＵへと発展する中で徐々に、議会側の権限が拡大してきた。最初は単なる諮問機関に過ぎなかった欧州議会が、現在では既述のような権限を得ている。これは、欧州統合の進展を示唆するものと解釈される。国際協力の視点からは、共存の強化ということになるのかも知れない。

結論から言えば、ＥＵはＥＵの基本理念を共有し制度化するところから出発しているという現実をみると、世界の中でも突出して安定した共存関係にあるといえよう。ただ、政策にせよ、決定手続にせよ、共生へ向かうベクトルばかりではないが、この集団は、ドイッチュ（Deutsch）がいうところの多元的安全保障共同体を確立しており、多様性を有しながらも、現在は協力と共存状態を維持している（*Political Community and the North Atlantic Area*）。ただ、国際協力に対して多極共存理論の視点から指摘された、エリート・カルテルのディレンマ問題、すなわち、リーダーと大衆側との利益が乖離する恐れとそれが民衆管理の強化を導きデモクラシーに対して懸念をもたらすことは、傾聴に値する。この警告を考慮するなら、統合を進めるためにリーダー間の調整を重視しすぎると、市民が反発して統合が阻害されることになる。それは理論上だけでなく現実に市民が反ＥＵの意識を強めＥＵの憲法条約を拒否したことにもみられる。

2　平和構築とボスニア・ヘルツェゴビナ

平和構築は、和平合意を維持し、停戦監視を続けるうえでは軍事要員が必要であり、人びとの生活のためには人道支援が、経済復興支援として開発協力も必要となる。平和構築活動で頻繁に指摘されるのが、「法の支配」の確立ということである。治安、安全、経済基盤の回復は基本である。戦闘員であった者には武装解除から雇用創出、社会復帰、そして医療、教育、戦争トラウマの心理的ケアも重要である。社会インフラの必要性は当然だが、内戦によって共存条件が破壊され憎悪が残ると、相互信頼や理解の回復は容易ではない。平和構築活動自体、国際協力と国際共存の一形態とみなすこともできると同時に、紛争もマイノリティ民族の分離独立要求という民族共存における「国家性問題」あるいは「国民統合問題」が争点となった場合、紛争後に藤原のいう「戦争の記憶」が残り、憎悪を再生産して紛争が再発する危険を排除できない。

以下、ボスニア・ヘルツェゴビナについてみていこう。当地は旧ユーゴ連邦を構成した共和国の一つで、人口約四三〇万人のうち民族構成はムスリム系四四％、セルビア系三三％、クロアチア系一七％であった。一九九二年四月、独立を巡って民族間で紛争が勃発し、その結果、死者二〇万、難民・避難民二〇〇万という犠牲者と被害者を出したが一九九五年一二月のデイトン和平合意により戦闘は終息した。その結果、ボスニア・ヘルツェゴビナは、ムスリム系およびクロアチア系住民が中心の「ボスニア・ヘルツェゴビナ連邦」と、セルビア系住民が中心の「スルプスカ共和国」という二つの主体から構成される分権性の高い多民族国家となった。

和平の履行においては、軍事面での成果で治安が得られた結果、二〇〇四年にボスニアの治安維持を目的としてNATO中心の多国籍部隊からEU部隊、EUFOR（EU Force in Bosnia and Herzegovina）に引き継がれた。

現在、民族対立は完全に解消されてはいないが、ボスニアの政府は両民族の共通目的であるEUおよびNATOへの加盟を実現すべく改革を進めている。二〇〇八年にはEUとの安定化・連合協定にも署名した。しかし、二〇一〇年の国政選挙後、主要政党間の連立交渉が難航し、新政権発足は総選挙から約一六ヶ月後の二〇一二年となった。その後、スルプスカ共和国では、政府や議会での民族主義的な言動や反デイトン合意の動きが見られる。またボシュニャク人の政党間でも主導権争いが表面化し、政治的安定は脆弱になっている。

なお、複雑な民族間の線引きの例をボスニア・ヘルツェゴビナのブルチコ行政区にみておきたい。ブルチコ行政区は、紛争後の和平合意であるデイトン合意に基づいて、ボスニア・ヘツツェゴヴィナの二つの構成体の境界を定め、ブルチコ地区のうち、同地区を含む四八％がスルプスカ共和国、残りの五二％がボスニア・ヘルツェゴビナ連邦に属すると定められた。紛争後、この地区では欧州連合によって平和維持活動が行われ、二〇〇六年にはブルチコ行政区における二つの構成体の境界線は廃止されたが、かつてはクロアチア人、セルビア人、ボシュニャク人が平和的に共存していたブルチコ地区は、現在でも分断状態が続いている。

このように、国際協力でもありグローバル・ガバナンスの活用でもある平和構築活動が紛争後の国内的共存を定着させるには未だ時間が必要であり、国際社会のプレゼンスを必要としているというのが現実である。紛争後平和構築の成功には、今後、実経験の情報化と、個別のケースに対応する条件開拓が必要であろう。

五　共生との協働——国際共存への課題——

グローバル化時代の世界を、国際共存概念で捉えてみようというのが、本稿の目的であった。そのために、共存、共生、国際共存、国際共生、越境的ガバナンス（グローバル・ガバナンス）という類似概念を整理しながら、これらの概念が、現実分析と説明にどのように適用されるか試みた。

一の「問題設定」では、二つの仮定を行った。第一は、「共存は出発点であり、共生は到達点としてあるのではないか」というものであり、その意味で、共生は「平和と秩序という理想と目的価値の成立状態であり、平和の条件を達成した状態を示すもの」という補足的な条件も提示した。これに対し本稿では、各概念の定義と内容、必要とする条件を検討し、この条件で現実の平和的調整を行うための制度や活動を、デモクラシー理論や国際協力／組織化論に対照しながら検討した。

第二の仮定は、「規範としての共存の条件は共生の理念条件と協働することで効果を持つ」ということであった。共存状態は、紛争にも安定にも進展しうる状態である。したがって、共存状態の管理には方向性の確認が必要である。平和構築論等をみると、共生の理念はその方向性を探るうえで、助けになるものであろう。

結論から言えば、共存の条件は、共生の条件の出発点を示しており、共生理念は目標として方向を決定づけることを可能にするものとして機能しうる。共存は規範でもあり、現実の状態であり同時に過程でもある。どちらに動くか。共存の確立のために共生との協働が期待されるところではないだろうか。

参考文献

植田隆子、町野朔編『平和のグランドセオリー序説』風行社、二〇〇七年

苅田真司「「共存」について—政治哲学的考察—」國學院大學研究開発推進センター編、古沢広祐責任編集『共存学2 災害後の人と文化、ゆらぐ世界』弘文堂、二〇一四年

ガルトゥング、ヨハン「「共生」(kyosei) 概念について」村上陽一郎、千葉真編『平和と和解のグランドデザイン—東アジアにおける共生を求めて—』風行社、二〇〇九年

佐々木寛「「国際共生」概念の意義〈危機〉から〈共生〉へ」黒澤満編『国際共生とは何か—平和で公正な世界へ—』東信堂、二〇一四年

佐々木寛『東アジア〈共生〉の条件』世織書房、二〇〇六年

千葉真「東アジアにおける和と共生の実現のために」村上陽一郎、千葉真編『平和と和解のグランドデザイン—東アジアにおける共生を求めて—』風行社、二〇〇九年

平島健司編『国境を超える政策実験・EU』東京大学出版会、二〇〇八年

藤原帰一「国民の崩壊・民族の覚醒—民族紛争の政治的起源—」日本比較政治学会編『民族共存の条件』早稲田大学出版部、二〇〇一年

Deutsch, K., *Political Community and the North Atlantic Area :International Organization in the Light of Historical Experience*, Greenwood Press, 1957

Groom, A.J.R. & P. Taylor (eds.), *Frameworks for International Co-operation*, Pinter Publishers Limited, 1900

Kaldor, Mary, *Global Civil Society: An Answer to War*, Polity Press Ltd., 2003（メアリー・カルドー『グローバル市民社会論—戦争へのひとつの回答—』法政大学出版局、二〇〇七年）

Krasner, Stephen D. (ed.), *International Regimes*, Cornell University Press, 1983

共存の政治的条件
――権力分有論と多文化主義――

苅田真司

一　問題設定

二〇世紀後半の政治学の重要な発見の一つは、多数決型と異なるタイプのデモクラシーの発見である。多数決型の代表であり、長らくデモクラシーの典型と考えられてきたイギリスに対比する形で、「大陸型」と呼ばれたデモクラシーの類型は、アーレント・レイプハルトによって、「多極共存型デモクラシー」という名称を付与され、その特性の解明が進められた。

オランダやベルギー、オーストリアを典型とする多極共存型デモクラシーは、多数決原理とは異なる原理に基づきつつ、安定した政治運営を実現していた点で大きな注目を集めたが、同時に、そうしたデモクラシーの基盤となる社会構造は、レイプハルトが定式化を行った時点においても、すでに融解をはじめていた。そのため、記述理論としての多極共存型デモクラシーは、歴史的分析の際に用いられるか、または、その崩壊過程を主たる対象として用いられることが多かったことは否めない。

他方、こうした多極共存型デモクラシーが持つ規範的な含意は、レイプハルト自身によって「権力分有論」として発展し、多くの「民主化」事例において、そのモデルとして採用されるに至っている。権力分有論においては、多極共存型デモクラシーと同じく、複数の政治的集団に対して、非多数決型の権力配分を行うことで、民主化初期における諸勢力の対立を防ぎ、安定した政治の実現が可能になるとされている。

記述理論を出発点とする権力分有論に対して、まったく別の角度から非多数決型の政治運営の必要を主張する規範理論がある。ウィル・キムリッカを代表とする多文化主義的政治理論である。多文化主義の重要な主張は、各集団の自律性の確保と、それらの集団に対する集団別権利の保障であるが、その重要な要素の一つに、各集団の発言権を確保するための「集団的代表」の理念がある。それは社会的集団の自律性を基礎に非多数決型の政治運営を行う権力分有論と、政治構造としては同型である。

本稿では、規範理論としての権力分有論と多文化主義的政治理論を比較し、その相違点を明らかにするとともに、双方の理論が相互に示唆するものについて明らかにすることを目的としている。規範理論としての権力分有論および多文化主義論の理論的構造や、その現実的背景となったさまざまな実践的事例を通じて現代における共存の政治的条件を理論的に探ることにしたい。

二　多極共存型デモクラシー論から権力分有論へ

多極共存型デモクラシー論の基本構造は、すでに政治学の世界では常識に属する。そのため、ここでは、ごく教科書的な多極共存型デモクラシー論の整理を行った上で、その規範理論バージョンである権力分有論について概説することにする。

レイプハルトによって「発見」された多極共存型デモクラシーは、民族的・宗教的・言語的に高度に分断された社会を前提として、以下のような制度によって、その平和的共存を図る政治体制である。すなわち、①主要な区画の代表である政党が「大連立」を組んで政権を担当すること、②重要な問題については多数決で決定するのではなく相互に「拒否権」を認めること、③政治的な資源（ポストや予算）を各集団規模にしたがって比例配分すること、④それぞれの区画に関わることについてはそれぞれの自治を認めること、である。

こうした政治運営が可能になる大きな理由としてレイプハルトがあげるのが、エリート間での協調である。つまり、対立する集団間であっても、エリート・レベルにおいて協調が成立することで、平和的な秩序が保たれるのである。そして、こうしたエリートの妥協が可能になる背景には、柱状社会と呼ばれる社会構造と連動した特殊なタイプの政党の存在がある。それは、ある集団内部で発達した組織や団体のネットワークを基盤として、その集団内部にのみ支持を求め、かつ、その集団の代表制をほぼ独占している政党である。各区画の独立性と隔絶性が高い結果、平和を生み出すために必要なエリート間協調が、エリートに対する信頼は低下せしめることなく可能になるのである。

レイプハルトは、この多極共存型デモクラシーを、オランダやベルギー、オーストリア、スイスといったヨーロッパの小国における政治の実証研究を基礎に考案したが、それは多数決原理に基づく政治運営をその基礎とするイギリス・モデル（ウェストミンスター・モデル）とは異なるデモクラシーとして大きな注目を浴びた。しかし、レイプハルトが、こうした議論を展開していた一九七〇年代は、ヨーロッパにおける経済成長と世俗化の進展を背景に、多極共存型デモクラシーを可能にする社会的条件である柱状社会が融解をはじめており、したがって、レイプハルトも多極共存型デモクラシーが、必ずしも安定的なものではなくなってきていることを指摘せざるを得なかったのである。

他方、多極共存型デモクラシーを記述モデルではなく、規範モデルに翻案したものが、権力分有論である。レイプハルト自身が、そうした規範モデルの構築とその適用に積極的であり、複数の和解不可能な社会的勢力に分割された社会構造を前提として、安定的な政治運営を可能にする政治体制として、多極共存型デモクラシーで明らかにされた諸要素を意図的に採用した政治体制を構築し、上記の四要素を統治構造に組み込むことについて、積極的な議論を展開している。

レイプハルト自身が関わった権力分有論に基づく政治体制の制度化の例として、南アフリカをあげることができる。一九九〇年のネルソン・マンデラの釈放以降、急速に進んだアパルトヘイト体制からの離脱の最終段階として一九九三年に暫定憲法が制定され、新体制が発足する。この暫定憲法においては、国民議会の選挙を比例代表制で実施することが定められ、五％以上の議席を有する政党から閣僚を出すことが定められていた。また、大統領は第一党から選出されるものの、二〇％以上の議席を有する政党に副大統領指名権が与えられた。その結果、一九九四年の選挙では、アフリカ民族会議、国民党、インカタ自由党の三党が五％以上の議席を占め、マンデラ大統領の下、連立政権として国民統合政府を構成した。また、各州政府には、大幅な権限が認められ、各地域における自治が可能であった。また、憲法改正に議会の三分の二の同意が必要であることから、拒否権制度も導入されていると解釈されていた。

もう一つ著名な事例としては、一九九五年のボスニア・ヘルツェゴビナ憲法があげられる。ボスニア・ヘルツェゴビナは、特殊な連邦構造を採用しており、ボスニア・ヘルツェゴビナを構成しているのは、セルビア人共和国とボスニア連邦であり、さらにそのボスニア連邦がムスリム人とクロアチア人による連邦構造を持っているという形をとっている。ボスニア連邦は、一〇州からなるが、そのうち五州はムスリム人が多数派の州、三州はクロアチア人が多数派の州、二州が両民族の混在州である。連邦政府の権限は、きわめて制限的であり、ほとんどの権限が連邦構成体にある。行政は、三人からなる「大統領評議会」によって担われる。三人の代表は、連邦構成体ごとに行われる直接選挙により選出され、主要三民族を代表する。大統領評議会の決定は全員一致で行うよう規定されており、執行部門における拒否権が制度化されている。また、連邦議会においても、拒否権が制度化されており、上院・下院どちらの院においても、各連邦構成体選出議員の少なくとも三分の一の賛成を確保することが可決の条件である。この条件が満たされない場合には、各連邦構成体選出議員の三分の二以上の反対がないことが条件となる。議会の議席配分は、主要三民族の対等性が確保されるよう、民族ごとに議席配分が固定されている。また、歳入の分担についても、民族ごとに負担割合の定めがある。

こうした権力分有型の政治体制は、民主化初期における社会的緊張を緩和するために導入され、平和と秩序の維持に一定の成果をあげている。しかし、権力分有型の政治体制が、完全に安定した政治体制として確立しているかといえば、必ずしもそうではない。例えば、南アフリカの国民統合政府は、一九九六年の暫定憲法廃止とともに崩壊し、アフリカ民族会議を中心とする政権へと転換した。一九九九年の第二回国民議会選挙前後に、国内の政治状況は安定したものの、権力分有型の政治体制が功を奏した結果とは言いがたい。また、ボスニア・ヘルツェゴビナにおいても、民族ごとに民族主義政党が台頭しており、紛争こそ再燃していないものの、依然として国際社会に対して依存している状況が続いている。

三　多文化主義における「集団的代表」論

こうした権力分有論とは別種の起源を持つ規範理論が、多文化主義政治理論である。その代表格であるウィル・キムリッカは、カナダにおけるエスニック・マイノリティであるフランス系カナダ人が集住するケベック州の事例を出発点に、独自の多文化主義理論を展開している。キムリッカの多文化主義理論においては、具体的な政治的権利の一つとして民族的マイノリティに対する「集団別権利」の必要性が取り上げられている。キムリッカが「集団別権利」としてとりあげるのは、自治権、エスニック文化権、特別代表権である。

自治権とは、民族集団が一定の自己決定を行う権利であり、民族集団の自治権を承認することである。それは、もっとも端的には連邦制度によって実現しうる。もっとも、連邦制がマイノリティの自治の実現として意味を持つのは、連邦の構成単位の一つでそのマイノリティが多数を占めている場合に限定される。連邦の構成単位での多数を実現できない場合には、当該民族マイノリティの成員によって実質的に支配されており、しかも彼らの伝統的居住地ないし領域に実質的に対応している政治的単位に対して、政治的権限を賦与するという形が取られる。しかし、この場合でも、ある一定地域に、そのマイノリティが集住していることが前提である。自治権が多数派の決定によって侵害されることのないよう、重要な決定に対しては、マイノリティの拒否権が認められるべきであり、多数派に対する制約を課すことも一定程度認められるべきであるとされる。

次に、エスニック文化権とは、民族的マイノリティの歴史や貢献を承認する教育プログラムや、自分たちの文化的な諸活動を行うための公的助成といった形で、マイノリティ文化の持続と発展に、積極的に介入することである。

最後に特別代表権であるが、それは通常の選挙では代表を選出することのできないマイノリティに対して、代表を選出することのできるよう比例代表制を採用したり、政党にマイノリティを登用するように義務づけたりする、いわゆる積極的是正措置を取ることである。もちろん、代表される先は、立法府だけではなく、行政府や司法府に対してもあり得る。これは、個人の集合体としての選挙区から代表者を選出するのではなく、集団を単位として代表者を選出することを認めるものであり、「集団的代表」と呼ぶことができる。

キムリッカは、こうした集団別権利が認められるべき理由を、それらの文化が「社会構成的文化」である点に求める。「社会構成的文化」とは、「公的領域と私的領域の双方を包含する人間の活動のすべての範囲—そこには、社会生活、教育、宗教、余暇、経済生活が含まれる—にわたって、諸々の有意味な生き方をその成員に提供する文化」である。そして、そうした有意味な生き方の選択肢の中から、我々は選択を行うことができる。「自由とはさまざまな選択肢の中から選択を行うことを意味しており、そして、我々の社会構成的な文化はこうした選択肢を提供し、その上さらに、それらの選択肢を我々にとって有意味なものにしている」。したがって、社会構成的文化は、個人が自由を行使するための前提条件であって、有意味な選択を行う能力は、文化構造へのアクセスに依存しているのである。そして、そうした文化構造へのアクセスを変更することが容易でないことが、マイノリティの文化を積極的に保持すべき根拠とされるのである。

キムリッカは、特に特別代表権に関して、それが現行のデモクラシーにおける代表制と連続する側面を有するものであることを確認する一方で、その根拠が「反映的代表」の概念にあるものではないことを強調している。「反映的代表」とは、「一般大衆のエスニシティ、性別、または階級という属性を反映している」代表が望ましいという考え方である。キムリッカは、他人の立場に身を置くことには限界がある以上、代表者の人間的属性が重要であるという主張には一定の真実があることを認めたうえで、この理論が代表に関する完結した理論としては、多くの欠点を抱えていることを指摘する。それでは、集団的代表が反映的代表ではないとすれば、どのような根拠に基づいてそれは正当化されているのであろうか。キムリッカは、大まかにいって二つの暫定的な根拠をあげて正当化している。第一の根拠は、構造的差別、すなわち「何らかの構造的な不利益や障害が妨げとなって、特定の集団の意見や利益が政治過程で有効に代表されていないことがある」場合である。キムリッカは、アイリス・ヤングを引用しつつ、「抑圧された集団」に特別代表権が付与されるべきであると主張するが、それは、「ある集団が他の集団によって歴史的に支配されてきたために、一連の障壁や偏見が残存しており、それが歴史的に不利な立場におかれてきた集団が政治過程に有効に参加することを難しくしている」からであり、「もはや特別な代表が必要でない社会へと移行する過程の一時的な措置—政治における「積極的是正措置」の一形態—と見なすのがもっとも適切である」とする。この場合、特別代表権の妥当性は、そうした代表権がもっとも有効な選択肢であるかどうかという問題や、対象となる人々だけに範囲を限定できるかどうか、そして、対象とならない人々に対して不公正ではないかというといった、積極的是正措置が持つ一般的な問題に答えなくてはならない。したがって、その正当性を論じるためには具体的な提案の詳細を検討する必要がある。

キムリッカが集団的代表のもう一つの根拠としてあげるのは、「民族的マイノリティの自治権の論理的帰結」である。しかし、この場合、集団別代表一般が正当化されるわけではなく、「権限の配分について交渉し解釈し修正する政府間機関における代表権は保障されることになるが、しかし他方では、純粋な連邦の決定権限に属し、民族的マイノリティが適用を免除される事項について立法する連邦機関における代表権は縮小される」のである。したがって、この場合には、集団別代表権の範囲に一定の制限が付されることになる。

キムリッカは、集団的代表権が暫定的に認められうる論拠を検討した後で、集団的代表についての具体的提案を評価する際の論点を提示する。第一に、どの集団が代表されるべきかという問題である。というのは、自治に基づく集団的代表の場合には、代表されるべき集団が比較的特定しやすいのに対して、構造的不利益に基づく集団的代表については、その特定が困難であるからである。ヤングの抑圧形態論を引用しつつ、キムリッカは、「抑圧された集団」の範囲が実際にはきわめて広範囲にわたることを指摘すると同時に、集団内部の下位集団における抑圧関係を考慮すると、それが無限に増殖していくことになる可能性を指摘している。第二に、集団に対して与えられるべき議席数の問題である。キムリッカは、二つの回答がありうることを示している。一つは、「ある集団は、その人数の全人口に占める割合に応じて代表されるべきである」という考え方であり、もう一つは「集団は、自らの意見や利益が有効に表明されることを保障するにたる、必要最低限の数の代表者を得るべきである」とする考え方である。キムリッカは、上述の反映的代表を否定する議論を引きつつ、第一の見解は支持することが困難であることを示唆する。もっとも、第二の見解を取った場合でも、「必要最低限の数」というのがどの程度になるかは、具体的な制度に依存しているのであり、人口に比例した数よりも少ない場合に限定されるわけではない。

キムリッカが三番目にとりあげる論点は、特別議席を有している議員が、自らが代表すると想定されている集団の利益のために実際に働くかどうか、つまり、代表者に、自らの選出母体に対する責任を負わせるにはどうすればよいかという問題である。キムリッカは、ここでも二つの選択肢を提示する。一つは、選挙人をある特定の集団に限定し、立候補者の属性を限定しない「マオリ・モデル」である。つまり、「このモデルにおいて重要とされているのは、誰が選ばれるかではなく、どのようにして選ばれるか」なのである。そして、ある集団から選ばれる結果として、その集団に対して責任を持たなければならなくなるのである。しかし、候補者は、集団に所属しているわけではないから、その集団の利益を正確に反映することができるかどうかは保証されない。もう一つのモデルは、選挙人の側の属性ではなく、候補者の側の属性が問題であると考える場合である。例えば、立候補者の女性の比率を一定程度以上にするようなクオータ制を主張する場合、通常主張されているのは、女性の選挙人から女性が選ばれる制度ではなく、男性と女性からなる選挙人から、女性が選ばれることなのである。この場合、「集団的代表とは自分の集団に属する議員を持つということを意味しており、その議員は、たとえその集団によって選出されたものでなくても構わない」のである。しかし、この場合、選出された代表者が自らの所属する集団に対して責任を負っておらず、したがって、集団の意見に基づいて行動することは保証されていない。結局のところ、選挙人と候補者のいずれにも同一の属性を持たせる純粋な反映的代表以外は、議会における集団の利益の反映とその集団に対する責任を両立することは困難なのである。しかし、そうした代表の観念を取らないとすれば、一体どのようにしてこの両者を両立することができるのであろうか。

四 「リベラルな共存」は可能か？

多文化主義論と権力分有論という二つの議論を比較してみるとき、これらの議論が、ある共通する制度的方法によって、社会的な分断を乗り越えようとしていることがわかる。その共通点を整理すれば、第一に、連邦制を含む広範な自治の承認、第二に、立法府や行政府における比例原則の導入、第三に、特別代表権の承認と拒否権の設定である。もっとも、連邦制や自治権付与といった議論が可能であるのは、集団にある程度の地理的凝集性がある場合に限られる。これに対して、比例原則の導入や特別代表権あるいは拒否権の承認は、地理的に文化集団が混在している場合にも同様に適用することが可能であり、したがって普遍性が高い。

こうした制度的な技術が適用可能である一つの条件は、文化集団の凝集性が高く、代表関係が明確であることであろう。この点もまた、両者の議論から共通して読み取れる点である。多極共存型デモクラシーの特異な政治的行動様式の成立は、「柱状社会」論という特異な社会構造に規定されている部分が大きい。他方、集団的代表論では、この問題が、より一般的な文脈の中で明示的に論じられているのは、前節で見たとおりである。つまり、反映的代表制の原理を採用しない限り、代表原理と代表の責任所在との関係は、常に不明確になるのであり、自由民主主義社会の倫理的要請である反映的代表制の放棄を何らかの社会的構造が実質的に埋め合わせることができる場合にのみ、応答性を伴った集団別代表は実現しうるのである。その意味で、「多文化主義」という言葉から想定される文化集団の固定性に反して、集団別代表の権利の根拠は薄弱であり、常に暫定的なものでしかない。この点についいては後述する。

もう一つ指摘しておくべきことは、「拒否権」の持つ重要性である。社会的に分裂した国家における統治機構の議論をする際には、しばしば比例原則が重視されることが多い。しかし、実際の政治的決定において、マイノリティの持つ実質的な影響力を担保するという意味では、「拒否権」の方がはるかに重要である。キムリッカが指摘するように、比例原則に基づく配分では、マイノリティの配分議席数が過小になり、政策決定過程に実質的な影響を及ぼし得なくなる可能性があるが、逆に政策決定過程に直接影響を及ぼすような議席数を保証しようとすると、極端な過大配分をせざるを得なくなる。したがって、「最低限必要な配分」数を最小限度に抑えるためには、「拒否権」を導入することがもっとも合理的であることになる。多極共存型デモクラシーにおける比例原則の採用は、社会的な亀裂が極端な少数派を生まなかったという歴史的な偶然の産物であって、その機能のための必然的要素とは言いがたいことになる。また、政府構成に関する比例原則に関しては、キムリッカが指摘するように、拒否権の導入が理論上要請されるのは「政府間機関」であり、多数派の統治機構としての政府機関におけるマイノリティの代表権は、むしろ縮小されるべきであり、その意味でも多極共存型デモクラシーは、理論的には「過剰な」制度的装置である。

他方、拒否権を認めることによって、すべての集団の合意を得なければ政治的決定を行うことができず、したがって政治的決定に対するハードルが高まるのは事実である。このことから、拒否権が社会における分裂傾向をむしろ強めるという見解もある。しかし、「拒否権」があるからこそ、すべての集団に受け入れ可能な提案を模索するインセンティブが生じるのであり、その意味では拒否権の存在は、対立する諸集団間の対話と妥協を促すものであるともいえる。レイプハルトは、多極共存型デモクラシーの議論においてエリートの行動様式の重要性を強調したが、そうした行動様式を促進する制度的条件は「拒否権」にあるのである。もっとも、エリートの行動様式が十分に協調的でない場合に、「拒否権」のみを協調することは、かえってその制度の空中分解を招くことはいうまでもない。

他方、両者の議論には相違しているように見える点もある。その中でもっとも重要な点は、分裂的な社会構造を維持する必要性である。上記したように、権力分有論でも、多文化主義論でも、比較的強い凝集性を持つ社会集団の存在が前提となっており、それが単純な多数決原理とは異なる原理によって立つ政治運営を必要とする理由ともなっている。したがって、こうした社会集団の存在が再生産されない限り、多極共存的な政治運営は融解してしまうことになるであろう。多極共存型デモクラシーは、「柱状社会」という歴史的偶然の上に作り上げられた政治制度であるがゆえに、そうした「柱」の崩壊を人為的に防ぐことができなかったともいえよう。その意味で、多極共存型デモクラシーは、常に暫定的な社会的亀裂の上で維持される制度であることになる。

この点について、キムリッカの多文化主義論は自覚的であり、エスニック文化権によって、マイノリティ文化を積極的に維持することを主張しているように見える。しかし、キムリッカは、反映的代表を否定し、集団的代表を暫定的なものとしてのみ規定しているのであるから、エスニック文化権は、個人に対する社会構成的な文化としての文化の公的な再生産には資するけれども、集団的代表権を主張する根拠になり得るものではないと考えることができる。「文化」概念と代表との関係についてのキムリッカの議論は必ずしも明確ではない。集団的代表が、「構造的な不利益」によって根拠づけられるとすれば、それは、その集団が一定の文化的承認を獲得し、構造的な不利益が是正されるまで継続されるべきであることになるし、自治権の論理的な帰結として導かれる場合には、十分広範な自治権を獲得されるまで継続されるべきものであることになる。いずれにしても、集団的権利は暫定的なものであり、分離独立という方法を含めて、いずれは解消されるべきものであるように見える。

こうして、多文化主義的な集団的代表権論と多極共存型デモクラシーの間には、文化集団の間の「暫定的な共存」構想として、ある共通の制度的構想が存在していると考えることができる。現代における「共存」の技術的条件は、この両者の制度的構想のうちにあると考えて良いであろう。

五 「共存」はなぜ必要か？

権力分有論では、複数の文化的集団の間での権力の分割を行うべき根拠が、平和と秩序の維持という、まさに現実的なものとしてとらえられている。他方、多文化主義論におけるその点の議論は、より曖昧である。一方で文化の持つ基底的な意味をより深刻にとらえ、個人の自由の根拠として、マイノリティの文化を維持することの必要性をキムリッカは強調するが、少なくとも集団的代表権に関しては、それが重要な根拠とはなっていないのである。しかし、少なくとも暫定的には、集団的代表権を伴う形で共存することが必要である可能性は承認されている。

実はここに重要な問題が潜んでいるのではないだろうか。つまり、拒否権を乗り越えてまで、共通の政治制度の下で対話や妥協を行う必要があるのはなぜなのかという問題である。なぜ、多文化主義的な社会を目指すべきであって、各民族集団が分離独立した国民国家型の政治体制を目指すべきではないのか。別のいい方をすれば、複数の文化的集団に分裂した社会が、それでもなお一つの社会として維持される必要があるのはなぜなのであろうか。キムリッカは、反映的代表論の一般的代表理論としての不適切性を論じた部分で、集団の境界線を越えた代表の可能性を放棄することは、「市民たちが基本的価値として互いにニーズに気を配り、互いに運命を共有するということを受容している社会の可能性を放棄してしまうことになる」と指摘しているが、ここでいう「運命を共有」していることが、個々の市民あるいは文化集団に理解されるのは、いかなる場合なのであろうか。

キムリッカは、「多民族国家において、民族間の差異を否定するものではなく、それを肯定しつつ、社会の統一性の源泉となり得るものは何なのであろうか」という問いを立てて、その解答を模索している。キムリッカが第一にあげるのは、「諸価値の共有」による社会的統一である。キムリッカは、この考えがロールズの「重なり合う合意」とも同調する側面を持っていることを指摘しつつ、しかし、それだけでは多民族国家の存在根拠を提供するものではないとする。それに代わって、キムリッカが提示するのは、「アイデンティティの共有」である。それは、一つの社会の成員としての連帯感を共有することである。それでは、こうしたアイデンティティの共有は、どこから生まれるのであろうか。国民国家とは異なり、多民族国家においては、歴史、言語あるいは宗教などの共通性にその源泉を求めるわけにはいかない。キムリッカは、アメリカ合衆国やスイスのような、文化的多様性はあるが愛国心が保持されている国を例に取り上げ、一定の歴史的偉業に対する誇りがその根拠になりうることを指摘する。しかし、そうした社会の統一性の基礎になるような歴史的偉業に恵まれている多民族国家は稀であり、むしろ歴史は民族間の憎悪と不和の原因となることの方が多い。したがって、歴史に依拠することは多くの場合困難にならざるを得ない。

結局のところ、キムリッカが提示する暫定的な結論は、「もし多民族国家において、連帯感と共通の目的感覚を育むための実行可能な方法が存在するとすれば、それには、民族的アイデンティティを従属させるのではなく、それを包容するということが含まれているだろう」という、抽象的なものである。しかし、それでは、なぜそれぞれの民族集団やそれに属する人々は、そうした考えを持つように至るのであろうか。キムリッカは、チャールズ・テイラーの議論を引きつつ、「深い多様性」そのものに価値を見いだすことがその条件であるとする。「深い多様性」とは、「単に多様性を尊重しなければならないだけでなく、多様性へのアプローチが有している多様性をも尊重しなければならない」ことを指している。つまり、多様性を持つ社会に対する帰属の論理やイメージも、また集団ごとに多様であり得るのである。では、なぜ「深い多様性」そのものに価値を見いださなくてはならないのか。それは、下位集団の多様性を考慮に入れれば、多様性から逃れることができないからであり、そうであるからこそ、「深い多様性」を現実として受容せざるを得ないのである。結局、「深い多様性」の現実を各文化集団がどの程度受け入れているかによって、社会的な統一が維持されるかどうかが決まることになる。

かくして、「共存」という目標そのものの設定は、「深い多様性」の認識という条件に依存することになる。誤解してはならないのは、「深い多様性」は現代的な条件でもなければ、そもそも社会的な条件でもないということである。それは、さまざまな集団を区分するという人間の認識に由来する条件であり、それゆえいかなる方法によっても解消されることがない。われわれが、「共存」のための条件を求めざるを得ないのは、その意味で必然的なのである。

参考文献

粕谷祐子『比較政治学』ミネルヴァ書房、二〇一四年
辻康夫「多文化主義論の諸類型の検討―複合的アプローチにむけて―」『法政理論』第四五巻第三号、二〇一三年、

三五～五九頁
戸田真紀子「民族対立の緩和手段としての多極共存主義」『アフリカ研究』第四三号、一九九三年、四九～六二頁
松尾秀哉「分断社会における「和解」の制度構築―レイプハルトの権力分有モデルを中心に―」松尾秀哉、臼井陽一郎編『紛争と和解の政治学』ナカニシヤ出版、二〇一三年、五一～六六頁
三竹直哉「多極共存型権力分有　古典的多極共存論を超えて」『駒沢法学』第十二巻第一号、二〇一二年、二三～六三頁
Kymlicka, Will, *Multicultural Citizenship: A Liberal Theory of Minority Rights*, Clarendon Press, 1995
Lijphart, Arend, *Democracy in Plural Societies: A Comparative Exploration*, Yale University Press, 1977
Lijphart, Arend, *Thinking about Democracy: Power Sharing and Majority Rule in Theory and Practice*, Routledge, 2008
Rawls, John, "The Idea of Public Reason Revisited", in *The Law of Peoples*, Harvard University Press, 1999
Young, Iris Marion, *Juscitce and the Politics of Difference*, Princeton University Press,1990

共存社会の道すじ
——持続可能な社会への胎動——

古沢広祐

一　二一世紀に問われる課題

私たちは、巨大な可能性と巨大な危険性の両面を抱え込んだ存在として、この地球に生きている。かつて『二十世紀の意味』（一九六四年原書）を著したK・ボールディング（経済学）は、人類の転換期について文明前、文明、文明後を想定し、二〇世紀の位置を文明から文明後に進む偉大なる転換過程として論じた。彼は、地球を〝宇宙船地球号〟になぞらえた考え方を経済学に導入した先見の明ある思想家としても知られている。彼の提示する偉大なる転換は、たんなる楽観史観ではなく、そこに横たわっている四つの落とし穴、戦争、経済発展、人口、エントロピー（広義の環境問題）を提示して、時代の意味を鋭く洞察している。当時の状況を振り返ると、厳しい冷戦体制（核兵器の恐怖）の時代、絶対的貧困をかかえた世界において、宇宙開発（有人宇宙飛行）がスタートして夢と希望が語られるなど、人類発展のモザイク的姿が明瞭な輪郭として立ち現れていた時代であった。

当時から半世紀を経た今日、基本問題（落とし穴）は継続しつつ世界状況は様変わりした側面とより深刻化した側面が入り乱れ、新たなモザイク模様が現れている。人口爆発のスピードは、勢いを落としつつあるがまだ予断を許さない。貧困からの解放と経済発展は、グローバル経済が躍進するなかで金融危機的な不安定性や、国家間のみならず各国内での格差問題を顕在化させている。戦争を巡っては、冷戦体制（東西陣営のイデオロギー的対立）と核兵器開発競争が終結する大きな転換をへた後、宗教や民族対立、内戦や地域紛争が継続し、テロとの戦争と称される新たな脅威が浮上してきた。環境問題は、公害など地域的なものから地球環境問題として、よりスケールを拡大した二一世紀の大きな脅威として出現している。

巨大な可能性と巨大な危険性を抱え込む人間世界について、K・ボールディングと同時代に市井三郎（哲学）は、『歴史の進歩とはなにか』で興味深い思想史的な見解を示した。「いかなる社会制度を考案すれば、人間が社会的・集団的存在としてより望ましい状態になりうるか」についての近代の歩みを総括して、予想とは裏腹に輝かしい「進歩」の栄光とともに敗残者や抑圧、血なまぐさい緊張と時にはジェノサイド（集団虐殺、戦争）をも生じさせてしまう逆説的な歴史を洞察した。詳細は省くが、自由・平等・博愛などの近代理念に内在している矛盾をどう克服できるかについて、進歩や幸福の理念ではなく不条理な苦痛の軽減を出発点に置く見解を示したのだった。きわめて単純化するならば「自由のパラドックス」（圧倒的自由が他への支配・不自由を生む）、「多数決（民主主義）のパラドックス」（多数決による独裁者の出現）、「寛容のパラドックス」（非寛容を容認することで寛容が消滅）などの社会的パラドックス問題、さらには科学技術と〝正義〟（功利主義と人間尊重）が生みだす矛盾（人間史的パラドックス、落とし穴）をできるだけ回避する方途を模索した試みであった。

K・ボールディングの時代史観、市井三郎の人間史観において描き出されたのは、人間社会が内在し躍動するダイナムズムに関する可能性と危険性への鳥瞰図的考察である。人間という存在は、道具と言葉や概念形成を駆使して、自立的に世界を改変・改造する個的・社会集団的な活動を展開し、世界を形成してきた。自立的存在という意味では、意志（自由）により対象を操作する力を展開しうるわけだが、その意志自体は時に他者や自分自身をも操作対象としうるし、場合によっては抹殺する不安定な存在でもある。おそらく悠久の歳月のなかで試行錯誤を重ねながら、人類はいわば進化史的にそれなりの安定系を増改築しながら、今日の近代社会を形成してきたと考えられる。この安定系は、学問的には倫理形成や法制度形成など、広義のガバナンス問題として論じることができる。

そして現在、人間社会が築き上げてきたハード（居住・交通・産業等）とソフト（情報・組織・制度等）の巨大な構成体は、日々増殖して発展をとげている。個々の人間がこの超肥大化した構成体において養われつつ、大小さまざまに実体を形成し組み立てながら動かしている。こうした姿（様相）を私たちは想像できるし、より実態に近づこうと学問的概念や方法を発展させ解明しようとしてきた（神話的・宗教的理解も含む）。だが、それは残念ながら実態把握ということでは限界（不可知性）を有している。これは、自ら形成したものによって自己が支配されてしまう疎外（呪縛）の問題に通じる。

ここでは原理的な問題には深入りせずに、巨大な可能性と危険性を内在させながら自己形成し集団・社会形成している現実の世界について、実態分析と考察をすすめたい。

二　共存の諸相——そのダイナミズム——

人類の歩みについて、近代の二〇世紀から二一世紀初頭という時代を俯瞰したとき、大きくは「敵対—抗争」、

「対立―並存」、「共存―共生」というフェーズ（段階）をへている。時期的に、二つの大戦、冷戦時代、冷戦終結後に相当するのだが、それを一方向的ないし発展的推移と理解できるかどうかは予断をゆるさない。それぞれのフェーズは流動的側面があり、時代や社会関係、人々の心理状況によって変動する。これら三つのフェーズは、集合的社会を形成する際の自他の存在様式の原型的な姿でもあるし、歴史的ダイナミズムの姿でもあり、さらにはこの三つのフェーズ自体がらせん回転するより大きなダイナミズムとして動いていると考えることができる。システム（活動系）としてとらえた場合は、バランス状態的には、エネルギーレベルが高く不安定性と躍動力をもつ「敵対―抗争」状態に対して、「共存―共生」は安定性と持続性をもつ比較的エネルギーレベルの低い状態と理解することができる。

実際問題としては、この三つのフェーズが内在して推移する人間社会と世界の在り様について、分析と考察をすすめて、私たちの状況認識の一助とすることが重要である（本書、別章の拙稿参照）。こうした見方からの研究はさまざまに展開できるが、本章では、人間社会の内側（社会関係）ではなく外側、すなわち人間―自然関係に関して重点的に考察していきたい（関連研究については『共存学』『共存学2』を参照）。

こうした試みは、不安定化のリスクや破局の落とし穴を回避して共存的諸関係の維持とバランスを形成するための考察である。社会の在り方としては、不条理な苦の亀裂を認知して、それを克服する人間社会の土台をどう再構築していくかという問題への取組みである。それは今日的には、持続可能な社会（共存社会）のための基盤づくりという二一世紀的な具体的課題を扱うことに通じるものである。

人類が直面している危機を私なりに集約すると、第一に生存環境の危機という土台の亀裂（人間―自然関係の危機）、第二にグローバル社会経済システムの歪み（人間―社会関係の危機）、そして第三に人間存在の空洞化（実存的危機）として進行していると考えられる。第二、第三の危機に関する考察は別途にゆずり、ここでは第一の人間―自然関係の危機を中心的にとりあげる。考察の困難さに関して一言ふれておくと、人間自身の存在様式について把握することは、根源的な難しさを伴っている。自ら（主体）が働きかけ創り出している世界（関係性の総体、客体であるとともに観念的世界でもある）に、自らが逆に捕らわれ組み込まれていく存在様式（主体・客体の無限連鎖系、それが個ならびに群としてより高次の相関系を形成・発展）を掌握する難しさがある。例示的には、冒頭でもふれたように自由と規範（倫理）の矛盾関係や自己疎外・社会的疎外現象などの問題がある。より具体的には科学技術の力や巨大な生産力と経済システムがうみだす世界の構造的・根源的な矛盾と、その認識や制御の問題が横たわっている。

人間という存在の特徴として、目（指向性）を外ばかりに向けてきたきらいがあり、自らを省みる能力については十分な発展をとげていない状況にある。自然を制御し環境を改変する科学技術力の加速度的発達、分業と産業発展と市場形成・拡大による経済構成体の超肥大化など、いわゆる「外向的発展」に比べると、人間自身の個的存在と社会的存在への認識力、洞察力や制御力という「内向的発展」に関しては、相対的に貧弱な様相を呈している。内向的発展に資するものとしては、例えば、倫理、宗教、思想、哲学、心理学、社会学、法学、政治学、歴史学、人類学などを思い浮かべることができるが、それらがもつ影響力は、今日の社会においては十分な力を発揮する位置に置かれていない。ここでの深入りはひかえて、人間―自然関係を中心に論考をすすめよう。

三　持続可能な資源・エネルギーの利用へ

産業革命を境に人類の活動は、人口増加、エネルギー消費量、情報量、交通量などどれを取り上げても飛躍的な成長をとげてきた。なかでも二〇世紀以降の成長ぶりはめざましく、この傾向が将来的に続けば、環境問題の深刻化、生物多様性の崩壊（種の絶滅）、資源枯渇など破局的な状況に直面せざるをえない。まさにこの二〇世紀型文明とも呼ぶべき文明パラダイム（発展枠組み）が重大な岐路に立たされているのである。これまでの発展パターンの第一の特徴は、あたかも無限成長するかのような加速度的な成長・拡大傾向である。

第二の特徴は、そうした成長・拡大が人類社会に平等にいきわたって進んだのではなく、局所的な偏在傾向をもって進行してきた点である。それは、富と経済力の偏在傾向に典型的に示されており、世界人口の二割にすぎない先進工業国が全体の資源・エネルギーの八割近くを独占的に消費する状況に象徴されるように、経済的豊かさが地球規模で一種の階級的社会（不平等）を形成してきたのだった。

二〇世紀末から二一世紀にかけて浮上した持続可能性の問いかけとは、従来の発展パターンの特徴である第一の無限拡大型の成長パターンが、資源や環境の限界に直面しだしたこと、第二の格差と不平等の増大が社会的な矛盾や軋轢として顕在化しだしたことへの対応から生じたと考えられる。つまり持続可能な発展とは、経済の発展の在り方を二つの調整軸によって軌道修正する、すなわち無限拡大型の成長パターンから脱却して「環境的適正」と、過度な格差と不平等を生まないような「社会的公正」の実現を目指すこと、言い換えれば「環境―経済―社会」のトリプルボトムラインの調和的発展ということができる。

拡大成長パターンからの脱却、無限の成長への問いかけとしては、脱成長論の発端ともいえる代表的主張にローマクラブが発表した『成長の限界』（一九七二年）がある。人口、工業生産、汚染、資源、食糧という代表的な指標による動態変化をシミュレーション解析し、環境や資源の制約下で従来のような成長・拡大は困難であることをさまざまな角度から問題提起した。いわば環境決定論的な成長の限界ないし脱経済成長論として、その後の多くの論者の理論的な根拠となって今日に引き継がれている。

こうした環境決定論的な論拠とともに、他方では社会・経済的な視点や人間疎外論的な視点からの脱成長論の主張も展開されており、例えばイバン・イリイチの思想や「スモール・イズ・ビューティフル」で知られるシューマッハなどの問題提起がある。こうした動きは、社会的な市民自治の重視や人間的な生活や社会を営むための適正規模論として、その後の欧州での地域自治やエコロジー運動などに引き継がれてきた。

四　持続可能性の三原則

経済活動と環境の関係をみたとき、経済の急拡大を下支えしてきたのがエネルギーと資源消費であり、その結果として環境問題とりわけ気候変動といった地球規模の環境異変を引き起こすまでに至った。こうした危機的事態を回避して環境面での持続可能性を実現するためには、ハーマン・デイリーやナチュラルステップなどが提唱してきた持続可能性の三原則にもとづいた産業と社会の再編成が注目される。三原則とは、①再生可能資源を再生可能な速度内で利用する、②枯渇資源利用の縮小とともに再生可能なものへ置き換えていく、③汚染物の放出を無害化（浄化）できる範囲内にとどめる、という三条件を満たすということである。これらの条件が満たされれば、再生可能な系（システム）としての永続性が確保されるということである。

基本的には、枯渇性資源（石炭、石油、ウランなど地質学的な悠久の時がうみだしたエネルギー集約体）を無規制に使うことは許されるべきでなく、その利用には永続性や公平性に配慮した諸制度（規制、課税など）を組み込む必要がある。これからの人類は、持続可能性を基礎とする社会を築くことが求められており、その意味では原動力部分であるエネルギー供給の在り方は、自然再生エネルギーなどが根幹にすえられる必要がある。それは、社会経済を支える産業の成り立ち方としても、根本的な組み替えにつながることになる。

三原則が満たされれば、再生可能な系（システム）として永続性は確保されるのであるが、それを実際に実現させることは簡単なことではない。より具体的な政策展開としては、枯渇性資源の利用には永続性や公平性に配慮した規制や誘導政策（課税制度など）を組み込んでいく必要がある。自然界の長年の蓄積によって集積されたエネルギーの塊（ストック）の利用には、それなりの価値形成コストが含まれており、私的利用に偏ることなく地球公共財（グローバル・コモンズ）の要素を配慮すべきなのである。

資源・エネルギーの特性に応じて、枯渇性のものや環境負荷を伴うものに対して環境税を整備するなど三原則にそった区分けや適正な価値づけをおこない、価格の調整策がとられることが重要である。その点では、日本でも二〇一二年七月から導入された自然エネルギー固定価格買い取り制度などは、そのための第一歩といえよう。化石エネルギー（地質学的年月をかけたエネルギー集約体のストック消耗）に対して自然再生エネルギー（エネルギー密度が低い分散的利用としてのフロー活用）との違いを考慮した価格設定として、それは評価すべき誘導・調整策なのである。

五　エネルギー転換にともなう変革

以上の状況認識をふまえて、現在展開している再生可能エネルギーをめぐる動きについてみていこう。化石燃料依存型システムを自然再生エネルギーのシステムへと転換していくことは、いわばストック消費型からフロー活用型に、中央集中型から地域分散型へと大きくシフトすることを意味する。産業革命以前にあったような、自然再生エネルギーを基盤とした社会システムの形成をイメージするとわかりやすい。一次産業が土台をなす社会経済の再構築であり、これまでの大規模集中型のエネルギーシステムから適正規模の地域分散ないし地域資源活用型のシステムへと、さまざまな場面で構造転換が促されることになる。電力のエネルギー利用としては、石油、石炭などの大規模火力発電への依存や原子力発電から、水力、風力、太陽熱（太陽光）、バイオマス、地熱などの地域のフロー資源を有効活用する方向への移行である。

こうした転換については、量的な問題とともに利用面での質的な問題について考慮する必要がある。量的な認識としては、再生可能エネルギーの賦存量は予想以上に大きいということである。例えば、日本での潜在的な電力供給可能量は、環境省の「平成二二年度再生可能エネルギー導入ポテンシャル調査」によれば現在の年間総発電量の約四倍規模がまかなえるとの予測が出ている。ただし、量的な側面以上に課題としては、利用形態やコストなど質的な問題を考慮しなければならない。すなわち、従来の大規模集中型の大量生産・大量消費の産業構造や、人々の生活様式を改めていくことが同時並行的に進められなければ、転換はきわめて困難になる。

例えば、巨大都市の高層化をはじめとして、グローバルに展開する長距離、大規模、大量輸送を前提とした物流や居住、交通システムについては、よりローカルに適正規模が考慮される近隣の関係性を重視するシステムへと編成し直すことが求められる。とりわけ巨大都市の超高層ビルなどは、かつての規制を再評価して、適正規模化を図る必要が出てくるだろう。物資とくに水などを地上から何百メートルも上の階まで汲み上げるようなエネルギー多消費にならないように、過剰な無理を強いる居住・建物構造から低炭素（省エネ）型で分散型の居住様式に変えていくように、都市計画やさまざまな設計概念の転換が求められる。

農業分野でも、これまで化石資源（化学肥料、農薬、大型機械）依存型の展開によって生産性向上を実現してきたが、そのような農業近代化のパターンを変え、単一栽培（モノカルチャー）型よりも小規模・複合型の有機農業といった土地利用システム（アグロエコロジー）の普及や、地産池消を推進していく方向性が求められるのである。今後は、環境政策が農業政策を左右したり、地方分権に基づく国土利用や産業政策の推進、多極分散型の地域自治まで考慮する時代状況が想定されるのである。

このような転換は、現状では簡単には軌道修正することは難しいかもしれない。まだまだ目先のコスト問題や効率性などで大きな壁があることから、簡単には進まない状況下にある。しかし、中長期的には枯渇していくエネルギー・資源は価格高騰せざるをえず、先を見越して長期的な視野から誘導策を実施していくことが重要である。その点に関しては、すでに欧州とりわけデンマークやドイツ等では、既述した三原則をふまえた動きとして地域レベルと国の政策とが連動する大きな歩みを始めている。以下、具体的な展開状況をみていこう。

六　先駆的取り組みからの将来展望

海外の参考事例として、デンマークなど欧州の再生可能エネルギーの取り組み状況が注目される。国内事例としては、民間の市民セクターの動きや生協（生活協同組合）によって取り組まれているエネルギーの産直・共同購入の事例にふれて、持続可能性につながる市民自治や協同の潜在的な意義について考えてみたい。

再生可能エネルギーへの取り組みは、欧州とりわけデンマークやドイツが脱原発とともに先導的な動きをみせている。欧州連合（ＥＵ）全体としてみても、二〇二〇年に再生可能エネルギーの比率を二〇％とする目標を掲げており（二〇〇九年ＥＵ改正指令）、エネルギー体制のシフトが目指されている。それを先導するかのように、デンマーク政府は二〇五〇年には再生可能エネルギー一〇〇％を実現するための戦略プランを公表している（二〇一一年一一月、Energy Strategy 2050）。具体的には、二〇二〇年までに電力の半分を風力でまかなうとともに温室効果ガスを三五％削減（一九九〇年比）する、二〇三五年時点で電力と熱供給の大半を再生可能エネルギーでまかない、最終的に二〇五〇年には全てのエネルギー（産業、交通）を再生可能なものに置き換えるカーボンフリーの国になるというビジョンである。

デンマークのエネルギー総消費量に占める再生可能エネルギーの割合は、一九八〇年にわずか三％であったものが、二〇〇五年には一四・七％、二〇一〇年に二〇・二％へと増えており、この戦略プランの見通しの実現性はきわめて高い。短期的にみると化石燃料（石油、石炭、シェールガス・オイル等）への依存は、まだまだ経済的に低コストが続くと考えられているが、既述した持続可能性の三原則をふまえれば、デンマークの野心的なビジョンがいかに時代を先取りしたものであるかがわかる。国の政策そして国民の意識が、こうした未来選択をもたらしている点は実に興味深い。

さらに注目したい点として、デンマークの再生可能エネルギー（風力発電）が、地域管理の協同組合として運営され推進されており、協同組合的な取り組みが大きく貢献していることである。ヨーロッパを中心に、さまざまな社会セクター（社会的経済）の動きが展開し地域自治の動きが活発化しているが、とりわけ協同組合やＮＰＯなどが大きく貢献している。エネルギー問題に関して、さまざまな形でシステムを転換しようとする動きがあるが、とくに協同組合セクターによる地域の資源をローカルな枠組みで組み直していく流れは注目すべき点である。欧州のなかで先進モデルといわれるデンマークでは、地域における自然再生エネルギーの中心的なリード役として、風力発電を建設して運営する市民エネルギー協同組合がとりわけ重要な役割を担ってきたのであった。

ドイツでも、デンマークに続いて自然エネルギーに転換する方向へと大きく舵を切っている。ドイツでのエネルギー大転換は、二〇五〇年目標に国内エネルギー需要の六〇％、電力需要の八〇％を再生可能エネルギーでまかなおうというものだが、そこでも市民エネルギー協同組合がリード役を期待されている。市民エネルギー協同組合は、ドイツでも二〇〇一年の六六から二〇一一年には五八六へと急増しており、着実に実績をあげているのである。

七　エネルギー変革から持続可能な社会形成へ

次に日本の動きをみると、二〇一一年（3・11）を契機にして大きな方向転換が起きそうな気配をみせている。日本での再生可能エネルギーの取り組みは、原子力に比重を置いたこともあって遅々として進まなかったのだが、わずかではあるがリードしてきたのは市民セクターと先駆的自治体での取り組みであった。有名なのが「北海道グリーンファンド」の動きや、長野県飯田市の「おひさまファンド」などの先駆的事例である。そして最近注目される動きとして、生活クラブ生協が取り組んだエネルギーの自給圏づくり（共同購入）がある。もともと食の自給拡大を目指す運動の延長線上に、エネルギーを自分たちの手に取り戻そうとする活動が展開されてきたが、東日本大地震と原発事故の発生を契機に、具体的な取り組みが一気に進んだのだった。

生活クラブ生協の首都圏四単協が協力して、生活クラブ風車の建設を秋田県にかほ市（旧仁賀保町）の協力で実現したもので、生協組合員がグリーンファンド秋田に投資して風力発電所を建設し、その電力はＰＰＳ（特定規模電気事業者）を通じてグリーン電力証書という手続きを介して、生活クラブの四一事業所に供給する仕組みを実現したのである。二〇一二年四月から供給をスタートし、事業所の約七〇％の電力が供給されるようになった。にかほ市とは再生可能エネルギーのみならず、協同組合間提携のさまざまな可能性が模索されており、食の共同購入からエネルギーの共同購入まで実現する地域連携の取り組みは意義深い。現在、こうした動きは各地の生協でも取り組みが始まっており、今後のさらなる展開が期待される。

日本の電力は、これまで全国九社（沖縄を含めると一〇社）が独占する大規模集中型だったが、震災・原発事故（3・11）を契機に、見直しが進みつつある。電力供給の自由化として、発電、送電、配電においてさまざまな事業者が参入する機会が生まれようとしているが、自治体や協同組合セクターの積極的な参入が期待される。とくに再生可能エネルギーは、過疎化が進む中山間地域などで新たなビジネス機会を生む可能性を秘めており、とりわけ農業協同組合や森林組合、土地改良区や水利組合などが新事業として取り組むチャンスを提供している。

私たちは、社会経済構造あるいは人類の発展パターンそのものの組み直しの時を迎えているが、そのためには従来とは違う発想や行動が求められている。社会自体も、自然資本、生態系、生物多様性をベースにした産業の育成、地域資源を活用するローカルな社会経済の仕組みづくりへの移行が期待されている。こうした構造転換は、たんにハード面での供給体制づくりだけでなく、人々の生活意識や地域自立、自治の重要性への認識（個人意識の変革）が伴ってこそ実現されるものである。持続可能で公正な社会形成の実現のために、エネルギーにおける市民自治、地産池消や消費と生産の密接な社会連携の形成（エネルギー市民革命）が導引となり、新たな社会変革に向かう胎動、持続可能な社会形成につながる第一歩が始まりかけているといってよかろう。

参考文献

市井三郎『歴史の進歩とはなにか』岩波新書、岩波書店、一九七一年

環境エネルギー政策研究所（ＩＳＥＰ）編『自然エネルギー白書２０１４』認定ＮＰＯ法人環境エネルギー政策研究所（ＩＳＥＰ）、二〇一四年　http://www.isep.or.jp/jsr2014

環境と開発に関する委員会『地球の未来を守るために』大来佐武郎監訳、ベネッセコーポレーション、一九八七年

國學院大學研究開発推進センター編、古沢広祐責任編集『共存学　文化・社会の多様性』弘文堂、二〇一二年

國學院大學研究開発推進センター編、古沢広祐責任編集『共存学２　災害後の人と文化、ゆらぐ世界』弘文堂、二〇一四年

デイリー、ハーマン・Ｅ『持続可能な発展の経済学』新田功、藏本忍、大森正之訳、みすず書房、二〇〇五年

広井良典『定常型社会―新しい「豊かさ」の構想―』岩波新書、岩波書店、二〇〇一年
広井良典『創造的福祉社会―成長後の社会構想と人間・地域・価値―』ちくま新書、二〇一一年
古沢広祐『地球文明ビジョン』日本放送出版協会、一九九五年
古沢広祐「3・11震災復興が問う人間・社会・未来」総合人間学会編『総合人間学8』学文社、二〇一四年
古沢広祐「環境共生とグリーン経済の将来動向―生物多様性がひらく新展開―」『農業と経済』一〇月号、昭和堂、二〇一四年
ボールディング、K『二十世紀の意味―偉大なる転換―』清水幾太郎訳、岩波新書、岩波書店、一九六七年
見田宗介『現代社会の理論』岩波書店、一九九六年
見田宗介『社会学入門』岩波書店、二〇〇六年
メドウズ、ドネラ・H、デニス・L・メドウズ、ヨルゲン・ランダース『成長の限界 人類の選択』枝廣淳子訳、ダイヤモンド社、二〇〇五年

執筆者（掲載順）

古沢広祐（ふるさわ　こうゆう）
國學院大學経済学部教授、共存学プロジェクトリーダー
環境社会経済学、持続可能社会論

廣瀬俊介（ひろせ　しゅんすけ）
風土形成事務所主宰、東京大学空間情報科学研究センター協力研究員
景観生態学、地理学

横山　實（よこやま　みのる）
國學院大學名誉教授
社会病理学、犯罪社会学、少年法、刑事法学

茂木　栄（もぎ　さかえ）
國學院大學神道文化学部教授
宗教民俗学、民俗芸能学

筒井　裕（つつい　ゆう）
帝京大学文学部専任講師
人文地理学

秋野淳一（あきの　じゅんいち）
國學院大學大学院博士課程後期
宗教学、宗教社会学

濱田　陽（はまだ　よう）
帝京大学文学部准教授
宗教文化、日本研究、文明論

木村武史（きむら　たけし）
筑波大学人文社会系准教授
宗教学、文化人類学、アメリカ研究

松本久史（まつもと　ひさし）
國學院大學神道文化学部准教授
国学史、神道史

菅　浩二（すが　こうじ）
國學院大學神道文化学部准教授
宗教学、ナショナリズム論、近代神道史

磯村早苗（いそむら　さなえ）
國學院大學法学部教授
国際政治学

苅田真司（かりた　しんじ）
國學院大學法学部教授
西洋政治思想史、政治理論

共存学３：復興・地域の創生、リスク世界のゆくえ

2015（平成 27）年 2 月 28 日　初版 1 刷発行

編　者　國學院大學研究開発推進センター
（責任編集・古沢広祐）

発行者　鯉渕友南

発行所　株式会社 弘文堂　101-0062　東京都千代田区神田駿河台 1 の 7
TEL 03(3294)4801　振替 00120-6-53909
http://www.koubundou.co.jp

装　丁　松村大輔
組　版　堀江制作
印　刷　港北出版印刷
製　本　井上製本所

ISBN 978-4-335-16078-3